福岡伸一、西田哲学を読む

生命をめぐる思索の旅

池田善昭×福岡伸一
Ikeda Yoshiaki × Fukuoka Shinichi

小学館新書

本書は、二〇一七年七月に明石書店より刊行された『福岡伸一、西田哲学を読む
生命をめぐる思索の旅　動的平衡と絶対矛盾的自己同一』を新書化したものです。
今回の新書化にともなって、表記の一部を改めるなどの変更を行っております。

プロローグ
西田幾多郎の生命観を解像度の高い言葉で語りなおす

福岡伸一

京都で学んだ私にとって、西田幾多郎は近くにあるようでいていつも遠い存在だった。京都を選んだ理由はほんのナイーブな感傷にすぎない。東京で生まれた私は、早く親元を離れて自由な学生生活をしてみたかった。そして今西錦司《いまにしきんじ》や梅棹忠夫《うめさおただお》のような綺羅星《きらぼし》の名に代表される斬新な京都学派の気風に触れてみたかった。東京にいると啓蒙的になりすぎる。そんな気がした。私はまだ、京都もまたただの地方都市のひとつであることに気づかなかったし、そこが単なる地方都市であるにもかかわらず、そして美しい自然と歴史に彩られた街であるにもかかわらず、あるいはそれゆえに、極めて排他的で、イケズな場所であることも知らなかった。

そのことはさておくとして、西田幾多郎の影はどこにでもあった。図書館の古びた建物に入れば、西田全集がずらりと鎮座していた。百万遍界隈の古本屋に入っても棚の上の方に西田本が並んでいた。大学の生協書店に入れば、浅田彰の『構造と力』のとなりに『善の研究』が置かれていた。しかし私は、理系に属し、生物学の研究を志していたこともあって、西田のどの本も読んだことがないままに時がすぎた。今西錦司の名著『生物の世界』に目を見開かされたときでさえ、紙面の向こう側に西田幾多郎がいることにまったく気づかないままだった。

私は京大キャンパスの敷地の北側、歩いてほんの一〇分ほどの場所に下宿していた。ここは不思議な土地だった。生け垣に囲まれて内部が見えないようなお金持ちのお屋敷が並んでいるかと思えば、ところどころの隙間に、学生向きの文化アパートや下宿屋が潜んでいた。大きなお寺や学生には高級すぎる割烹があると思えば、銭湯や安い唐揚げ定食を食べさせる店の赤ちょうちんが揺れていた。あとになって大正期、西田幾多郎の居所が田中上柳町に、ついで田中飛鳥井町にあったことを知った。奇《く》しくも私は、かつて西田が住んでいた場所と目の鼻の先の下宿で寝起きしていたのだ。残念ながら西田の旧邸はいずれも現存していない。

今出川通りを東に進むと銀閣寺にいたる。その傍を流れる疎水に沿った遊歩道「哲学の道」がある。西田がよく思索にふけりながら散策に歩いたことにちなんでそう呼ばれている。春には水面が桜の花びらで埋まり、夏にはホタルが舞い、秋には紅葉の赤であたりが染められる。哲学の道は、私の学生時代はまだそれほど観光地化されておらず、特にシーズンオフは人影もまばらだった。法然院から安楽寺、永観堂、南禅寺にいたる静かな道を私も気に入って何度も歩いた。哲学者はここでいったい何を哲学していたのだろうと訝《いぶか》りながら。

道の途中に西田の詠んだ歌の石碑がある。そこにはこうある。

人は人 吾はわれ也 とにかくに 吾行く道を 吾は行なり

功成り名を遂げた哲学者。文化勲章受章者。そんな栄光に彩られた西田が終生、実は深い孤独の中にあったことを知ったのはずっとあとになってからのことである。

＊

二〇一一年、東日本大震災が日本を襲った春、私は、日本にルーツを持ちながら英語で小説を書く英国の作家カズオ・イシグロの番組をＮＨＫのスタッフとともに作っていた。

カズオ・イシグロの小説のメインテーマは記憶である。記憶とは極めて不確かなもので、寄る辺なきものであると同時に、唯一、私を支え、私の自己同一性を保証するものでもある。

私は、イシグロにこんなことを話した。私たちの身体は絶え間のない合成と分解のさなかにある。今日の私は昨日の私とは異なる。一年もたてば、私は物質的にはすっかり別人になっている。私が食べたものが、一時、私の身体の中で私を作り、また通り抜けていく。お変わりありませんね、ではなく、私たちはお変わりありまくりなのだ。つまり生命は流れの中にある。いや流れそのものであると言っていい。私はこれを動的平衡（dynamic equilibrium）と呼んでいる。その中で、記憶だけが保たれている（ように思える）。それは、記憶が、神経細胞の中に蓄積されるミクロなビデオテープのようなものではなく（もしそうなら動的平衡の中で次々と分解され、保存することなどできない）、神経細胞と神経細胞との関係性としてかろうじて保存されているからだ。細胞の中身が入れ替わっても、細胞と細胞の繋《つな》がり（神経回路）が保たれれば、記憶は保存されうる。線路や駅舎が更新されても、山手線が山手線であり、代々木の次が新宿であり続けるように。しかし、細胞の関係性だって完全なものではないし、永続的なものでもない。徐々に変容する。強化される回路があり、減衰する回路もある。つまり記憶も実は不安定なものなのだ。イシグロはこの話を殊の外、気に入ってこんなことを言ってくれた。「なるほど。おもしろい話ですね。記憶は死に対する部分的な勝利と言えますすね」

このような縁があって、私は、同じNHKのチームが作ろうとしていた次の番組企画「日本人は何を考えてきたのか」にも参加することになる。番組スタッフたちは、近代日本の思想史をたどる特集シリーズを作っていた。たとえば柳田國男、南方熊楠《みなかたくまぐす》、田中正造……。

次なるテーマは、第二次世界大戦前夜における日本の代表的な哲学者たちの戦争責任に

ついてであった。さすがはＮＨＫ。固いテーマに挑む彼らの番組づくりは肝がすわってい
た。長い時間をかけて文献を紐解《ひもと》き、丹念なリサーチを進め、たくさんの関係者にインタビューを行って、番組の骨子を少しずつ固めていく。その中で特に重要な資料になったのは「大島メモ」であった。

開戦直後の一九四二年から翌年にかけて、京都大学における西田の弟子たち、西谷啓治、高山岩男、高坂正顕らが、海軍の依頼で密かに京都の老舗料亭の奥座敷に集まって、大東亜共栄圏の理念について話し合っていた。このときの記録が「大島メモ」である。参加メンバーの最年少だった大島康正が、秘密会議の速記係を担当、この記録が後に大島の遺品の中から見つかったのだった。

会議のテーマは、西欧的な分断と支配の原理ではなく、アジア的な共生の理念によって世界を統《す》べることこそが、最終的に歴史的な必然であり、それが共栄圏であるというものだった。しかし、アジア的共生の盟主になぜ日本がなりうるのか、日本の国体がなぜアジア全体を唱導できるのか、それについては誰もきちんと明示してはいない。

すでに高齢となり、京都大学を退官し、鎌倉に隠居していた西田は、直接、この会議に

は参加していない。しかし、西田は、著書や書簡、あるいは訪問客との会話を記録した日記に、時局の行く末を憂慮し、意見する言葉をたくさん残していた。

なぜ、純粋に世界のありさまを記述しようとしていた哲学者たちが、徐々に現実に接近し、最終的には、あたかも日本のアジア侵略を正当化するような大東亜共栄圏の構想を理論化せんと意気込むまでにいたったのか。

哲学者たちの戦争責任は、たいへん興味深いテーマながら、本書の課題とはいささかベクトルを異にするゆえ、これ以上書くことは今は止めたいと思う。NHK番組における私たちの議論は、NHK取材班編著『日本人は何を考えてきたのか　昭和編——戦争の時代を生きる』（NHK出版）を参照していただきたい。

それよりも重要なことは、ここにいたる西田哲学のエッセンスだった。

そのためには、西田幾多郎がどのような人生を歩み、何をどう考えてきたのか、そのことをあらためて知る必要があった。

私は、西田の生まれ故郷、石川県宇《う》ノ気《け》町森《もり》（現在のかほく市森）を訪問し、彼が通った小学校に立ち寄った。小学校ではいまだに西田は偉人として扱われ、西田の好んだ「無」の書が校舎の壁に刻まれ、正門前には西田の胸像が置かれていた。子どもたちは無邪気にも、わけのわからないまま西田を称揚する歌を歌っていた。

西田は僻村の農家に生まれた。思う通りの学校に行けなかった。苦労して東大の選科に入ったものの、付帯的な選科生は本科生に比べ、さまざまな差別的待遇を受けた。早くに肉親をなくし、子や妻とも死別するなど、個人的な不幸にさいなまれ続けた。

私は、西田の生家近くの海岸に立ち、西田が見たのと同じ海に沈む夕日を見た。そして彼の心に去来したであろう無常に思いを馳せた。

また旧制四校、西田幾多郎記念哲学館、京大文学部書庫などを訪問し、西田の直筆原稿や書に触れた。西田の教えに触れた上田閑照《しずてる》先生からお話をうかがい、スタジオでは、藤田正勝先生（京都大学文学部教授）と植村和秀先生（京都産業大学教授）をお迎えして、西田とその弟子たちの航跡についていろいろな角度から論じた。

かくして、私は初めてきちんと西田の極めて難解な術語群と、「何々は、何々でなければならない」という、どこまでも命令口調が続く奇態な文体に向かうことになった。

「行為的直観」、「純粋経験」、「自覚」、そして「絶対矛盾的自己同一」
なんとなくわかった気がしていた私は、実は何もわかっていなかったのである。

＊

さて、もうひとつの流れについて触れなければならない。上記の西田体験に先立つ数年前から、私は「統合学」をめざす学者たちの集いに誘われ、そこで西田哲学の研究者、池田善昭先生という知己を得た。本書は、その池田先生との対話である。というよりもむしろ、西田哲学の中にある生命論に対する私の問いに、池田先生が根気よく、丁寧に答えてくださった回答集であり、そのことによって私は自分の生命論をいささかでも深めることができた、そのような記録である。

統合学とは、理系と文系、西洋と東洋、サイエンスとヒューマニティーズ（人文科学）

など、二つに大きく分断されてしまっている人類の知恵をもういちど統合しようとする試みである。池田先生は、生命の定義がきちんとなされた暁に初めて分子生物学から生命科学を通じて、哲学、宗教にいたるほんとうの意味での統合学、つまり知の統合への道が開けるだろうと述べている。

池田先生は、私の著作『生物と無生物のあいだ』（講談社現代新書）を高く評価してくれていた。評価は、この本が、生命を、存在としてではなく、実在として定義づけしようとしている点に関してであった。これはちょっとわかりにくい表現かもしれない。生命を、操作的ではなく、本質的に定義づけしようとする試み、と言い換えてもよいだろう。生命とは細胞をもつもの。生命とは遺伝子（DNAもしくはRNA）をもつもの。生命とは代謝を行うもの。このように生命の属性を次々と列記することが、操作的な生命の定義である。確かにこのような記述によって、生命の特性を枚挙することが可能である。しかしそれはどこまで行っても、生命の周辺をぐるぐる回るだけで、生命がほんとうに生命たりえる条件を明示することには届かない。しかも定義としても不十分である。たとえばウイルスは、DNA（もしくはRNA）をもつが、それ自体では細胞ももたないし、代謝も行わない。こんなウイルスは生命といえるのか。むろん、それは生命をどの属性で定義するかによって変わってくる。結局、議論は堂々巡りを始め、生命とは何か、という問題を深化させることはできない。池田先生は、このような議論のあり方を「生命を外部の視点（立脚点もしくは着眼点）から存在として見ている」だけだと批判する。生命の定義は、もっと生命の内側から、生命自体になりきってなされなければならない、そう言う。これが実在として生命をみる見方である。

実は、これは西田自身が繰り返し述べている言明でもあったのだ。そして、観察しているもの自体になってそのものをみる立場を「直観」と記した。直観の先にある、ありのままの世界、つまりピュシス（physis）を感じることが「純粋経験」であり、その実在を知ることが「自覚」なのであった。

『生物と無生物のあいだ』は、生命とは何かという問いを、従来の操作的な立場からの答えではなく、できるだけ本質的な答えに近づけようとした試みだった。つまり生命を存在としてではなく、実在としてみる見方。用いたのは動的平衡というキーワードだった。そして私は次のように記した。

遠浅の海辺。砂浜が緩やかな弓形に広がる。海を渡ってくる風が強い。空が海に溶け、海が陸地に接する場所には、生命の謎を解く何らかの破片が散逸しているような気がする。だから私たちの夢想もしばしばここからたゆたい、ここへ還る。

ちょうど波が寄せてはかえす接線ぎりぎりの位置に、砂で作られた、緻密な構造を持つその城はある。ときに波は、深く掌を伸ばして城壁の足元に達し、石組みを模した砂粒を奪い去る。吹きつける海風は、城の望楼の表面の乾いた砂を、薄く、しかし絶え間なく削り取っていく。ところが奇妙なことに、時間が経過しても城は姿を変えてはいない。同じ形を保ったままじっとそこにある。いや、正確にいえば、姿を変えていないように見えるだけなのだ。

砂の城がその形を保っていることには理由がある。眼には見えない小さな海の精霊たちが、たゆまずそして休むことなく、削れた壁に新しい砂を積み、開いた穴を埋め、崩れた場所を直しているのである。それだけではない。海の精霊たちは、むしろ波や風の先回りをして、壊れそうな場所をあえて壊し、修復と補強を率先して行っている。それゆえに、数時間後、砂の城は同じ形を保ったままそこにある。おそらく何日かあとでもなお城はここに存在していることだろう。

しかし、重要なことがある。今、この城の内部には、数日前、同じ城を形作っていた砂粒はたった一つとして留まっていないという事実である。かつてそこに積まれていた砂粒はすべて波と風が奪い去って海と地にもどし、現在、この城を形作っている砂粒は新たにここに盛られたものである。つまり砂粒はすっかり入れ替わっている。そして砂粒の流れは今も動き続けている。にもかかわらず楼閣は確かに存在している。つまり、ここにあるのは実体としての城ではなく、流れが作り出した「効果」としてそこにあるように見えているだけの動的な何かなのだ。

さらにいえば、砂の城を絶え間なく分解し同時に再構成している海の精霊たちでさえ、自らそのことに気づいていないにもかかわらず、彼らもまた砂粒から作られている。そしてあらゆる瞬間に、何人かが元の砂粒に還り、何人かが砂粒から新たに生み出されている。精霊たちは砂の城の番人ではなく、その一部なのだ。

むろん、これは比喩である。しかし、砂粒を、自然界を大循環する水素、炭素、酸素、窒素などの主要元素と読みかえさえすれば、そして海の精霊を、生体反応をつかさどる酵素や基質に置き換えさえすれば、砂の城は生命というもののありようを正確に記述していることになる。生命とは要素が集合してできた構成物ではなく、要素の流れがもたらすところの効果なのである。

このシンプルな、しかし転換的な生命観を私たちが本当の意味で発見したのはそれほど昔のことではない。私たち、という言い方はもちろん公平ではない。この事実を精密な実験で、つまりマクロな現象をミクロな解像力をもって証明したのは、ルドルフ・シェーンハイマーという人物であり、それがなされたのは一九三〇年代後半のことだった。つまり私たちは、まったく新しい生命観に遭遇してからまだたった七十年程度を経たにすぎず、しかも彼が明らかにしたものの意味を十分咀嚼《そしゃく》できたわけでもない。むしろ私たちは彼の名と彼の業績を忘れかけさえしているのだ。

（『生物と無生物のあいだ』　152～154ページ）

秩序は守られるために絶え間なく壊されなければならない。

なぜか？　ここにシュレーディンガーの予言が重なる。一九四四年、シェーンハイマーの死後三年して出版されたシュレーディンガーの『生命とは何か』で、彼は、先に記したように、すべての物理現象に押し寄せるエントロピー（乱雑さ）増大の法則に抗して、秩序を維持しうることが生命の特質であることを指摘した。しかしその特質を実現する生命固有のメカニズムを示すことはできなかった。

エントロピー増大の法則は容赦なく生体を構成する成分にも降りかかる。高分子は酸化され分断される。集合体は離散し、反応は乱れる。タンパク質は損傷をうけ変性する。しかし、もし、やがては崩壊する構成成分をあえて先回りして分解し、このような乱雑さが蓄積する速度よりも早く、常に再構築を行うことができれば、結果的にその仕組みは、増大するエントロピーを系の外部に捨てていることになる。

つまり、エントロピー増大の法則に抗う唯一の方法は、システムの耐久性と構造を強化することではなく、むしろその仕組み自体を流れの中に置くことなのである。つまり流れこそが、生物の内部に必然的に発生するエントロピーを排出する機能を担っていることになるのだ。

私はここで、シェーンハイマーの発見した生命の動的な状態（dynamic state）という概念をさらに拡張して、動的平衡という言葉を導入したい。この日本語に対応する英語は、dynamic equilibrium（ダイナミック・イクイリブリアム）である。海辺に立つ砂の城は実体としてそこに存在するのではなく、流れが作り出す効果としてそこにある動的な何かである。私は先にこう書いた。その何かとはすなわち平衡ということである。

自己複製するものとして定義された生命は、シェーンハイマーの発見に再び光を当てることによって次のように再定義されることになる。

生命とは動的平衡《ダイナミック・イクイリブリアム》にある流れである

そしてただちに次の問いが立ち上がる。絶え間なく壊される秩序はどのようにしてその秩序を維持しうるのだろうか。それはつまり流れが流れつつも一種のバランスを持った系を保ちうること、つまりそれが平衡状態（イクイリブリアム）を取りうることの意味を問う問いである。

（同前　166〜168ページ）

＊

このような生命の定義――動的平衡の生命論――が、西田幾多郎のめざしていた生命に対する考え方と極めて密接な相同性をもつこと、あるいは通底しているものがあること、を指摘してくださったのが池田先生だった。

主体と環境との矛盾的自己同一的に、時間と空間との矛盾的自己同一的に、全体的一と個物的多との矛盾的自己同一的に、形が形自身を限定する

（『西田幾多郎全集』第十一巻〜「生命」　291ページ　岩波書店）

我々の身体は無数の細胞から成立している。一つの生殖細胞の無限なる自己分裂から成長したものである。それは全体的一の自己形成と考えられると共に、細胞はそれぞれに独立性を有し、それぞれに生きたものである。細胞が生きているかぎり、全体が生きているのである。またその逆も真である。全体的一としての全体が自己自身を否定して、個物的多として細胞的に環境を自己に同化する。

（同前　315ページ）

全体的一と個物的多との、主体と環境との、内と外との矛盾的自己同一に、尾を嚙む蛇の輪の如くにして、生命というものがあるのである。

（同前　315〜316ページ）

このような問題意識は読めば読むほど、驚くほどに動的平衡の概念と似通っている。もちろん私は自分の思考を西田哲学と対照しようとしているのではない。そんな不遜なことを行おうとしているのではない。池田先生が指摘してくださっているように、動的平衡によって生命を実在として定義し直そうという私の試みの基本的なエッセンスは、すでに西田哲学において実現されていた、ということである。西田は、シェーンハイマーも、シュレーディンガーも知らなかっただろう。しかし同じ洞察に到達しているのである。

科学はいつでもすでに人間が感得していたことを言い直す作業にすぎない。少しだけ言葉の解像度を上げて同じことを述べているにすぎない。動的平衡は、万物は流れる（パンタ・レイ）というヘラクレイトスの言葉の中にすでにあり、鴨長明の『方丈記』の冒頭でも見事に叙述されているとおりだ。

本書は、このような先人たちが描いたビジョンを辿《たど》りつつ、西田幾多郎が用いた「純粋経験」、「直観」、「自覚」、「絶対矛盾的自己同一」などの難解な言葉の意味するところを、生命科学の最新の知見を重ね合わせながら、読み解いて行こうとした我々のささやかな記録である。もし、ほんの少しだけであったとしても、言葉の解像度が上がっているとすれば、望外の幸いである。それだけが科学の、あるいは私自身の矜持《きょうじ》でもあるからだ。

凡例

・西田幾多郎の著作からの引用は、第四章の読み合わせ部を除き、旧版の『西田幾多郎全集』（岩波書店　全十九巻　一九六五年―一九六六年）を使用した。
・『西田幾多郎全集』からの引用文においては、原典は旧漢字、旧仮名遣いであるが、これらを新字体（常用漢字、人名用漢字）、現代仮名遣いに改めた。また、漢字をひらがなに改めたところもある。
・引用文中の送り仮名は、現代の慣用にしたがい、補うなど改めたところがある。また、促音を表す「つ」は小さく書き改めた。踊り字（繰り返し符号）は、適宜改めた。
・引用文中の読み仮名（ルビ）は、適宜追加した。
・引用文中において、句読点を改めたところがある。また、括弧を補ったところもある。
・引用文中において、一部の欧文、和文を省略した。
・第四章の読み合わせには、『エッセンシャル・ニシダ　命の巻　西田幾多郎生命論集』（書肆心水、二〇〇七年）に収められている「論理と生命」「生命」をテキストとして使用した。
・『エッセンシャル・ニシダ　命の巻　西田幾多郎生命論集』からの引用文においては、原典のまま用いている。読み仮名（ルビ）は、底本にしたがいつつも、適宜省略、追加した。
・本文中の「注」については、各章の章末にて解説している。

福岡伸一、西田哲学を読む　生命をめぐる思索の旅

目次

図版：桜井勝志（アミークス）、タナカデザイン

ダイアローグ

福岡伸一、西田哲学を読む

池田善昭×福岡伸一

以下の記録は、五回、約十五時間にわたる対談を中心に、二〇一五年十月から二〇一七年六月までに池田、福岡両氏（および明石書店編集部）のあいだで交わされた五百通を超える電子メール、さらに池田氏が作成した対談のためのレジュメ、両氏が作成した小論などを参照してまとめたものです。対談の順序、回数と章番号は必ずしも対応していません。それは両氏の語る内容が動的平衡的で常に流れの中にあり、絶え間なく更新されていたためです。

対談収録日

第一回　二〇一六年一月二十一日
第二回　二〇一六年三月二日
第三回　二〇一六年六月二十九日
第四回　二〇一六年七月二十二日
第五回　二〇一六年十月三十一日
（場所はいずれも青山学院大学　福岡研究室にて）

第一章

西田哲学の森に足を踏み入れる

西田哲学と福岡生命科学

池田　僕から口火を切るということなんですけれども、福岡さんは二〇一三年にＮＨＫの企画[1]に参加されて、西田幾多郎についていろいろな体験をなさったわけですよね。

福岡　はい。

池田　その番組が再録された本（ＮＨＫ取材班編著『日本人は何を考えてきたのか　昭和編――戦争の時代を生きる』〈ＮＨＫ出版〉）も拝読したのですが、福岡さんは番組の中で、複数の西田哲学の専門家との接触があり、西田が卒業した小学校や専門学校などを実際に訪ねておられますね。そうしたご体験などがあって、西田幾多郎という哲学者がどういう人物であったのか、その生き方や考え方などを肌で感じてこられたものがあるわけですよね。

それらがきっかけとなって、恐らく福岡さんは西田の論文や哲学にも触れて、何かしら触発された部分があるのではないかという期待を持っています。

また、ここ一、二年は福岡さんとしばしばメールのやりとりもしてきました。西田の哲学と福岡先生の生命科学というのは根底のところで触れ合っているような気がしていて、それを何とかはっきりとつかみたい、明らかにしたいという気持ちがあって、メールはほとんど、主に僕のほうからお尋ねしたものでした。

福岡先生にはいろいろとご迷惑なことであったと思うのですけれども。

福岡　とんでもないです。

池田　そうしたメールのやりとりを通して、僕は僕なりに、ある考えに到達することができたのでした。

そういうことを踏まえて言いますと、いみじくも、このたび、明石書店から書籍の企画の提案がありました。その企画というのは、メインタイトルが「福岡伸一、西田哲学を読む」で、「生命をめぐる思索の旅」という実に魅力的な副題がついているものでした。

生命とは何かという問題は、まさに福岡先生のお仕事と直結しています。そして、先生は、生命とは何かというその定義をめぐって、本当にさまざまなご苦労を経てきていると思うんですけれども、いまや、一つの行き着くところに行き着かれたという感じを僕は抱いています。

同じように、西田も、実は生命の定義をしています。

その定義は、哲学ですから、形而上学的な要素を持っています。要するにメタフィジーク（Metaphysik、ドイツ語）な定義です。フィジーク（Physik、同）は自然学、物理学と訳す場合もありますけれども、その自然学を「メタ」というかたちで超えてしまっているのです。そのため、多くの科学者たちは、西田の生命の定義には「実証性がない」とか、「単なる考え、頭の中で考え出した生命観に過ぎない」とし、これを評価する人はほとんどいませんでした。というよりは、理解できなかったと表現するほうが適当かもしれません。

西田の生命の定義は、このように形而上学的で難解な性格を持っていましたから、それを「西田の生命論」として正面切って扱ったり、西田の科学に対する考え方をまともに論じたりした書物というものは、現時点で、ほとんど存在していないように思います。

しかし、西田は著書や論文の中で、きわめて高い頻度で「生命」のことについて触れています。僕は、西田は生命とは何であるかということについて本当によく考えていた哲学者の一人だと思います。

西田は生命をどう理解しようとしていたのか——。そしてその西田の生命観が、奇《く》しくも科学者として生命を研究してこられた福岡先生のご業績と非常に面白いことに接続するということを僕は感じているのですが、このことを問題にしてきた哲学者は一人もいないと言えるのではないでしょうか。

もちろん、科学の立場からそれを問題にしてきた科学者もいないと思います。

福岡さんも、西田が生命について考えを深めていたことはご存じなかったのでしょう。ご著書の『生物と無生物のあいだ』の中で生命論を展開されていますが、そこにはニシダのニの字も出てこないわけですから（笑）。西田を読んだうえであの本を書いたというわけではなかったのですよね。

福岡　はい。その通りです。

哲学者からの期待

池田　企画書では、「動的平衡と絶対矛盾的自己同一」という副題の別案も付されていて、福岡先生の「動的平衡」のコンセプトが西田の「絶対矛盾的自己同一」という考え方と照応していることが打ち出されていましたが、これについても僕も間違いはないと思っています。

そうした不思議な縁と言いますか、両者（西田幾多郎と福岡伸一）のあいだには、時代も、研究の内容もその方法も異なるものでありながら、科学者と哲学者が生命に関して同じく触れ合うものを持っているように僕には思えるのです。このことは大変興味深いことですし、この点をもしもっと明確に説明することができれば、これからの科学と哲学のあり方を考えるうえでも、さらに異なるビジョンを得たり呈示したりすることができるようにも思えるのです。

西田（哲学）はこれまで「難しい、難しい」と言われてきました。難しいというよりは、ほとんど理解不可能だと言われるほど、人々から敬遠されてもきました。

知り合いのある高名な自然科学者が、よく僕に「西田っていうのは難しいねえ。しかし、難しいけど、勉強しなきゃならんからなあ」と言われては、一生懸命に西田の論文を読んでおられました。しかし、そのあとに交わした会話などからは、彼は最終的に西田は理解不可能であるという結論を下されたように思えます。

こうした事情もあって、科学者の立場から西田哲学というものを読み解く、あるいはそれを理解するということは、僕はほとんど不可能なことではないかと思っていました。

しかし、福岡さんのご著書などに接するうちに、福岡さんの生命の定義を使えば、ひょっとしたら、科学の世界の人たちにも、西田哲学を理解してもらえるのではないかという、希望を抱くようになったわけです。

以上のようなことがまったくの的外れですと、今後対談を続けていくうえで具合が悪いので、福岡さんには大変ご迷惑だったと思いますけれども、その点を確かめるべく、いろいろとメールでお尋ねをしてきたというわけなのです。

そのやりとりの中で、僕自身の感触としましては——これは僕の直観というか、まさに西田の「行為的直観」ですけれども（笑）——、ある種の自信を持ったというか、確からしさを感じてきていましたので、このたびのこの企画に乗った次第です。

さて、この「生命をめぐる思索の旅」をどう始めていくかですが、福岡さんも、これまでに西田をめぐるさまざまなご体験を通して、何らかのご自分なりの手応えなり感触なりを持っておられることと思います。

その意味で、僕が西田哲学について大上段に話を進めていくよりも、まずは福岡さんに、これまでの「生命をめぐる思索の旅」というものがあるとして、その旅のレポートないしはご感想を聞かせていただくのが、最初にすべき筋じゃないかな、というふうに思うのです。

そしてそのことが、僕から西田哲学についての話を引き出す引き金になれば、大変幸いに思いますし、このあとの話もしやすくなると思います。

最初の出だしというものを大事にしたいという思いを込めてお願いするのですけれども、福岡先生なりにこれまで西田にも触れてこられ、そしてその折々に何かしら生命についてお考えになったことやお感じになったことを一つの「思索」ということができるとするならば、その「思索」から、ご自分なりに記憶なさっていることや印象深いものを選んで、これはちょっと話してみようかな、といったもの――それは断片であっても自然なことですが――、そういったことを聞かせていただければありがたいのですけど、いかがですか。

福岡　はい、わかりました。

生物学のゴールとは何か

福岡　私は生物学者として、生命のことをいろいろと研究してきました。

理科系の研究者というのは一人前になるのにとても時間がかかるもので、大学は理科系の学部に四年間、そのあと大学院には五年間通いました。それはほとんどが、ボロ雑巾のように、朝から晩までネズミを殺したり、細胞をすりつぶしたり、部屋全体が冷蔵庫みたいなところにスキーウエアを着込んで閉じこもって、一滴ずつサンプルをとったり……、といった日々です。いまでいうブラック企業みたいな環境でずっと研究を続けて、ようやく博士号を取るんですけれども、理科系の人間にとっての博士号というのは、ゴールではありませんし、終着点でもありません。むしろ出発点で、運転免許証みたいなものなんです。ですから、博士号をもらうとようやく路上に出られるんですけれども、路上に出たところでまともに運転できるわけがないので、そこからまた修行をしなければいけない。そして、ポスドク——正しくはポスト・ドクトラル・フェロー（Postdoctoral fellow＝博士研究員）というのですが——として、博士号を取ったあとにさらに研究をする、ということで何年も研究を続けてきました。私は、もう軽く一万匹くらいマウスを殺していると思います。生命が好きなのに、「畳の上では死ねない」というくらいに生命を殺《あや》めてばかりきたのです。

そうやって私は生物学、そして科学の研究に携わってきました。

さて、現在では、科学についての書籍も多く出版されています。巷《ちまた》では「科学とはいったい何なのか」ということを、一般の人たちも問いますし、理科系の研究者自身もさまざまに問うています。理科系分野の研究成果というものは、あるときは顕微鏡写真、あるときは実験のデータ、また別のところでは、折れ線グラフ、あるいは数式といったように、いろいろなかたちで表されます。でも、それらは科学の成果であるとは言えるかもしれませんが、科学が目指すべき最終ゴールと言えるかというと、果たしてどうでしょうか。

私は、科学の本当のゴール、すなわち科学の出口というのは何かと問われたら、「それは言葉である」と答えるようにしています。つまり、「生命とは何か」という問いに対して、誰にでもわかる言葉——それは短い言葉ではないかもしれないですけれども——で答えることができれば、それが科学の出口、生物学の出口だと思っているのです。

生命とは何かについて、従来の理科の教科書に載っているような、「DNA[2]が二重らせん構造になっている」とか、「タンパク質はアミノ酸が連結していてその配列はかくかくしかじかだ」といった説明は、全部そのための手続きだと言えます。それらは、生命とは何かということを解き明かすための一里塚になることはあっても、決して、まだ真の出口ではない。

私はその出口というものを、今日までずっと考え続けてきたというわけなのです。

生命とは何かを語る言葉

福岡 最近、私は非常に面白い本を読みました。

傳田光洋《でんだみつひろ》さんといって、資生堂で皮膚の研究をしている方らしいのですが、最近、何冊かご著書があります。私が書店でたまたま出会ったのは、その方が書かれた『皮膚感覚と人間のこころ』（新潮選書）という本でした。本の中では、人間は皮膚を通していろいろなことを受容している、ということが説明されています。資生堂ですから皮膚の科学をしているのは当然なのかもしれないけれども、その本の主題はともかくとして、イントロのところに非常に面白いことが書かれてあったんです。

傳田さんは、滋賀県の進学校を出て、京都大学の工学部に進んだ方なんですけれども、高校時代に生物の面白い先生がいて、その先生が、あるとき、次のような試験問題を出されたのだそうです。

「生物というのは、いろんなものを食べて排せつしている。それが生命であり、生きているっていうことです。では皆さん、われわれの郷土の、この琵琶湖《びわこ》を思い浮かべてください。琵琶湖にはたくさんの川が流れ込んでいます。そして、南からは川が流れ出て、大阪湾に注いでいます。このように、琵琶湖にもいろんなものが入ってきて、いろんなものが出ていくというふうに見えます。では、問題です。琵琶湖は生命でしょうか？」

彼は、ビックリしてしまって、まともな答えを全然書けなかったそうです。それまでに習ってきた生物学の知識に照らして、「生命というのは、DNAを持っているとか、呼吸するとか、そういうことが特徴である。しかし琵琶湖には別にDNAはないから、多分生命じゃありません」と答えるのがやっとだった。でも、その問いは、彼の心の中にずっと残り続けたのです。

……というところまで読みました。

つまり、この例を使って言いたいことは、高校生だった傳田さんの答えのように、生命とは何か、と問われたときに、それが、細胞からできているとか、呼吸をしているとか、DNAがあるとか、そういう属性を並べて定義・回答することが、生命とは何かについての出口となり得るのだろうか、ということです。そうではなく、生命というものの本性――属性に対して本性という言葉が正しい言葉なのかどうかわかりませんが――を本質的に答えること。属性を並べることによって操作的に答えたり定義したりするのではなくて、その本性をがっちりつかめるような言葉で生命を語ることができたなら、それが科学の出口なのではないか、と私は思うのです。

それが答えられるということが、私にとっての「大きな絵《ビッグ・ピクチャー》」なのです。

もちろん、実験など、科学の手続きの中で行っていることは非常に細かい作業の積み重ねなのですが、私は一瞬たりとも、その「大きな絵」に少しでも近づきたいという思いを忘れたことはありません。多くの科学者は、ついつい、自分のしている細かい仕事の中で起こっていることが面白すぎて、「大きな絵」というものを忘れがちになっているのではないかと思うことがあります。

私は何とか「ビッグ・ピクチャー」を得たいと思って、研究を続けてきたわけなんです。

池田　なるほど。

よくわからなかった西田哲学

福岡　正直なところ、生命科学者として現在に至るまでのプロセスで、西田先生の哲学（西田哲学）を参照したことは実は一度もありませんでした。もちろん、一応は京都大学で学びましたので、西田哲学という独自の哲学の体系が京都学派[3]の中心に位置していたことは知っていましたし、西田に『善の研究』という有名な著作があることも知ってはいました。在学中に数ページくらいは読んだことがあったと思います。でも、当時の印象としては、西田の本というのは、「甲は乙でなければならない」だとか、「丙は丁でなければならない」といったような、常に命令口調というか断定口調が延々と並んでいて、これはいったい何のことを言っているのかな、ってよくわからなかったわけですね。

ただ、これは非常にちょっと、私と西田先生を同列に扱うというのはおこがましいことなのですけれども、池田先生が西田哲学と私の生命科学とに相通じるものを感じてくださったということは、ある二人が目に見えない山を登っていくとして、通る道や登り方は違っているかもしれないけれども、ともかくも同じ方向には登っていて、山の頂に辿《たど》りついたとき、その二人には似たような風景が見える、というような事態に似ていると言うことができるのかもしれません。

あるいは、数学の問題を解くときに、同じ問題をまったく異なる方法で解いていながら、同じ答えに到達する、ということに似ているかもしれない。さらには、同じ概念を異なる言葉で説明しているということなのかもしれない。西田哲学と自分の生命科学について考えるとき、そして両者に少しでも似ている部分があると言われるとき、いまでは、そのように感じることがあります。

西田哲学は後ろから見れば解きやすい

福岡　ＮＨＫの番組で西田先生の生い立ちとその思想を取り上げたときは、昭和史を扱うシリーズの中の一つの回だったために、西田の生命論というよりも、どちらかと言うと哲学者の戦争責任といった部分にフォーカスが当たっていました。

それは、「近代の超克」[4]のようなかたちをとって哲学者がある意味で積極的に政治に参画しそうになった時代、それから、政治の側も、哲学者の言葉をうまく国の方針に役立てようとした、ちょっと危うい時代に、西田先生およびその弟子たちがそのときどういうふうに振る舞ったかという部分に焦点を合わせたもので、西田先生の思想を辿っていくところはちょっと駆け足になってしまったと思います。当然、私自身も、番組の中だけでは、西田先生の思想や哲学について十分に消化したり、理解したりすることはできませんでした。

ただ、鮮明に印象に残っていることはあります。

西田の故郷の石川県宇ノ気町森（現在のかほく市森）を訪ねたとき、彼が卒業した小学校に行くと、生徒たちが西田先生を讃える歌を歌っていたこと。また、日本海の、西田がよく足を運んだという海辺で荒波を見つめながら、彼がどんなところに育って、どんなことを考えていたのか、ということに思いを馳《は》せたこと。

こういう言い方は西田先生に失礼になるのかもしれませんが、彼は「田舎の秀才」だったということもそのときの旅を通じて感じたことでした。

番組では、彼の哲学については、その主だった概念を「純粋経験」、「自覚」、「場所」と順に見ていきました。それ以上にはなかなか踏み込むことができなかったんですけれども、私は不思議な経験をしました。

というのは、西田哲学というのは最初のほうはすごくわかりにくいんです。「純粋経験」とは何か、「自覚」とは、「場所」とはいったい何なのか。でも、後ろ（西田の後期）のほうに行けば行くほど、私にとっては、何かこう、視界がだんだん開けてくるような気がしたのです。

「（絶対）矛盾的自己同一」というと、言葉や字面はすごく難しいんですけれども、言っていることはなんとなくストンと腑《ふ》に落ちると言いますか。

西田先生が言っている「多と一」という概念・表現についても、「（存在とは）単なる『多』でもないけれども単なる『一』でもない、しかし、『多』であると同時に『一』でもある（しかもそれがぐるぐると回っている）」というその洞察は、私が生命を定義しようとしている「動的平衡」のコンセプトと重なるところがあると感じました。「動的平衡」というのは、別のところでも詳述しますが、生物が、合成と分解を繰り返しつつ、エントロピー[5]を捨てながら時間にそってある種のサイクルを回す、生命（体）が時間の中を航行していく姿を表現した概念です。

ですから、西田哲学は初めから勉強しようとすると、なんだかとても難しいんですけれども、後ろから見ていくと、解きやすいのかな、というふうにも思ったんです。

ピュシス対ロゴス

池田　そうですね。後期なんですよね、西田が「絶対矛盾的自己同一」という術語を盛んに使うようになるのは。前期、中期においては、同じ内容を表す術語として西田は「逆対応」や「逆限定」を使うんですけれども、「絶対矛盾的自己同一」を使うようになるのは、後期、それもずっとあとになってからです。ですから、福岡先生が言われる通り、後ろから逆に見ていったほうがわかる場合というのは多々あるかもしれません。

いまお話を聞いていて思ったことの一つは、実は福岡先生と西田の場合に共通するものは、〈ものの考え方〉であるということです。二人とも、「あいだ」に立っているんです。

福岡　はい。

池田　僕は、福岡さんの『生物と無生物のあいだ』（講談社現代新書）を読もうとして、まず、書名の「あいだ」という言葉がとても面白いと思ったの。生物と無生物の「あいだ」。

あいだに立って考えるというのは非常に難しいんです。ちょっと難しい話になって恐縮なんですけれども。

福岡　はい。どうぞ、お願いいたします。

池田　古代ギリシアで、いまから二千数百年くらい前（紀元前六世紀〜五世紀ごろ）に、哲学らしき活動がイオニアという場所で誕生するんですけれども、その時代に活躍した人たちの中で、ヘラクレイトス[6]などは、Aに対するノンA（非A）というような相反するもののあり方の中に最も美しい調和がある、ということを唱えたわけです。

「相反するものの中に美しい調和がある」とは、一見、とても理解しがたいことです。そして、よくよく考えると、さらに理解しがたい。結局のところ、これは人間のロゴス（logos、「理性」の意）では理解ができなくて、ヘラクレイトスの時代においてさえ、ヘラクレイトスを正しく理解する人はほとんどいませんでした。

ヘラクレイトスの立場は、「ピュシス（physis、「自然」の意）の立場」と呼んでいいのですが、それと対になる言葉として、「ロゴスの立場」があります。

ヘラクレイトスによれば、ピュシス（自然）は「隠れることを好む」とされ、常に隠されている存在なのですが、ロゴスの立場というのは、自然は完全に人間の理性の中で暴かれていて、その隠れなさゆえにすべてが理解し尽くせると考える立場です。人間の理性《ヌース》にとって矛盾して相反するものは、見ることも理解することもできないものであるから問題にする必要がないとして、ヘラクレイトスなどのピュシス的な立場から、人間の理性に合致するもの、隠れなく「見えているもの」の原型・模範をのみ探求するロゴスの立場へと哲学が転換するのが、ソクラテス[7]、プラトン[8]の時代です。

ソクラテス、プラトンの時代になると、イオニアの自然哲学というのは完全に忘れられてしまいます。そして、そのあとの西洋の歴史というものは、全部、ソクラテスとプラトンの影響下にあることになります。

二〇世紀に活躍した哲学者、マルティン・ハイデガー[9]はこのことを鋭く指摘しています。つまり、「真の存在はピュシスの中にあった」と。それを然るべく突き詰めていくのが本来の哲学であったはずなのに、実はそれは理解できないものとして葬り去られた。なぜかと言うと、「相反するものが最も美しい調和だ」などというのは矛盾しているから。そして、プラトン以降の哲学では、理性やロゴスに適《かな》った、われわれに理解できるもののみを人間は考えていくべきだ、という立場がずっと主流になってきたというのです。

　こうした考え方の方向をはっきりさせたのが、パルメニデス[10]とピタゴラス[11]です。特にピタゴラスは、数学、とりわけ幾何学を発展させた最初の人物ということになるわけですけれども、彼がなぜ、数学を重視したかというと、人間のロゴスの性格というのは、矛盾なく整合性を持った中で思考というものを成り立たせるものであるので、その線に沿って、人間の理解の仕方や言葉の使い方というものを矛盾のないほう、矛盾のないほうへと展開させていったのです。そしてこのことが、言わば、数学的な理念的世界を生み出すに至ります。数学的な理念的世界を生み出すということは、裏を返せば、ピュシスを忘れ、置き去りにしたということになるのです。

福岡　なるほど。

池田　ピュシスという自然においては、絶対矛盾のものや相反するものが一つになっていることが往々にしてあるのですが、そういった自然本来の姿というものを忘れてしまって、すべてを合理化し、見るからに論理矛盾がない思考をさらに研ぎ澄ます方向へ、数学的思考というべき考え方が発達していくところに、ピタゴラスのような人が出てきたわけなのです。

存在と存在者

池田　ピタゴラスに関連して言いますと、普通、私たちは、コンピュータを使って表される世界というのはすべて数学的な世界で、分析的に到達できる、きわめて合理的なもののあり方を示す世界として理解しています。そして、それによって得られる真理や事実（数字）などを私たちは「客観性」を担保するものだと考えているわけです。

福岡　はい。

池田　そういった数学的な理念的世界（コンピュータの世界）というものが、客観性に基づいたものではなくて、実は人間の主観性に基づくものである、ということが明らかになるのは、実に驚くべきことですけれども、二〇世紀にハイデガーが登場してからのことです。それまでは、多くの人は、数学的思考[12]というのは、計算すれば明確な答えが出るものであり、その答えの導き方の道筋において、そこに一切の矛盾を含まない合理的思考のことだと理解していて、これこそが最も客観性を得やすい考え方だと思ってきたのです。

ところが、そういった考え方は実は人間の主観（性）のもたらす思考法（「主観性の原理」ともいう）であって、その思考法の中では、ピュシスが持っている、つまり、自然本来が持っている実在・リアリティというものは実は失われているのです。

ソクラテス、プラトン以降現在に至るまで、人間の思考はすべて数学主義、西洋哲学でいうところの合理主義の支配下にあったと言えます。プラトンのアカデメイア[13]の入り口に「幾何学を知らざる者、この門をくぐるべからず」と書かれていたのは有名な話です。

哲学や科学を志す者は、数学、幾何学ができないならば、この門をくぐることは許さない、と。そこでは、徹底的にロゴスの立場またはイデア[14]の立場に立つことが奨励されたのです。

「イデアの立場に立つ」ということは、しかし、同時に、ハイデガーの言う「現存在」(Da-sein) としてのリアリティが失われていくことでもあったのです。「現存在」とは、大まかに言えば、まさにいま生まれつつある存在、ありのままに起きている（「生起」的な）存在のことです。

リアリティの根拠は何かと言えば、そうした現存在の自然的な「生起」のただ中にあるものであり、ピュシスの内にこそあるものです。真のリアリティそれ自体が自然の中にある。そのピュシス、自然というものが西洋形而上学の歴史の中ですっかり忘れられていくわけです。それゆえにハイデガーは、しばしば、先に紹介したヘラクレイトスの断片「自然は隠れることを好む」を引用しつつ、そのことを「存在の忘却」(Seinsvergessenheit)と表現したのです。

古代ギリシアのソクラテス、プラトンの時代において、われわれ人間の思考というものは「現存在」を見失い、計量的かつ理念的な世界の中へと入っていってしまい、ピュシスの世界から遊離してしまった、と。その遊離してしまった、言わば理念的世界で描かれる「存在」と、本来、私たちがそこから生まれ、またそこへと還っていく世界であるところのピュシスの世界における「存在」について、彼はザイン(Sein/Seyn)とザイエンデ(Seiende)という術語を使って区別します。

福岡　存在(ザイン)と存在者(ザイエンデ)ですね。

池田　はい、日本語ではそう訳すのですけれども、プラトンの「イデア論」以来、われわれは本当の意味での「存在」に触れなくて、「存在者」のほうにばかり触れてきた、というわけです。「存在者」というのは、人間が計量的に組み立てたり、合理化したりして理念化したものを表しています。

ピュシスに還れ

福岡　西田先生は、その辺の事情、つまり、ピュシスを取り戻さねばならない、ということについて、どの程度自覚的に仕事をされていたのですか？

池田　西田はハイデガーが「存在忘却」などを云々する前に、ピュシスに還ろうとしていました。

福岡　ピュシスのことは具体的に論文などに出てくるのですか？

池田　いいえ、実は書いてはいません。[15]

福岡　そうですよね。

池田　ええ。僕は最近になって、西田を理解するときに、ピュシスに還ろうとした西田の「語られざる世界」（「書かれざる世界」）にやっと気がつき始めたのです。

福岡　なるほど。

池田　それでね、どうして西田が難しいかというと、このあたりの経緯を全然知らないまま、西田の書いたものを読むからなのです。

福岡　そうですよね。

池田　晩年のハイデガーもそのことには気がついていました。ピュシスとロゴスのあいだの葛藤が古代ギリシアに存在し、結果として、ヘラクレイトスが唱えたピュシスが忘れられて、ロゴス偏重の世界となったということ。その経緯について世界で初めて明らかにしたのはハイデガーだったと言えるかもしれませんけれども、しかし、ハイデガーはそのことについて西田のように徹底的に考えることはなかったのではないでしょうか。

福岡　なるほど。

池田　こうしたことを考慮に入れると、ピュシスの世界にもう一度立ち戻ろうとした西田の偉大さはもっと高く評価されていいと思います[16]。

西田は、その立ち戻ったピュシスから、もう一度、哲学も科学も作り直そうと考えたのです。ここに、僕は西田先生の最大の功績があると考えているんですけれども、西田が一番力を込めて打ち立てようとした彼の存在論というものは、不幸なことに、わが国に学問として西洋から伝えられてきた哲学、つまり伝統的な西洋哲学や近代科学の筋道・考え方から逸脱していたために、ほとんど誰からも正しく理解されることはありませんでした。

この点は非常に残念です。

しかし、考えてみれば、このことはやむを得ないというか、そうならざるを得ない面があるとも言えるかもしれません。なぜなら、ソクラテス、プラトン以降、二千数百年にわたって、人間の思考は、本当のリアルな自然の生《なま》の世界というものに触れるのではなくて、人間の主観性の中で構成され、作られてきたものを相手にしてきたに過ぎないとも言えるわけですから。西田が目指した方向とは異なる考え方（主観性の原理）に則って、これまでの哲学や科学は営まれてきたのです。[17]

こうした点が、まず初めに西田を学ぶときに気づいていなければならないことなのです。しかし、意外なことに、このことには哲学者でさえ――ハイデガーは例外として――、ほとんど気がついていないんです。

福岡 そうなんですね。

池田 その一番いい例が、西田の「自覚」という言葉です。「自覚」と聞くと、多くの人は人間の「自己意識」のように受け止めてしまうんですね。

福岡　ええ、そうですよね。

池田　しかし、「自己意識」と同じように考えてしまうと、これは完全に主観性に基づくものになってしまいます。

福岡　ええ、そうですね。

池田　西田が言っている「自覚」というのは、そういった主観性の原理のことではないんです。そうではなくて、むしろ、ピュシスのことを問題にしているのです。つまり、ピュシスに気づくこと。

　多くの人は、西田の「自覚」や「行為的直観」という術語で表現されるピュシスの立場を、いまお話ししたようなロゴスの立場で引き継いで理解しようとします。それでますますわけがわからなくなっているということがあります。

福岡　西田の術語にはいろいろありますが、その一つ、「純粋経験」というものも、ピュシスとロゴスとの対比から解けますか？

池田　「純粋経験」というのは、むしろ、ピュシスの世界に入ろうとすることです。

福岡　なるほど。そうなんですよね。
ここまでの議論をまとめると、西田を解いていくときの大枠として、次のようなことが言えるでしょうか。
ヘラクレイトスが「万物は流転する」とか、「相反するところに最も美しい調和がある」と言ったように、自然本来のあり方をとらえようとする立場がある（ピュシスの立場）。一方、それを忘れて、いわゆる「存在者」というものだけでものを語ろうとする立場がある（ロゴスの立場）。プラトン以降の哲学はロゴスの立場に基づくもので、それが続いてきたことに対する一種のアンチテーゼとして、西田は「ピュシスの世界に還れ」という旗印を言わば行間に掲げて、独自の考えを深めていった……。
こうした枠組みを当てはめてみると、西田が全体としてはどのようなことを目指したのかということが、一気にわかってくるような気がします。
池田　でもね、残念なことに、西田自身がそのことに気づいていない節があるんです。
福岡　そうなんですね。西田がもうちょっと簡単にこのことを言っていてくれたらよかったですね（笑）。

存在と無の「あいだ」

福岡　「純粋経験」はそうすると、ロゴスに縛られ、「存在者」の観念に縛られたところから脱出して、それ以前には存在したピュシスを求める方向に行こうという呼びかけみたいなものとして理解すればよいでしょうか。

池田　ええ、そうです。まさにその通りです。

福岡　「自覚」というのは、そうしたピュシスというものの存在に気がつきなさい、ということでしょうか。

池田　そういうことです。

福岡　じゃ、「場所」はどうですか？

池田　「場所」というのは、面白いことに、「あいだ」を意味する概念なんです。福岡さんが細胞膜を「あいだ」と呼んだでしょう？　膜というのは、細胞の外側と内側の「あいだ」なんですよね。

福岡　そうですね。別に実在する線や輪郭ではないんですよね。

池田　内側でもなく、外側でもない、その「あいだ」。これを西田は「絶対矛盾」と言ったわけですよね。

西田の場合は、なんの「あいだ」かというと、存在と無の「あいだ」なんです。

福岡　なるほど。

池田　従来の哲学では、「存在」と「無」しか考えてこなかった。存在と無の「あいだ」に問題があるとは誰も気がつかなかった。福岡さんの生命科学でいえば、生命現象は細胞に関係している、と。しかし、細胞の中が問題にされることはあっても、細胞の膜を問題にした人はあまりいなかったのではないですか？

福岡　そうですね。ただの輪郭だと誰もが思っていたわけです。

池田　ごく最近ですよね、膜の研究がなされるようになるのは。

福岡　その通りです。細胞の中にいのちがあるかっていうと、どうかな……。要するに、「あいだ」にいのちがあるんです。「あいだ」で行われるものや情報などのやりとりの中にいのちがあるんです。

だから先ほどの琵琶湖の話でいえば、ロゴスで琵琶湖を解こうとすると、琵琶湖というのは滋賀県の真ん中にある、日本最大の湖で、面積はどれくらいで、東経何度、北緯何度で……とは言えるのですけれども、琵琶湖（の存在）とは何かと問われたら、誰もすぐには答えられないのです。

というのは、絶え間なく水がそこに流れ込んで、そこから流れ出ている「状態」が琵琶湖なのですから。

池田　うん。

福岡　その水をたたえている入れ物というかくぼみのことを琵琶湖と言うのかと言えば、琵琶湖から水を抜いたあとの窪地は別に琵琶湖ではありません。では、その琵琶湖、人々が見ている琵琶湖というのはいったい何かと言えば……。

池田　実体がないわね。

福岡　そうです、まさに。だから、琵琶湖をロゴスとして見ようと思うと、いろいろな記述によって答える、つまり、ウィキペディアに載っているような属性を並べることになる。

池田　うん。たいていの人はそれで理解したつもりになってはいるけどね。

福岡　でも、ピュシスとして琵琶湖を見ようとすると、それはもう、二度と同じ水はそこに流れてはこないんだけれども、みんながいつもそこに琵琶湖がある、と思っている状態がある。そこにはきれいな竹生島《ちくぶしま》が浮かんでいるし、きれいな水だなあと感じたりもするわけですけれども、じゃあ琵琶湖は何ですか、と。

先ほどの滋賀県の高校教師の問い、「琵琶湖は生きているか？」を考えてみますと、生きているとも言えるんです。確かにそこにさまざまのものが入って、ある状態が維持されて、いろいろなものがそこから外に流れ出ていくわけですから。私の「動的平衡が生命である」という定義からすれば、琵琶湖だって生きている、というふうに表現することは決して荒唐無稽なことではありません。

だから別にＤＮＡがなくても、琵琶湖は琵琶湖として生きていると言い得ます。このように、ピュシスとしての実在をとらえるということが、西田先生が本当に目指していたビジョンであったはずだということなのですね。

ただ、いまちょうど池田先生が説いてくださったようなある種の図式がないと、西田がいったい何のために「純粋経験」だとか「自覚」や「場所」、「無」といった難しい術語を使って西洋哲学を乗り越えようとしていたかということがつかみにくいとは言えるかもしれません。
西田は、西洋哲学を否定したわけじゃなくて、西洋哲学の前にあったものをある種回復させるというか、ルネサンス運動のようなものを企図していたというふうに考えても差し支えないでしょうか？

池田　ええ。もっと言えば、西田はある意味では西洋哲学を根本から否定したとも言えます。なぜならば、西洋哲学の根底にはピュシスがなかったわけですから。ロゴス一辺倒でここまでやってきた。

その意味で、西田が「場所」というときに、ほとんどの人が、その真意を理解することはできなかったわけですけれども、僕もいろいろと調べてわかったことは、結局、「場所」という概念は、福岡さんが「膜」ということを言われたのと同じように「あいだ」のことを指していたということです。

これは西洋の思想に限った話ではなく、仏教などの東洋思想でも、存在と無について語るときには、「存在か、さもなければ無である」とか、「無に相反するものは、存在である」というように説いて、存在か無か、いずれかの問題だと考えてきたわけです。

福岡　なるほど。

池田　ところがそうじゃなくて、存在と無の「あいだ」がある、と西田は考えたのです。

「あいだ」の思考

池田　西田先生の弟子に西谷啓治《にしたにけいじ》先生[18]という方がおられるのですが、その先生があるとき、「池田君、考えなければならないのは『と』ということだよ」と（笑）。

福岡　「と」ね。

池田　「と」ということを考えてください、ということを言われて、最初、僕は何のことだかよくわからなかったんです。「存在『と』無でしょう。内部『と』外部ね。時間『と』空間。君、時間も空間も問題じゃない。問題は『と』にあるんですよ」と言われて（笑）。最初はさっぱりわからなかった。

　ともかく、西谷啓治先生に触発されて、それ以来、僕は「と」という問題についてよくよく考えてみるようになったんです。

「時間と空間」というときの「と」というのは、時間でも空間でもないんです。時間と空間の「あいだ」なんです。で、その「と」というものを考えてみなさい、と西谷先生は言われるわけです。時間と空間というのは相反するものですよね。

要するに、時間と空間というのは、次々に起こる存在の秩序というものと、同時に存在する秩序のことですね。継起的な流れと全然動かない広がりという存在、秩序というものが、実はこの世界において一つになっている。もちろん、これは「絶対矛盾的自己同一」的な事態なんですけれども。

その「絶対矛盾の自己同一」、あるいは「逆対応」と言ってもいいんですけれどもね、時間は空間に対して逆に対応している、と。

このことを説明するために、僕は「包む・包まれる」、あるいは「包まれつつ包む」という表現をしばしば用います（「包まれつつ包む」については後に詳述）。時間は空間に包まれながら、実は逆に空間を包んでもいるのです。

福岡先生は細胞の内部と外部のあいだに膜というものを考えておられますが、その膜というのは内部でも外部でもないけれども、そこにおいて内部と外部がつながっている、言わば、「包まれつつ包む」仕方で一つになっているわけですよね。

福岡　その通りです。

池田　ですから、外部は内部を包みながら、逆に外部は内部の中に包まれている（包まれつつ包む）。それは膜においても、すでになされている。

福岡　しかも膜自身もですね、絶え間なく流動しています。膜自身は琵琶湖とか多摩川と同じように絶えず流動して、細胞の中で作られてはベルトコンベヤのようにして送り出されていくわけです。一応、細胞を外側と内側に分けてはいますけれども、その境界というのは実はある意味でスカスカですし、川が流れているのと同じなのです。

川って何ですか？　というと水の流れであって、水がなくなった窪地は川ではないわけです。ですから同様に膜も「状態」としか定義できないものなんですけど、それが「細胞膜」というロゴスというか言葉で表現されると、なんだかかっちりした輪郭線になってしまうし、風船の皮のようにある種スタティックなものに見えてしまうんです。けれども、実はそうじゃないんですよね。むしろその流れの中に命のやりとりというか営みがある。

でも、そういったことも、実は最近になって人間が気がついてきたことです。

細胞自身が、作ることよりも壊すことを一生懸命に行っているということも、ここ十年、二十年のあいだにわかってきたことなんです。

細胞の中で何かが作り出される。ＤＮＡが作られ、タンパク質が作られる。二〇世紀の科学者たちはこぞって細胞のこの精妙な仕組みの究明に取り組み、成果を出してもきたんですけど、細胞の中でものを作る仕組みはたった一通りしかなかった。ＤＮＡを作る方法も、タンパク質を作る方法も一通りしかない。ところが、細胞が細胞の中のものを壊す方法は何十通りもある。その方法はまだ全然解明しきれていないというほどたくさんあって、とにかく細胞というか生命というのは、壊すことに一生懸命なのです。どんな場合でも壊せるようになっている。

なぜかというと、壊さないと、エントロピーを捨てられないし、壊さないと、次が作れないから。だから、壊すことが唯一、時間を前に進める方法なんですよね。

池田　うん。だから、分解と合成が同時に進行するわけですよね。

福岡　そうなんです。

池田　分解と合成が同時に進行するということは、まさにそのことによって内と外との区別が作られる、ということですよね。

福岡　ええ。

池田　だから僕が細胞膜で起きていることは「包む・包まれる」と同じだ、と言ったのはそのことだったんです。

福岡　まさにそうですね。

池田　そういう意味で、「あいだ」を思考するという思考の仕方は、従来の西洋科学にも西洋哲学にもなかったんです。それが西田によって、初めてまさに自覚的になされたわけです。「逆限定」とか「絶対矛盾的自己同一」とか、そういう言葉になって表された。

ですから、教養として、西洋哲学や西洋科学を学んできた人に西田が理解できないというのは、ある意味では当たり前なんです。彼らはピュシスという、ロゴスとは違う存在様式というものが、私たちの世界を支えている、そういう奥深いところをすでに忘れてしまっているからです。

福岡　そこはもっと強調されてもいいところですよね。ピュシスとロゴスの対立と、西田が取り戻そうとしたものがピュシスであったということ。

池田　はい、その点が一番重要だと僕は思います。

1　【NHKの企画】　NHK・Eテレで二〇一三年一月に放送されたテレビ番組「日本人は何を考えてきたのか　第十一回　近代を超えて～西田幾多郎と京都学派～」。福岡氏は番組ナビゲーターを務めた。

2　【DNA】　デオキシリボ核酸（deoxyribonucleic acid）。アデニン・チミン・グアニン・シトシンの四種の塩基から成り、二重らせん構造をとる。タンパク質の合成を司り、遺伝情報の発現と継承を担う。動植物のほとんどで細胞核内に格納される。

3　【京都学派】　狭義には西田幾多郎を中心としてその弟子の哲学者らが形成した学問的グループを指す。広義には、京都大学人文科学研究所を主体とした学際的な研究者グループ（「新京都学派」とも呼ばれる）、今西錦司を中心にその学問的方法・態度を共有する自然科学系の学者グループも含めて言い、さらに、京都大学関係の研究者一派に対して使われることもある。

4　【近代の超克】　一九四二年七月、対米英戦争という時局下で、「知的協力会議」と銘打ち、西洋文化の総括と超克を標榜して二日間にわたり行われた知識人十三人によるシンポジウム。討議内容が後に文芸誌『文学界』の特集記事「近代の超克」としてまとめられ掲載された（一九四二年九月号、十月号）ためにこう呼ばれる。西谷啓治をはじめ、参加者の大半は京都学派の哲学者だった（哲学者のほか、小林秀雄、亀井勝一郎、三好達治らも参加）。

5　【エントロピー】　entropy　熱力学や統計力学の分野で、物質の状態を表す量の一つ。熱力学において断熱条件下での不可逆性を表す指標として導入され、統計力学において系の微視的な「乱雑さ」を表す物理量として意味づけられている。文系的に表現すると、秩序あるものが時間とともに秩序を失い、乱雑さを増していくときの、その増大する「乱雑さの度合い」のこと。「秩序あるものが時間とともに秩序を失うこと」の具体的事例として、整理整頓された机の上が散らかってしまうこと、ピカピカの宮殿も風化してしまうこと、熱烈な恋愛もいつかは冷めることなどを考えてもよい。

6 【ヘラクレイトス】 古代ギリシアの哲学者。紀元前五四〇年頃~同四八〇年頃。「万物は流転する」（パンタ・レイ）という考えを唱え、本書における「ピュシス（自然）の立場」を代表する自然哲学者である。「同じ川に二度と入ることはできない」の言葉もある。

7 【ソクラテス】 古代ギリシアの哲学者。紀元前四六九年頃~同三九九年。対話を通じて相手の考え方に疑問を投げかける問答法により哲学を展開した。自身では著述を行わず、その思想は弟子のプラトンやアリストテレスなどによって伝えられている。「無知の知」概念でも知られる。

8 【プラトン】 『ソクラテスの弁明』や『饗宴』、『国家』などの著作がある古代ギリシアの哲学者。紀元前四二七年~同三四七年。ソクラテスの弟子、アリストテレスの師。ソクラテスとともに、西洋哲学の源流とされ、いまなお人間の思考（法）に多大な影響を及ぼしている。

9 【ハイデガー】 Martin Heidegger ドイツの哲学者。一八八九年~一九七六年。現象学の創始者フッサールなどの影響下に、古代ギリシア哲学の再解釈を通じて独自の存在論哲学を打ち立てた、二〇世紀最大の哲学者の一人。主著『存在と時間』では、伝統的な形而上学の解体を試み、「存在」の意味を回復させようとした。田辺元、三木清、九鬼周造ら、日本の京都学派にも大きな影響を与えた。

10 【パルメニデス】 古代ギリシアの哲学者。紀元前五〇〇年または四七五年~没年不明。論理的な明快さと必然性を真実性の基準とみなした、エレア派の始祖。その思想にはイデア論の原型が含まれ、プラトン主義者たちに引き継がれた。

11 【ピタゴラス】 古代ギリシアの数学者、哲学者。紀元前五八二年~同四九六年。「ピタゴラスの定理」や「アルケー（万物の根源）は数である」の言葉などで知られ、その思想はプラトンやプラトン主義者たちに大きな影響を与えた。

12 【数学的思考】 ハイデガーの論述では「計量的思考」（das rechnende Denken）とも言われる。

13 【プラトンのアカデメイア】 紀元前三八七年にプラトンが創設した学園の呼称。算術、幾何学、天文学等を基礎学問とし、それを修めた者に理想的な統治者が学ぶべき哲学を教授した。特に幾何学は論理的思考に必要不可欠とされ、その入り口の門には本文で紹介したような言葉が掲示されていたと伝承される。

14 【イデア】 プラトン哲学の用語・概念。絶対的な永遠の実在。一種の「理念的世界」のこと。イデアとは、ギリシア語イデイン（idein）からの派生語で、もとは「姿」、「形」、「見えているもの」の意味。池田氏によれば、「『姿』や『形』にならなければわれわれには見えることがない。イデア概念のように、見えないものを見えるものにして理解するといった伝統が西洋哲学を基礎づけてきた」。

15 【西田論文における「ピュシス」】 「西田は、当時、ソクラテス以前のギリシア哲学などがあまり知られていなかったわが国において、すでにヘラクレイトスの真意を高く評価していて、彼の断片などを論文の中でよく引用しています。ただ、ピュシス全般について触れるということはしていないんです」（池田）。

16 【西田とハイデガー】 「西田が気づいたことは、ハイデガーの言う『存在論的差異』（die ontologische Differenz）ではなく、『実在論的差異』と呼ぶことができます。つまり、西田は、ピュシスの世界に、すなわち、単なる『存在』ではなく『実在』（reality）にもう一度立ち戻ろうとしたのです」（池田）。

17 【主観性原理と哲学・科学】 「古来、西洋思想の伝統的底流に『主観性原理によって決定的に規定され、蔽い尽くされた世界』が横たわっていることは、日下部吉信氏の『ギリシア哲学と主観性——初期ギリシア哲学研究』（法政大学出版局）において、見事に明らかにされています」（池田）。

18

【西谷啓治】　日本の哲学者（宗教哲学）。一九〇〇年〜一九九〇年。同郷の西田幾多郎に師事した。西田の高弟であり、高坂正顕、高山岩男、鈴木成高とともに「京都学派四天王」と呼ばれた同学派の中心人物。主著に『宗教とは何か』（創文社）。

第二章

西田哲学の森に深く分け入る

「〜でなければならない」という独特の文体

福岡　前章では、ピュシス対ロゴスという一種の補助線を示していただいたことによって、西田がその哲学体系において全体として何を目指したのかということがとてもわかりやすくなりました。おぼろげながら西田先生の後ろ姿が見えてきたような気がします。

池田　西田をいかに理解するか（理解してもらうか）ということについては僕も苦労しているんですけど、仲間うちでは、よく西田は「パッとわからないといけない」と言われるんです（笑）。

福岡　パッとわからないといけない!?

池田　つまりね、少しでも後ろ姿が見えてきたなと思ったら、もう「わかった」と言っていいというくらいに、西田（哲学）は後ろも前も一緒になっているということなのです。そしてそのことが感じられた瞬間から一気に西田理解は進む、と。ですから、福岡さんはもう粗方《あらかた》西田を理解しているはずなんですよ（笑）。

福岡　いえいえ、これはなかなか油断できません（笑）。

哲学業界的には「パッとわからないといけない」のかもしれないのですが、哲学の素人が「わかったつもり」でいい気になっていると、最終的には、その「わかったつもり」のことまでわからなくなってしまいますから、私はゆっくり、核心部分に近づいていきたいと思います。

さて、この章では、前章での議論を踏まえつつ、もう少し、西田哲学の森に分け入ってみたいと思うのですが、その準備として、全体に関わることでお聞きしたいのは、西田の著作に見られる独特の文体についてです。

西田先生の「甲は乙であらねばならない」といった独特の言い回し、命令（断定）口調といいますか、そういったものはどこから来ているんでしょうか。

池田　それは、やはり西田に確信があったからでしょうね。ピュシスの立場をとると、いわゆるロゴス的な意味で読者を説得することができないので、「～でなければならない」と言わざるを得ないのです。

福岡　ああ、そうか。これは非常にわかりやすいですね。

池田　ですから、「～でなければならない」という表現が著書や論文の中で多用されているということ自体が、西田が自身の哲学をピュシス（的な立場）に基づいて展開している、ということの証にもなるのだと思います。

福岡　なるほど。自然というものは元来そういうふうになっている、ということですね。いまのご説明は非常にストンと腑《ふ》に落ちました。自分にはそうだと明確にわかっている（が、他人にはまったくわかっていないように思える）ことだから、そう表現せざるを得ないわけですね。

池田　ええ。ロゴスの場合は「〜でなければならない」とわざわざ言う必要はないんです。

福岡　そうですね。「〜は……である」と言えば事足ります。

池田　ロゴスにおいては、二に三を足せば五になるんです。二に三を足せば五にならなければならない、と説明する必要は全くないんです。

福岡　なるほど。これで西田の文体の独特のクセのようなものについても納得できますね。そこには彼自身が感じていた切実さというか、ピュシスが理解されないことへのもどかしさみたいなものが反映されていたのかもしれませんね。

池田　はい、そう思います。いま言われたことは非常に重要な指摘だと思います。

実際に、西田の論文には「～でなければならない」とか「～であらねばならない」といった表現はしょっちゅう出てきて、ある意味でとても耳障りでね。

福岡　ええ、どうしてそんなふうに偉そうに語るのか、と（笑）。

池田　しかし、それはそう表現する必要があったということなのですが、そのことが多くの人にはわからない。それでますます西田が嫌われることにもなる。

福岡　独特の文体は、ロゴスではなく、ピュシスを語っていたからなのですね。これには、目からうろこが落ちた気がします。

ただ、ピュシスを語る言葉というのは、ロゴスを語る言葉とは異なるものであるために、ロゴスに慣れてしまった私たちには、一見矛盾した言葉に聞こえてしまいやすいという面がどうしてもありますね。しかし、このピュシスもやはり誰にでも伝わる言葉で語られないと哲学にならないし、もちろん科学にもならない。

単に「ピュシスはすごい」のように唱えるだけだったら、オカルトとあまり変わらないことにもなってしまいます。ここはやはり解像度の高い言葉によって西田哲学そのものを語る努力をしていかないといけませんね。その言葉というものを探っていく必要があると思います。

「歴史的自然の形成作用」

池田　いま、ちょうど文体の話題が出ましたので、ここで、実例として西田が生命について定義している一文を見てみましょう。現時点では眺める程度で結構なのですが、重要な文章ですので、内容については後ほど（繰り返し）触れることにもなるでしょう。

生命は、絶対に相反するものの自己同一として成立するものでなければならない、時の同時存在の世界の自己限定として成立するものでなければならない。ヘラクレイトスのいう如く、相反するものから最も美しき調和が生まれるのである。空間的なるものが即時間的、時間的なるものが即空間的というのが、能動的形相である。時間即空間、空間即時間なる永遠の今の自己限定は形成作用的である。それによって無数の自己自身を限定する特殊者が成立するのである。生物的生命は機械力でもなければ活力でもない。それは歴史的自然の形成作用でなければならない。限定するものなき限定としては、無数の自己自身を限定するものが成立せなければならない。生命とは、かかるものでなければならない。

（『西田幾多郎全集』第八巻～「論理と生命」300ページ）

福岡　おお、やはり「～でなければならない」のオンパレードですね（笑）。せっかく例に挙げてくださったので、後回しにせず、少しご解説いただけないでしょうか。

池田　わかりました。この中で特に重要なのは「歴史的自然の形成作用」という概念です。

福岡　後半に出てくる言葉ですね。生命のことを「歴史的自然の形成作用」と言っているように読めます。

池田　その通りです。ここでは生命とは、その形成作用によって成立するものと言われている、と理解していただいて構いません。

「永遠の今の自己限定」というのは難しい表現だと感じられるかもしれませんが、このことは、西田によって「絶対現在」（絶対的な現在）において永遠の過去と未来とが自己同一するものと考えられています。

福岡　現在において過去と未来とが一つになっているということでしょうか。

池田　ええ。「今」という時は、時間の流れの中に「包まれつつ」その時間全体を「包む」と言えるのですが、この「包まれつつ包む」仕方に基づく時間による形成作用こそが、「歴史的自然の形成作用」であると表現されています。

さらに、こうした時間に基づく「世界の自己限定」によってのみ、「生命」は成立するものでなければならない、ということがここでは言われているのです。

「生命」とは、「包まれつつ包む」とも言うべき「歴史的自然の形成作用」によって、自らを表現（自己表現）するものである、と言わなければならないのです。

福岡　なかなか難しいですね。ここは咀嚼《そしゃく》する必要がありそうです。

池田　そうですね。西田哲学はとにかく深遠、その森も広大ですので、ここは福岡さんのご提案にしたがって、ゆっくり進むのがいいですね。「歴史的自然の形成作用」については環境と年輪を具体例に考えたいとも思っていますので、そのときに再び論じることにしましょう。

「主客未分」

池田　もう一つ、全体にかかわるところで再度確認しておいていただきたいのは、「主観性と客観性の問題」についてです。

従来、真理というものについて述べるときには、「それは客観性のあるもの（客観的なもの）でなければならない」のように、主体に対して客体を尊重するような言い方がなされることが多いわけですけれども、実はそうして得られる客観性そのものが主観性の原理に基づくものに過ぎないということに私たちはあらためて注意する必要があります。

福岡　客観的なものだと多くの人が考えている真理が実は主観的なもの（主観に基づくもの）であるということですね。

言われてみれば、確かに数学の定理・論証などでさえ、誰かある天才が思いついたものだという限りにおいては、まさに主観と呼べるものでもありますね。

池田　うん。数学などは最も客観的な学問だ、などと言われているけどね。

福岡　数学における証明などは、最も主観的なものだとも言えますね。

池田　最も客観的とされているものが実は最も主観的なものであるという（笑）。

福岡　逆説的ですけれども、その通りですね。

池田　実はこのことは、現在の学問、科学も哲学も含めて全般に言えることなのですが、そもそも客観性（客観的であること）とは何であるか、その真の仕組みについて、本質が理解されていないのではないかと思います。

そういう意味で、僕自身、学問そのものをその根本的な土台からもう一度組み立て直す必要があるんじゃないかと思っています。

福岡　なるほど。

池田　このことに関連して言えば、西田は「主客未分」という表現・概念をよく使います。つまり、彼は、主観（主体）と客観（客体）というものが分かれる手前のところで哲学することを重視します。そうすることでピュシスの実在というものに迫ろうとしたのです。主観と客観とが分かれてしまったあとでは、主観性の原理のうえに思考が組み立てられることになり、そこにロゴス的思考が入り込んできてしまうことになるからです。

「主客未分」というのは『善の研究』に始まる西田のすべての哲学的著作、哲学論文を通奏低音のように流れている重要な考え方であると言えます。

西田はこの考え方のうえに、「純粋経験」や「自覚」、「行為的直観」、「絶対矛盾的自己同一」といった術語を作って思索を深めていったわけです。「主客未分」という、主観と客観が分かれる以前のところで踏みとどまって哲学をすることの重要性を私たちはここであらためて再認識しなければならないと思います。

福岡 主観と客観とが分かれる前のところでしか、ピュシスはつかめないということですね。西田の哲学が「ピュシスの哲学」と言われる所以《ゆえん》ですね。

池田 主客未分（あるいは主客合一）については、西田の最初の著書『善の研究』に次のような文章があります。

> 経験するというのは事実其儘《そのまま》に知るの意である。全く自己の細工を棄てて、事実に従うて知るのである。純粋というのは、普通に経験といっている者もその実は何らかの思想を交えているから、毫《ごう》も思慮分別を加えない、真に経験其儘の状態をいうのである。例えば、色を見、音を聞く刹那、未だこれが外物の作用であるとか、

我がこれを感じているとかいうような考のないのみならず、この色、この音は何であるという判断すら加わらない前をいうのである。それで純粋経験は直接経験と同一である。自己の意識状態を直下に経験した時、未だ主もなく客もない、知識とその対象とが全く合一している。これが経験の最醇なる者である。

(同前　第一巻〜『善の研究』　9ページ)

ここには「純粋経験」という表現も出てきていますね。もう一カ所、こちらも『善の研究』の有名な箇所です。

我々は少しの思想も交えず、主客未分の状態に注意を転じて行くことができるのである。例えば、一生懸命に断崖を攀《よ》づる場合の如き、音楽家が熟練した曲を奏する時の如き、全く知覚の連続といってもよい。また動物の本能的動作にも必ずかくの如き精神状態が伴うているのであろう。これらの精神現象においては、知覚が厳密なる統一と連絡とを保ち、意識が一より他に転ずるも、注意は始終物に向けられ、前の作用が自ら後者を惹起しその間に思惟を入るべき少しの亀裂もない。これを瞬間的知覚と比較するに、注意の推移、時間の長短こそあれ、その直接にして主客合一の点においては少しの差別もないのである。

（同前　11～12ページ）

ここで主客未分というものは、動物の本能的動作にも似た精神状態として説明されていますね。例として、人が一生懸命に断崖をよじ登ったり、音楽家が弾きなれた曲を演奏したりする状態が挙げられています。主客未分の状態とは、我を忘れて一生懸命（一心不乱）に行為している状態、と言ってもよいかもしれません。そこに行為のみがある、と言えるような思慮分別がない精神状態、と理解しても差し支えないでしょう。

「純粋経験」

福岡　なるほど。「思慮分別がない」という表現は、普通の感覚では浅はかなことを指し、ネガティブな意味で使われることが多いのですが、西田にとっては、その状態こそがピュシスに到達する一種の境地みたいなものであるわけですね。

池田　その通りです。思慮分別はむしろ私たちがピュシスに到達することを阻むのです。

福岡　なるほど。面白いですね。

ピュシスの哲学は、思慮分別を働かせないで自然をありのままに見つめるということですね。それに対して、ロゴスの哲学は思慮分別を大いに働かせることで、自然の実在からはどんどん離れていってしまうというわけですね。

それにしても、こうやってじっくり向き合って読むと、西田は比喩もなかなかうまいというか、味わい深いものがありますね。

池田　ええ。西田は比喩が大変巧みな哲学者だと僕は思います。

福岡　いま、一つ前の引用文（85〜86ページ）の中に「純粋経験」が出てきていましたが、もう一度、その言葉の意味について教えてください。

池田　純粋経験というのは「ピュシスの世界に入ること」であると前回確認しましたね。先ほどの話も踏まえて、もう少し説明を加えましょう。

ピュシスの世界というのは、主観と客観とが分かれる以前のところで成立する世界です。さらに言えば、主観と客観が分かれる以前のところでは、論理と生命と実在とが離れ離れにならず、それらが一つになっている、そういう世界です。「純粋経験」とは、主客が分かれる前のところでそれらが「一つになる」、その経験のことを言っているのです。言い換えれば、自然の「真の実在」を文字通り真の実在として、そのまま思慮分別を加えることなく経験することです。

先ほどの引用文では、「経験する」というのは事実そのままに知るという意味だと言われていますね。つまり自己の細工をすべて棄てて、事実にしたがって知ることである、と。また、「純粋」というのは、少しも思慮分別を加えない真に経験そのままの状態のことをいう、と書かれています。色を見、音を聞いたときに、この色やこの音は何であるかという判断すら加わらない前のことを言うのだ、と。ゆえに「純粋経験」は直接経験と同一である、ということですね。

これまでの西洋哲学も近代科学も、西田のこのような原体験、純粋経験というものを持ち得なかったために、自然の「真の実在」に触れることなく、ハイデガーによって「存在忘却」と批判されてもきたのです。そこでは、言わば、生命存在から実在と論理が失われてしまっているのです。ロゴスでは、論理と生命と実在とが離れ離れに論じられてきた、と言うことができます。

福岡　なるほど。

それは西田の生涯の友人でもあった仏教学者の鈴木大拙《すずきだいせつ》[1]が書いているように、林檎《りんご》を理解するには、林檎を分析的に見ていくのではなくて、林檎は林檎としてそのままに経験しなければならない、といったことと同じようなことであるのですね。

「自覚」と「先回り」

福岡　先生、あらためて「自覚」について教えてください。

西田の「自覚」とは、ピュシスがロゴスよりも前にあったということに気がつきなさい、という呼びかけのようなものとして理解すればよいということでしたね。

池田　ええ。「自覚」とはピュシスの中で起こる出来事なんです。多くの人はそれをロゴスの中の出来事と取り違えて解釈しています。

福岡　われわれが使っている、いわゆるロゴスではない方法でピュシスの中で起こっていることをとらえなさい、という教えが「自覚」の教えであるというふうにとらえてよいでしょうか。

池田　ええ。少々難しい言い方になりますが、「論理が生と実在とに一つである」というピュシスのありように気づきなさい、ということですね。それらを「一つ」のものとして自覚しなさい、という意味です。

つまり、ここでも、ピュシスとは、「思慮分別を絶したもの」（主客未分の場所において経験されるもの）に他なりません。

生命科学者である福岡さんは、生命が「動的平衡」[2]を維持するに際して、やがて崩壊する細胞膜の再構築のために、崩壊する構成成分をあえて「先回り」[3]して分解すると説明しておられますが、この「先回り」とは、まさに「ピュシス」そのものの仕組みとも言えるわけですよね。

生命の働きにおけるこうした「先回り」とは、「ロゴス」としての思慮分別のことではなく、まさにピュシスの働きそれ自体であるということです。西田の「自覚」には、そのことに気づくという意味が含まれています。

福岡　なるほど。これはまったく頷ける話です。

池田　どうして生命がこんなに長く、生きながらえているのか。滅びていいはずの生命が、こんなに数十億年も生き延びている仕組みというのが、これまで――福岡さんが科学的にそれを明らかにされるまで――はよくわからなかったんです。

福岡　そうですね。それは生命が時間に「先回り」していたから、と言えるわけですよね。

池田　その通りです。西田は初期において「我々が我々の過去を想起し、これを歴史的に結合して考えることのできるのは、既に時間を超越せる自覚の事実によって可能であるのではなかろうか」（同前　第二巻～「自覚における直観と反省」17ページ）と考えていました。つまり、西田自身が、福岡さんの言われるまさに「先回り」という意味で、「自覚」というものを理解していたわけですね。

福岡　なるほど。確かに「先回り」の働きと同じですね。

「行為的直観」と「先回り」

池田　いまご説明した西田の「自覚」概念は、「行為的直観」概念とも非常によく似ています。「自覚」と「行為的直観」は、ほとんど同じことを言っていると理解してもよいと思います。「行為的直観」については、再び、福岡先生の「先回り」概念を使って説明することが可能です。

福岡　ぜひお願いいたします。

池田　つまり、生命というものは、時間に対して「先回り」をしないと、エントロピー増大の法則[4]に逆らうことはできないわけですね。そうしないと生命は自らを維持できない。生命を維持するためには、生命はどこかでエントロピーの増大に「先回り」をしなければならない。

そこでは、「生きる」ということを一つの「行為」とみなすことができます。生きるという行為の中で、生きる存在を維持するために、そこに伴われるのが「先回り」という一種の働きです。そのことが西田では「直観」と言われます。

で、「行為的直観」というのは、生きる行為のうえでの直観として、過去から未来へと時間が流れるのではなくて、それが未来から過去へと流れることを感じとる、ということです。

要するに、エントロピーの増大というのは、未来において起こるわけです。その未来に起こることを先取りしないと、生命は自分というものを再構成できないんです。

福岡 なるほど、そうですね。だから、生命は時間に追い抜かれずに……。

池田 細胞（生命）が行う分解と合成というものは、同時的に進行することが不可欠なのですが、そのためには「先取り」しないといけない。その先取りする、「先回り」という福岡さんの概念というのは、西田では、より強い連関性を伴って「行為的直観」というかたちになるわけですね。

福岡 ああ、そういうふうにつながっているのですね。

池田 「行為的直観」が出てくる文章をいくつか引用してみましょう。

直観ということは、各自何処《どこ》までも独立的なもの、即ち相反するものの自己同一ということでなければならない。ヘラクレイトスのいった如く、争より美しき調和が生ずるのである。

（中略）

私がこの論文の始《はじめ》にいった如く、真の生命というものは、内に絶対の無を含んだものでなければならない。絶対否定を含んだものでなければならない。かかる生命の自己限定として、行為的直観というものが成立するのである。

（同前　第八巻〜「論理と生命」　341ページ）

行為的直観とは矛盾的自己同一である、時間的・空間的、主観的・客観的として相反するものの自己同一である。

（同前　387ページ）

また、時間については西田によって次のように述べられています。

現在において過去は既に過ぎ去ったものでありながら未だ過ぎ去らざるものであり、未来は未だ来たらざるものでありながら既に現れているというのは、抽象論理的に考えられるように、単に過去と未来とが結び附くとか一になるとかいうのではない。相互否定的に一となるというのである。過去と未来との相互否定的に一である所が現在であり、現在の矛盾的自己同一として過去と未来とが対立するのである。

而《しか》してそれが矛盾的自己同一なるが故に、過去と未来とはまた何処までも結び附くものでなく、何処までも過去から未来へと動いて行く。しかも現在は多即一一即多の矛盾的自己同一として、時間的空間として、そこに一つの形が決定せられ、時が止揚せられると考えられねばならない。そこに時の現在が永遠の今の自己限定として、我々は時を越えた永遠なものに触れると考える。しかしそれは矛盾的自己同一として否定せられるべく決定せられたものであり、時は現在から現在へと動き行くのである。一が多の一ということが空間的ということであり、多から一へということが機械的ということであり、過去から未来へということである。これに反し多が一の多ということは世界を動的に考えること、時間的に考えることであり、一から多へということは世界を発展的に考えること、合目的的に考えることであり、未来から過去へということである。多と一との矛盾的自己同一として作られたものから作るものへという世界は、現在から現在へと考えられる世界でなければならない。

（同前　第九巻～「絶対矛盾的自己同一」　150～151ページ）

池田　私たちは、普通の考えでは時間が過去から未来へ流れるというのはよくわかるんですよ。しかし、未来から過去に向かって時間が流れるということは、ほとんど不合理なことですから、普通は理解することはできません。

しかし、そのことを「直観」することはできるんです。「直観」することができるということは、そこでは時間が逆に未来から現在に向かって流れてくるように感じとることもできるわけです。

確かに一面では、時間とは過去から未来に進み、後戻りはしないものであるかもしれない。普通の考えでは、時間というものは過去から未来に流れますけども、「行為的直観」においては、先に流れていく未来のことを直観することによって、逆に未来から過去へと時間が戻るようなかたちになっているということですね。

そうでないと、生命についても「先回り」ができるとは言えないわけなのです。

福岡　まさにそうかもしれません。

池田　このように、西田哲学と福岡生命科学の共通点を見ていく際には「時間」の問題が深く関わってくるのですが、両者の時間論については後半で詳しく議論することにしましょう。
ですから、西田は非常に科学的に物事を考えているとも言えるんですよ。福岡さんがしばしば言及されるエントロピー増大の法則は、西田が哲学者として活動していた時代にはほとんど知られていませんでした。

福岡 そうですよね。

池田 「エントロピー」という概念を詳しく知らない西田がここまで踏み込んだことを言っているということは、やっぱりものすごいことだと僕は思います。

福岡 そうですね。
シュレーディンガー[5]が『生命とは何か』を著したのは一九四四年ですから、そのことを考えても、すごいですね（西田の生没年や略歴については453ページ参照）。

池田 プリゴジン[6]の散逸構造論[7]も知らなかったわけですよね。

福岡 ええ。少し補足しますと、プリゴジンは秩序が自動的に生成されるというところまでは自身のビジョンとして持っていたと思うんですけど、（生命が）自ら先回りして自らの秩序を壊しながらエントロピーを捨てるというところまでは言えていなかったのではないかと思います。

今西錦司の「棲み分け理論」

福岡　ここまでお話を伺ってきて頭をかすめたのは、今西錦司《いまにしきんじ》[8]のことです。彼の生態学も、自然科学の世界では「科学的でない」とされ、いまではそれほど評価されないものとなっているのですが、私は個人的に今西が好きなんです。「福岡さんは今西錦司の亡霊だ」のような批判を受けることもあるんですけれども。

今西錦司は西田幾多郎から強く影響を受けていて、彼の哲学をよく知ったうえで語っている面が多々あると思います。

彼も、自然本来のあり方をなんとかとらえようとして、例えば生物の進化について、「生命は変わるべくして変わる」のように言ったわけです。だからこそ、「べく」とは何だ、といわゆる近代ロゴスの生物学者からは手厳しく批判されているわけでもあるのですが。

しかし、今西の「変わるべくして変わる」というのは西田の「〜でなければならない」と同じように、自然が本来持っているあり方を語っていたのだ、といまさらながら気づきました。それで彼は、「べく」というような表現をとらざるを得なかったのだ、と。
　お話を伺って、今西錦司と西田哲学がはっきりとつながった気がしました。

池田　今西先生の「棲み分け理論」[9]は、西田哲学の立場からすると、間違いのない、真っ当な理論なんです。

福岡　ええ、今西理論はまさに「あいだ」の理論ですものね。棲み分けというのは二つの生物種のあいだで起きる一種のせめぎ合い（競争―協調関係）のことですから。

池田　はい、「あいだ」なんです。ただ、いまの生態学の立場からすると、容認されてはいませんよね。

福岡　そうなんです。

池田　いまの生態学は完全にロゴスで考えているから容認できないのであって、西田がわかれば、少しは理解されると思うんですけれども、現段階ではそうはなっていないでしょう。

福岡　そうなんですよね。西田がわかれば今西がわかって、そして今西の理論もわかるんですよね。

「棲み分け」というのは、生物が互いに自分の分《ぶん》、分際をわかって、互いに退却しあったうえでぼんやりした「あいだ」というか、境界線にならない動的な平衡の界面を作っているという考え方なんですけど、近代ダーウィニズム[10]はそういうことは認めないわけです。

そこでは、常に競争の結果として起きたことしか、進化のフィルターにかからないはずだと考えられてしまうので、生物どうしが勝手に協力しているというような「美しい調和」のようなものは認められないのです。

私はかつて、昆虫が大好きな「虫捕り少年」でした。子どものころ実際に見聞きして知っていたことでもあるのですが、例えば蝶《ちょう》は、幼虫のとき、それぞれの種ごとに自分の食べる葉を限局しているんです。

植物はどれも基本的には同じ栄養素を含んでいるので、幼虫は目の前にある葉をバリバリ食べれば生きていけるはずなのに、アゲハ蝶はミカンの葉、キアゲハはニンジンの葉というように、種によって自分たちの食べるものを細かく限定しているんです。

蝶の幼虫が種ごとに食草を限局しているというのは、まさに今西錦司が言っているような「棲み分け」をしているように見えます。ピュシスとしてはそう見えるわけです。

でも、それはロゴスの立場から見ると、まったくそうは見えないのです。ロゴスの立場では、複数の生物種がせめぎ合いながら、競争の結果起こったことじゃないと認められない、というか、学問（科学）にならないと考えるので……。

こうした「ピュシス対ロゴス」的な局面というのは、自然科学全般において、実はいろいろなところに現れています。そして、ピュシス派の人たちは、ロゴス派の陣営に敗れて、マイナーであるとか異端であると言われがちなんですけれども、そこにはやっぱりある種の、自然に対する確かな見方というものが存在しているように思います。

今西錦司だけでなく、「環世界[11]」を提唱したユクスキュル[12]も、いまではほとんど顧みられることはないんですけれども、彼もまた、生命のあり方を独自の見方で、まさにピュシスのほうから見ようとした人物として位置づけられると思います。

自然科学の分野におけるこうした事情を振り返ってみても、ロゴスの力で覆い隠されてしまった自然のあり方というものに気がつかなければいけないという西田の見えざる意図というのは、非常に「古くて新しい」問いかけなんじゃないかな、と私は思います。

池田　おっしゃる通りだと思います。

「逆限定」

池田　チャールズ・ダーウィン[13]は、環境からの生物への働きかけというのを「選択圧」としてとらえています。

つまり、環境が生物に与える影響を主として見ているわけです。それに対して、今西先生は、生物の側から環境を認識することを主体性としてとらえています。つまり、ダーウィンとちょうど逆の立場から、ダーウィンにおいては生物の主体性というものが忘れられている、と指摘しているわけです。

今西先生の棲み分け理論においては、生命主体が種であれ個であれ、ニッチ（生態的地位、ある生物種が利用する環境要因）を選択する場合、環境（生息場所）と主体との関係が、あくまでも「包まれつつ包む」という逆限定、つまり、主体と環境との関係というのは、互いに包まれつつ包むという逆限定のかたちになっていて、その限りにおいて、今西錦司の棲み分け理論というのはまったく正しいものであるのです。

しかし、現代の生態学においては、「逆限定[14]」という概念・考え方を受け入れることができないために、棲み分け理論というのは、ほとんど評価されていないのです。

福岡　いまお話に出てきた「逆限定」というのを、別の言葉でご説明いただけませんか。

池田　「逆限定」というのは、これも西田の術語で、要するに、生命は環境に包まれながら、逆に環境を包んでいるという、その働きのことを指しているのですが、このことがいまの生態学では忘れられているんですね。

福岡　それは、生命と環境とが互いに他を律しているというか、互いに他に影響を及ぼし合っているというような理解でよいのでしょうか。

「逆限定」というのは、ちょっとスッとは理解しにくい言葉ですね。

池田　わかりにくいですか……？

具体的な事例で言うと、加茂川で、流れが速いところと緩慢なところとでは、カゲロウの形態が異なっているんですよね。

福岡　はい、今西先生の棲み分け理論はその発見によって着想された理論です。

池田　このとき、カゲロウは川の流れという生息場所に包まれながら、カゲロウ自体は、その流れ自体を包んでもいるわけです。つまり流速に対して適応しているわけです。そのために、遅い流れの中に生息しているカゲロウは、速い流れの中に生息するカゲロウとは形態が異なる。カゲロウの幼虫は同じ種でありながら、そのニッチが異なっているために、明らかに異なる形態となっているのです。

福岡　つまり、環境によって選ばれているだけじゃなくて、環境に対してカゲロウから主体的に働きかけている……？

池田　「主体的に」というより、環境と生命とが互いに「逆限定」的に働き合う、つまり互いに逆に限定し（され）合っている、ということですね。

福岡　「逆限定」とは、生命が環境に向き合う際の単なる主体性のことではないということでしょうか。環境に対する主体性のことではないとしたら、一方通行のものというよりは、双方向のものであるということなのでしょうか……。

年輪と環境の「逆」限定

池田　少し見方を変えてみましょう。

年輪と環境のたとえを僕はよく使うのですけれども、年輪においては、時間が空間の中に現れると言えるわけですよね。

福岡　ええ。

池田　つまり、時間というのは一つの流れなんですけど、年輪というのはそれが空間の中に限定されたものなんです。

福岡　はい。

池田　年輪年代学[15]（dendrochronology）において、歴史の中で、ある場所の西暦何年ごろの当時の気温や宇宙線の注ぎ方といったものが全部その年輪からわかってくるということを言うときに、その年輪という空間の地平の中には、当時の流れている時間が逆に限定されているわけですね。

福岡　うーん……。

池田　「逆限定」というのは、普通の考えでは、環境が樹木を限定するはずなのに、樹木のほうが逆に環境を空間の中に限定してもいるわけです。そのことが「包まれつつ包む」、すなわち西田の「逆限定」と言われます。

福岡　ちょっと難しいですね、これは。

先ほどの、加茂川の流れの速いところと遅いところでカゲロウがそれぞれに適応して、姿かたち、あるいは生活の形態を変えているということに対応させてみると、年輪は確かに時間の流れが、年輪の疎密、細胞の疎密ということで空間に現れているわけですけれども、その疎密の現れが……。

池田 そこでは、環境に包まれている立場が逆に環境を包むわけですよね。年輪というかたちで環境を包む。

福岡 うーん、年輪が環境を包んでいるというのは……。

池田 環境のあり方が年輪の中に反映すると言ってもいいのですが、空間というかたちに時間の流れを限定するわけですね。

福岡 そこまではいいのですが、それは形容詞がつかないただの「限定」ではなく、「逆限定」なのですか?

池田 時間と空間とが逆になるわけですよ。時間という流れのあり方が空間という同時存在という秩序に逆に限定されるわけですね。外部(環境)が内部になるわけですよね。外側にあったものを内側に限定する。

福岡　ああ、そうかそうか。

池田　外側と内側がちょうど逆になっているわけですよ。外側にある「流れ」というものが、内側の空間という逆のかたちに限定されるんですね。

福岡　外と内というふうに考えればよいのでしょうか。

外側の環境（流れ、時間）が年輪という内的な空間に現れているということはわかります。

池田　もちろん、ここで言っているのは、ピュシスの場合ですけどね。ロゴスの立場で言うと、時間と空間というのは矛盾概念ですから。

福岡　ええ。

池田　「流れ」というものは継起的に起こる。しかし、年輪というのは空間ですから、同時に存在するわけですね。同時に時間というものを限定するわけです。

福岡　ええ。

池田　それを西田哲学では「逆限定」と言うのですけれどね。

福岡　年輪の中に時間が封じ込められている、ということは理解できるんですけど、その年輪の現れ方が逆に環境（外部）を包んでもいるのですか？

池田　つまりね、「流れる」ということは次々に消えていくわけですね。

福岡　ええ。

池田　ところが年輪の場合は消えないんです。

福岡　はい。

池田　年輪の模様として定まるわけです。

福岡　ええ。

池田　なぜかと言うと、それは空間であるからです。「逆限定」というのは、消えるものが消えないでいられる、という状態を指しているとも言えます。それゆえに年輪を見ると、消え去って本来は存在しないはずの時間が見えているわけです。

福岡　ああ。消え去っていくものが。

池田　それで数千年も昔の当時の時間の流れがわかる。

福岡　一挙に、ここに現れているわけですよね。

池田　流れ去って、ないはずのものがそこにはちゃんとあるわけです。

福岡　消え去っていくものが、消えないでそこにあることが「逆限定」ですか……。何が

「逆」になっているのかが、ちょっとわかりにくいですね。「逆」と言えるためには、年輪から環境の側に働く作用といったものが説かれる必要があると思いますが、そのことがいまのお話では見えにくいと言いますか。
「包まれつつ包む」とか、「内側の内側は外側」だとか、そういう言い方が一つあって、そういうふうにして自然《ピュシス》のあり方がある、ということは理解できる気がするのですけど、それを「逆限定」と呼ぶときに、何がどう「逆」なのかが、ちょっとスッとはわからないですね。
池田　「流れる」という時間のあり方が、流れない空間のかたちに限定されるのです。
福岡　それはただの「限定」と呼んではいけないのでしょうか（笑）。「逆」なのでしょうか。
池田　はい。空間と時間の「逆」なんですね。
福岡　空間と時間が逆になっている……。
池田　ええ。空間と時間というものが年輪において逆のあり方になっているわけです。もののあり方として、時間というのは流れる秩序で、空間は同時に存在するという秩序ですから。

福岡　流れていく時間が、同時存在の空間の中に限定されてある、ということですか。うーむ。もう少し咀嚼してみます（笑）。

池田　これと同じことが西田では「絶対矛盾的自己同一」とも言われます。

福岡　そうなんですよね。

やはり、普通のロゴスの言葉で考えるとうまくいかないのです。ピュシスの中でのあり方として考えないといけないと思うんですけど、それもやはり最終的には言葉で表現されないと私たちには理解できないので……。

「逆限定」のように術語で語られてしまうと、かえってわからなくなりがちということもあります。もちろん、西田はこうした表現をとる必然性があってこの言葉を使っているということは理解できます。ですから、「逆限定」が意味しているところを納得したいんですけれども、そのためにはガムを噛《か》むみたいに（笑）、少し時間がかかりますね。

いまみたいにパッ、パッと術語で言われても、すぐに「ああ」というふうには納得できないですね。

「絶対矛盾的自己同一」

池田　ロゴスの思考で言えば、こうしたピュシスのあり方は矛盾律[16]というものに抵触するんです。矛盾律に抵触するということは本来は理性では考えられない事柄であるとして「間違っている」とされるんです。そうして、矛盾律に抵触しないように考えようとするのがロゴスの思考なのです。

福岡　ええ。

池田　しかし、そうすると、そもそも時間と空間というものを考えることができなくなってしまうんですよ。時間と空間というものはまったく矛盾していますから。片一方は流れていくものだし、もう一方は流れない。しかし、現実においては時間と空間というのは一つになっている。

そのことを「（絶対）矛盾的自己同一」と西田は言っているわけです。矛盾したものが一つになっている、と。

西田では、「時間即空間」、「空間即時間」という表現もよく使われます。

このときの「即」というのはまさに「イコール」ということなんです。時間も空間もイコールだ、と。しかし、形態としてはまったく矛盾している。

福岡　でも実際に常に同時に存在している。

池田　そういうことです。

で、そういう矛盾しているものが自己同一（している）と説かれるわけですけれども、このことを言葉を変えて、「逆に限定されている」とか「逆限定」とも言うんです。ですから、「逆限定」と「絶対矛盾的自己同一」というのは、ほとんど同じことを言っている概念なのです。

ヘラクレイトスにおいては、「矛盾している」というのは「相反する」という表現になりますね。相反するものが最も美しい調和を生む。年輪があれほど美しいというのは、そこに時間と空間の一種の調和があるからなんです。

福岡　なるほど。

でも、ここはやっぱりなかなか難しいです。どうしても私たちはロゴスの言葉で語り、ロゴスの言葉で理解しようとしてしまう。

池田　その通りです。言葉自体がロゴスになってしまっているのです。

福岡　そう、そう。

だから、いきなりピュシスのことを語ろうとすると、どうしても壁にぶつかっちゃうわけですよね。で、西田がわからないし、今西がわからない、というふうになってしまう。ですから、ここは言葉を探っていくという作業がどうしても必要になると思います。「絶対矛盾」とか「自己同一」だとか、「逆限定」というふうにパッと言われると、やっぱりそこで壁にぶつかっちゃうんですよね。それらが意味しているところはピュシスの何なのかということがもう少し平易な言葉で語られないと、私たち自身にもそれがわからないし、読者の皆さんにも届かないということがあるんじゃないかな、と思います。

池田　確かにそうですね。

特に「逆限定」は、ある意味で西田哲学で最も難解かつ重要な概念であるとも言えます。「逆限定」が理解できれば西田哲学全体を理解できたと言っても過言ではありません。福岡さんや読者の方にそれを理解していただくよう努めることが僕の役割です。引き続き議論を重ねていきましょう。

ピュシスを語る言葉

池田　僕は学生によく言うんです、「矛盾律を恐れてはいけない」と（笑）。

福岡　そう、そうそう。

池田　矛盾律に触れることを恐れてしまうと、できるだけ矛盾しないものだけを理解しようとするようになってしまうから。

福岡　そうですね、まさに。

池田　しかし、現実の自然の世界は矛盾に満ちているんだ、と（笑）。

福岡　そうですよね。

　だから私たちもそれをこの目で見たうえで、あるいはそれを理解したうえでできるだけ平易な言葉でピュシスを語りたいと思うのです。でも、そもそも自然が矛盾したように見えることそれ自体がロゴスのせいですよね。

池田　その通りです。

福岡　私たちが受けているある種のロゴスの洗脳を解いて、自然をありのままに見たときに、一見矛盾しているような言葉のほうがピュシスをちゃんと説明している……。

池田　ピュシスの真実を言い当てているのです。

福岡　この対談では、そういったところへ近づいていかなければいけないと思いますので、そのためにはもう少し丁寧なプロセスが必要だと思うんです。西田哲学はあまりに壮大な体系で、かつ多くの人にとっては難解な学問であることは疑い得ないので、その要諦を誰にでも伝わる言葉で語っていくためには、やはり時間はかかります。いきなり西田の術語をバンと持ってきても、橋がかからなくなってしまうのではないかなと思います。

池田　おっしゃる通りかもしれません。

その点、福岡さんは言葉の使い方が大変巧みでいらっしゃるから（笑）。福岡さんの書かれたものはとてもわかりやすい、と誰もが言うんです。うらやましいなあ、と思って（笑）。僕はわかりやすく言えないもんだから、苦労しているんですけど。

福岡　いえいえ。でも、先生が丁寧にご教示くださったおかげで、段々いろいろなことがわかってきました。

私が『生物と無生物のあいだ』で行おうとしたことは、生命のあり方のピュシスを、ロゴスの言葉を借りつつも、なんとか語りなおそうとする努力だったのです。

だから、そこに至るプロセスがやっぱり大事なんです。それをなんとか、誰もが納得できるように、まずはロゴスの洗脳を解きつつ、でも最後はそれをやはり言葉で語らないといけない。

それをわれわれも丁寧にやっていく必要がある、ということだと思います。一朝一夕にできあがることではないのですけれども、少なくとも問題の在《あ》り処《か》だけは、かなりはっきりとわかってきたように思います。

1 【鈴木大拙】 仏教学者。一八七〇年〜一九六六年。禅の研究に努め、また禅についての著作を英語で著し、日本の禅文化の海外への普及に貢献した。同郷の西田幾多郎とは石川県専門学校以来の無二の友人。著書に『禅と日本文化』、『大乗仏教概論』など。なお、福岡氏が語った林檎の話は『無心といふこと』に出てくる。

2 【動的平衡】 相反する二つの逆反応（逆限定による作用）が、同時に存在することで保たれる平衡状態のこと。例えば細胞において、合成と分解、酸化と還元のような矛盾する作用が同時に働くこと。福岡氏による生命の定義。

3 【先回り】 生命活動や生命現象において、エントロピー増大の法則に逆らうように、エントロピーの増大に「先回り」するように働く、その作用。福岡氏の動的平衡論の根幹をなす概念。詳しくは第四章〜第六章、理論編などを参照。

4 【エントロピー増大の法則】 宇宙に存在するすべてのものは、エントロピー（乱雑さ、無秩序さ）が増大する方向に進む（ことを免れない）という、われわれが住む宇宙全体を支配する大原則。熱力学第二法則。

5 【シュレーディンガー】 Erwin Rudolf Josef Alexander Schrödinger オーストリア出身の理論物理学者。一八八七年〜一九六一年。波動力学、シュレーディンガー方程式、「シュレーディンガーの猫」などを提唱し、量子力学発展の礎を築いた。一九三三年、ノーベル物理学賞受賞。一九四四年に発表した『生命とは何か』で、「生物体は『負のエントロピー』を食べて生きている」と表明した。

6 【プリゴジン】 Ilya Prigogine ベルギーの化学者・物理学者（出身はロシア）。一九一七年〜二〇〇三年。非平衡熱力学の研究で知られる。一九七七年、散逸構造（次項参照）の提唱・発見により、ノーベル化学賞を受賞。

7 【散逸構造】「通常の熱平衡系の秩序構造とはまったく異なる非平衡開放系においても、外界からエネルギーや物質を取り込んで別のかたちでそれを放出する（散逸させる）ことで安定性が保たれるという、非平衡開放系に現れる巨視的構造のこと」（池田）。

8 【今西錦司】 生態学者、文化人類学者、登山家。一九〇二年〜一九九二年。カゲロウなどの水生昆虫の生態学的研究から「棲み分け理論」（次項参照）を提唱。「自然選択によらない進化」の可能性を示す独自の進化論を打ち立てたほか、日本の霊長類学の基礎も築き、日本の学術界に多大な影響を及ぼした巨頭。西田幾多郎の哲学に影響を受けつつ、京都学派（自然科学系）の中心的存在としても活躍した。主著に『生物の世界』、『生物社会の論理』。

9 【棲み分け理論】 今西錦司が、一九三〇年代に可児藤吉と共同で行った、カゲロウの生態学的研究と植物相に関する生物地理学的な研究を通じて提唱した理論。加茂川で、カゲロウが、川の流速に対応して種ごとに異なる分布を形成することの発見が端緒となった。今西は、「個体」ではない「種」（分類学上の種とは異なる）を生物社会の基礎に据え、生物間での種が異なるという認識によって棲み分けが行われるとして、独自の生物観を示した。

10 【ダーウィニズム】 ダーウィンの進化論に基づいて、生物進化の要因を突然変異と自然選択に求める立場、またその思想。現代生物学の世界で広く受け入れられている、言わばメインストリームの「進化論」。

11 【環世界（Umwelt）】 ユクスキュル（次項参照）によって提唱された概念で、動物はそれぞれ種特有の知覚世界を持ち、それぞれが世界の主体として行動しているため、時間や空間（環境）も、その主体である動物にとってはそれぞれ独自のものとして知覚されているとする考え方。例えば、長期（記録によれば十八年間！）にわたって絶食したままエサを待ち続けるマダニは、マダニの「環世界」を生きていると説明される。

12 【ユクスキュル】 Jakob Johann Baron von Uexküll ドイツの生物（動物）学者・哲学者。一八六四年〜一九四四年。「環世界」概念を提唱。生物の行動は機械論的原理では説明できないとした。主著に『生物から見た世界』。

13 【ダーウィン】 Charles Robert Darwin イギリスの自然科学者（生物学・地質学）。一八〇九年〜一八八二年。すべての生物種は、共通祖先から長い時間をかけて、個体レベルの競争の結果、適者が生き残る「自然選択」のプロセスを経て進化したとする「進化論」を唱えた。主著に『種の起源』。

14 【逆限定】 「逆限定」の内容をよく表した例文として、次のものが挙げられる。「生物的生命の世界においてはいつも主体と環境とが相対立し、主体が環境を形成することは逆に環境から形成せられることである」（『西田幾多郎全集』第九巻〜「絶対的矛盾的自己同一」 177ページ）

15 【年輪年代学】 年輪年代測定法。樹木の年輪パターン（寛窄パターン）を分析し、科学的に年代を決定する方法。またその学問分野。一九〇四年にアメリカのA・ダグラスによって発明された。

16 【矛盾律】 同一律（AはAである）、排中律（Pであるか、またはPでない）とともに、古典的な思考の三原則とされる論理学の法則の一つ。「Aは非Aではない」または「AはBかつ非Bであることはできない」という形式をとる。例えば矛盾律によれば、命題「これは本である」と否定命題「これは本ではない」が同時に成り立つことはない。アリストテレスは「ある事物について同じ観点でかつ同時に、それを肯定しつつ否定することはできない」と表現した。無矛盾律に同じ。

第二章

西田の「逆限定」と格闘する

年輪は作られつつ歴史を作る

福岡 前回の議論では、後半に西田の難しいコンセプトとして「逆限定」が出てきました。

池田 ええ。「逆限定」が理解できれば、（西田の）弁証法[1]もわかりますし、西田哲学全体がより理解できます。

福岡 「逆限定」がわかると弁証法がわかりますか。

池田 はい。たとえば細胞膜についても、細胞が膜というものを使って自らを包みつつ、細胞自身はまた環境に包まれていると言えると思いますが、その「包まれる」という側面を哲学用語でアンチテーゼ[2]と言うことができます。

福岡 ええ。

池田 弁証法では、「包む」をテーゼとすると、「包まれる」がアンチテーゼとなる。つまり、「逆」ですよね。「包む」に対して「包まれる」のですから。で、そういう「包む」事態と「包まれる」事態は実は同時に起こるのですけど、しかし、まったく矛盾しているわけです。「包む」と「包まれる」はちょうど逆の関係になっていて、そういう関係でありながら、実は一つのことを成している。弁証法ではこれを「止揚」[3]（アウフヘーベン）と言い、このことを西田は「絶対矛盾の自己同一」、すなわち「逆限定」と言っているわけです。

ちょうど逆の様態でありながらそれが一つになっているというのが、「逆限定」なんです。

福岡　先生が作成してくださったこの日の対談のためのレジュメにはこう書かれています。「場が主体を限定するとともに、主体が場を限定するという行為的直観とは西田では逆限定とも言われていて、例えば、樹木の年輪のごとくに、環境（場）が樹木（主体）を包みつつ、樹木に包まれ……」。

「環境が樹木を包みつつ」。ここまでは理解できます。環境はまさに樹木を包んでいます。しかし、そのあとの「樹木に包まれる」。このとき樹木に包まれているのは何ですか？

池田　環境と樹木という主体の両方の立場を考えるとき、環境は明らかに樹木の内部からすれば外側にありますね。ところが、樹木の中の年輪からすると、それは内側の問題になるのです。

言い換えれば、外側の、時の流れという時間（環境）は樹木の内部において年輪というかたちに「包まれ」ています。だから、樹木は時間の流れの中に包まれていながら、樹木の年輪の中に（時間を）包んでもいるわけですね。そして包んでいるものと包まれているものは矛盾していているけれども逆に対応していて、「自己同一」である、ということになるのです。

福岡　そうすると、環境は樹木を包みつつ、また樹木に包まれてもいるということでしょうか。

池田　その通りです。樹木の年輪の中に包まれているわけです、時間が。

さらに言えば、包まれているのは時間だけではありません。風の強さ、雨量の多寡とか、その当時の気候の状況が年輪の中に包まれています。

現在の樹木で年輪を調べると、例えば一七世紀のヨーロッパでは、気候が非常に不順であったということなどがほとんど正確にわかります。つまり、樹木の中に包まれている年輪のデータ、情報というものがいまから三〇〇〜四〇〇年前のヨーロッパの気候というものを如実に反映しているということが、現在の研究で非常にはっきりと明らかにされてきています。「年輪年代学」（第二章106ページ参照）という学問領域があるわけです。

このように、包まれていたものが包んでいたものであり、包んでいるものは包まれることになるという、そういうピュシスの仕組みを西田は「歴史的自然の形成作用」と呼んでいて、それがまさに「逆限定」だと言われてもいるわけです。

西田は「作られる・作る」という表現をよく使います。つまり、いまの話で言うと、年輪は作られたものである、と。しかし、作られていながら、年輪はその中に作ってもいるというのです。

何を作っているのか——年輪の立場から言うと、ピュシスという自然全体の流れを作っていることになります。彼はそれを「歴史」と言っています。ですから、年輪を見ると歴史がわかるわけです。言わば、年輪において歴史的な自然が形成されているのです。

歴史というのは時間の流れです。年輪は年輪自身として作られたものであるけれども、実は年輪自身がその中に歴史を作っているのです。このことを西田は「作られながら作っている」と表現しています。

僕は、同じことを「包まれながら包んでいる」と表現しているわけです。

一七世紀に、ある地域において天候が不順で作物が実らず人々が非常に苦労したという当時の様子については、文献でも諸所に現れていたんですけれども、実際に年輪年代学の研究者たちが年輪を細かく調べると、その時代には確かに日照時間が短く、雨が多いことなどがわかったのです。言わば、年輪自身が一七世紀の歴史を作り出しているわけですね。

福岡　西田先生の著書や論文に年輪のたとえは出てくるのですか。

池田　いいえ、僕が「逆限定」のたとえとしてわかりやすいんじゃないかと思って使っているだけのことなのです。西田の若いころは「年輪年代学」そのものがありませんでした。しかし近年この分野は急速に進歩していて、現在では、例えば一七世紀の太陽の黒点の活動なども年輪を調べるとわかるようになっています。

福岡　樹木は環境の中にあって、環境が樹木を包む、というのは問題ないと思います。で、次の段は、樹木「に」環境「が」包まれている、ということですよね。

池田　はい。

福岡　樹木に環境が包まれているというのは、それ以前に起きた環境のさまざまな変動の痕跡が年輪の模様の中に刻まれている、ということなのでしょうか。

池田　ええ。しわくちゃな――いわゆる「真円」ではない――年輪の輪の模様は非常に不規則なもので、輪と輪のあいだが広いところや狭いところ、歪んでいる所のようにさまざまあって、それぞれにちゃんと意味があるのです。そのことを細かく研究している科学者からは、その当時の気候や気象状況というものが年輪に反映されているということがほぼ間違いのない事実として明らかにされてきています。当時、地球に降り注いでいた放射線の量なども年輪の寛窄《かんさく》パターン[4]から読み取れるのです。

僕は科学者ではありませんから、それらのことを文献資料によって理解・確認したという程度に過ぎませんけれども、このことは哲学的には西田によって既に「作られる・作る」という言葉で表現されていたとも言えます。年輪年代学が明らかにしてきたことは、西田の考え——年輪というのは作られたものだけれども、その年輪自身が実はピュシス・自然の歴史を作っているということ——と非常によく適合していると思うのです。

ですから、年輪だけではなくて、先ほどの細胞膜の場合でも同じような仕組み、ピュシスとしての形成作用を持っているのではないかと思われるのです。そこにも自然の形成作用というものがあって、それを理解させてくれるのが「逆限定」、つまり内側と外側が逆ざまに限定し合っているという考え方。この仕組みが理解されれば、弁証法的な理解というのが可能であろうと西田は考えたわけですね。

テーゼとアンチテーゼとして、相互に矛盾的自己同一する（矛盾したものが自己を同じ一つのものにする）ように、包まれているものが包んでいるものであり、包んでいるものは包まれているものであるという、そうした逆ざまの限定の仕組みが自然の形成作用の中に秘められている。この働き自体がピュシスの中に仕組まれていると西田は考えたのです。

それを私たち人間の側から取り出して理解していくというのが弁証法的思惟というものなんですね。弁証法とは、そういう一種の思考のあり方であるわけです。

年輪から環境への逆向きの力とは何か

福岡　私が特に難しいと感じるのは、次のようなことです。

年輪の比喩で言えば、樹木は環境に包まれている、あるいは樹木は環境の中にある、ということですね。そして樹木の内部にある年輪には、それまでに環境が樹木にもたらしてきたさまざまな作用が疎密やその他の模様のパターンとして年輪の中に刻まれているので、それが一種の「包まれている」ということになるのですよね。

池田　そうです。

福岡　そこまではわかるんです。でも、この両者（樹木と環境）が矛盾関係であるためには、環境が樹木に何らかの作用をなしたと同時に、樹木の年輪が何らかの作用を環境に戻さないと「逆限定」にならないのではありませんか。単に環境の記録として年輪が書かれているだけでは、それは矛盾でもなんでもないのではないかと思うのです。

池田　うーん。現実に、そういったかたちというものが年輪の樹木の中、断面に「寛窄パターン」として現れてくるわけですよね。

福岡　ええ。

池田　その断面のところに現れるパターンというものには明らかにそこに刻み込んだという働きが考えられないでしょうか？

福岡　でも、それは環境「が」樹木の中に作用しているということですよね。

池田　はい。

福岡　ですから、今度は逆に年輪（樹木）の側から、何らかのかたちで環境に作用を及ぼす、あるいは年輪自体が環境を作るというふうなベクトルが生まれないと、樹木「が」環境「を」包む、とは言えないのではないでしょうか。

池田　自らは年輪として作られたわけです。しかもその作られた年輪が、実は環境あるいは歴史を作っているわけです。

福岡　うーん……。

池田　作っているというか、われわれ人間の側から言うと、その年輪を調べると、その中に歴史が作られているわけです。

ですから、年輪が存在しなかったら歴史は存在していないとも言えるのです。われわれが年輪を見て、ピュシス・自然というものの中に歴史があると確認できるというのは、つまりこういうことです。すでにお話ししましたように、一七世紀に生産活動が停滞し、生活に困窮した人たちが現れたということは、文献としては存在していたんですけども、実際にそれを確かめる術《すべ》はありませんでした。ところが、年輪を調べると、そこにはそういった情報がしっかり書かれているわけです。

「書かれている」というのは要するに「表現されている」ということですけれども、「表現される」ということでは理解しにくいでしょうか。

福岡　つまり、そのときに初めてそのような歴史が作られた、と見るわけでしょうか。

池田　そうです。西田はそのことを「作られた」と表現していますね。

福岡　うーむ……。

池田　年輪は樹木の中で作られたんだけれども、その作られた樹木が逆に歴史を作っているというわけです。

福岡　コンピュータの磁気媒体みたいに記録が年輪の中に書き込まれていて、それを特殊な方法で読み出すと、何かの記録になってそれがわかるというのではなくて、むしろ、その年輪に刻まれているさまざまな情報を読み出すということ自体が、これまで誰にも知られていなかった歴史をそこに立ち上げている、というようなことですか。

池田　そうです。「言葉の綾《あや》」といったらそうなのかもしれないけれども。一つの理解としては正しいと思います。

福岡　つまり年輪から情報を読みとったときに初めて歴史ができるということですよね？

池田　そうです……。

福岡　つまり、私たちは歴史というものを、以前から当然のように存在しているものとして知っていると思っているけれども、それはそうではなくて（笑）、樹木の年輪を調べた、そのときに初めて歴史が作られていると見るわけですか。

池田　そうです。歴史はそこで作られている、と。ですから、「作られたものから作るものへ」ということを西田は盛んに言っているのです。

僕はこの西田の言い方が具体的に何を指しているのかさっぱりわからなかったんだけれども、年輪年代学を知って、「ああ、これは西田が言ったことの具体的な一つの事例になるのかなあ」と感じました。

福岡　ふーむ、なるほど。

池田　僕自身の解釈ですから、もっといい解釈があればいいと思うんですけれどもね。

福岡　年輪自体が歴史を作っているというふうに見るわけですね？

池田　そうですね。

福岡　そうすると、確かにその時点で歴史という存在が年輪によって初めて規定されるので、環境によって年輪は作られるけれども、年輪からも歴史を作る作用が外向きに現れているので、それが互いに逆向きに存在を規定しているということになるのでしょうか。

池田　ええ。「作られる」と「作る」というのを西田は非常に厳格に区別して考えるのです。

福岡　それらが同時に起こっている、と。そこまではわかりました。つまり、逆向きにも力が働いているということですね。

池田　そうですね。

福岡　環境から年輪に向かって、それから年輪から環境に向かっても、同じような生成作用が起きているとみなすということですか。

池田　はい。

福岡　そうかそうか。わかってきました。ピュシスのあり方は、まさに年輪のようにそれを観測したときに初めて立ち上がってくるものとしてあるということなんですね。

池田　ええ。

福岡　ただ、そうすると、いまのお話は非常に量子論[5]的な見方だと言えるかもしれませんね。

　つまり、観測するまでは歴史は存在しないということになるのではないでしょうか。年輪に何かが刻まれているにしても、それまでにどんな歴史があったのか、誰にも本当はわからないということに。人間の言い伝えとかいろんなことはあるにしても、年輪を調べたとき、切り倒して年輪を調べたときに初めて何があったのか、わかるという。

ロゴスの立場から言うと、年輪にはこれまであったことが逐一書き込まれていただけのように思われるけれども、そうではなくて、木を切り倒して年輪を見た瞬間に年輪が歴史を作っている。

池田 そう理解していただいていいように思います。

福岡 それまでは歴史はどんなものであったとしてもあり得た。あらゆる可能性として、多世界的なものとしてあったのに、木を切り倒して年輪を見たときに初めて、こういう歴史があった、というある種の「限定」を年輪がなすわけでしょうか。

そういうものとしてこの世界はある、というふうな認識に立とうというのが、ピュシス派の見方であるということでしょうか。

一方、ロゴス派はそうした認識には立たずに、一回限りの歴史としてあったものは、誰がなんと言おうとそうであったので、年輪を調べたらそうなっているだろうし、別の観測データからもそのことは確かめられるだろうとみなす。

でも、そんなふうには世界はできていない、とピュシス派は見るということなのでしょうか。世界はあらゆる可能性としていろんなことがあり得たし、いまもあり得るし、過去だってどうなっていたかわからない。それを人間が知ろうとすると、木を切り倒して年輪を見て、「ああ、こうなっているんだな」と感じとる。そのときに初めて一義的に歴史が作り出される、というふうに見ようということ……。

いずれにしても、何らかの作用を及ぼして、観測したときに初めて見えるものとして年輪というのはあって、年輪は環境の作用を受けつつも、逆に観測者であるわれわれが年輪を調べたときに初めて歴史を限定するものとしてある、ということになるのでしょうか。

そうであれば、「逆限定」の「逆」の意味はわかります。つまり、年輪もまた、この世界に作用をなしうる、ということを言っているということですよね。

池田　作用をなしうる、という点についてはそうです。

福岡　これはなかなか一般の方にはわかりにくいことかもしれないのですが、量子論が言っていることなどが段々これに近づいているような気がします。つまり、何らかの因果関係によってこの世界がすべて成り立っているんじゃなくて、観測したときに初めて決まることもたくさんあるという考え方ですよね。だから年輪を見るまではどんな歴史があったか、誰にもわからない。
池田　そうですか……。量子力学における観測問題[6]ねえ……。

歴史は観測したときに初めて作られるのか

池田　しかし、いま言われたことをよく吟味してみると、観測して初めてそうなっているということがわかるということは、観測以前においてはわからなかったわけだけれども、観測という「操作」が入って初めてそのことがわかるということですね。しかし、ピュシス（自然）というのは、操作が入らなくてもそうなっているというふうには言えませんか？
福岡　ええ、そこが難しいところですよね。でも、年輪を観測（観察）するまでは年輪がどうなっているかわからないわけですよね。
池田　それはその通りですが。
福岡　でも、近代科学（ロゴス）の見方では、別に観測しようがしまいが年輪はそういうふうになっていて、切ればそのこと（年輪のありよう）は見えるけれども、切らなくたってほかの方法で知り得たことと同じものが年輪の中にも刻まれているはずだというふうな、ある種の同一性を考えているわけですよね、この世界の動きの中で。

池田　ええ。

福岡　でも、（ピュシスは）そうじゃないんだ、と。木を切って年輪を見たときに初めて世界が作られている、というのが、年輪のほうから環境に対して作用をもたらしているということになるのではないかと思ったんですけれども、間違っているでしょうか、この理解は。

そうじゃないと、「逆限定」という意味が年輪の中に単に世界に起こったことが刻まれているというだけでは、互いに限定し合っているとは言えない気がするのですが。

池田　うーむ、そうですかねえ。観測して初めてわかることなのでしょうか。観測するしないにかかわらず、自然というものはそういうふうに仕組まれている。観測の問題というのは確かにあるのかもしれないけど、観測がなされるかなされないかということが「逆限定」というピュシスにかかわるというのは、直ちには受け入れがたいように思えます。

福岡　でも、年輪自体が環境の歴史を作っているわけですよね。単に語っているのではなくて。

池田　観測することによってそのことが確認できたとか、そのことがはっきりしたというのであればわかるのですが、観測自体が関わって初めてそうなるというふうに理解するわけですか？

福岡　そうじゃないと、逆に限定していることにはならないのではないでしょうか？

池田　いや、ピュシスの中にもともとそういう「逆限定」があって、観測することによってそれが確かめられたというふうには理解できないでしょうか。少なくとも、西田においては観測の問題は出てきていませんね。

もともと、そういうふうな仕組みにピュシスというのは逆ざまに限定されていて、科学の立場で観測したときに初めてそれが発見されるということは言えるかもしれないけれども、西田の場合は、観測しないとそれが実現しないという意味ではありませんね。

福岡　うーん。

池田　いまのお話にあったような、量子力学的な意味での観測問題というのは西田は当時知らなかったと思うし。

福岡　ええ、それはそうでしょうね。

池田　そういうことを彼自身が言っている箇所はないですね。

福岡　でも、そう考えないと、樹木の年輪が歴史を作ったことにはならないのではないでしょうか。そうじゃないと、環境が一方的に樹木に環境の記憶を刻み付けただけで、年輪の側から何も作用がないことになりませんか？

池田　科学の立場からは、観測して確かめない以上は何も言えないというのであれば、それはそうだろうと思うんですけれどもね……。

「年輪が環境を包む」と言えるためには何が必要か

福岡　では、観測の問題はいったん脇へ置くとして、環境が樹木を包みつつ、樹木が環境を包むというのは、作用がそれぞれ相互に起きている。力が相互になされて、互いに他を限定しているから「逆限定」なわけですよね。

池田　ええ。

福岡　そのとき、年輪の側からも環境を作っていないと（作るという作用がないと）、「逆限定」とは言えないのではないでしょうか？　年輪に単に環境が刻まれているというだけだったら、それはあまりにも当たり前のことで、矛盾でも逆でもないのではないでしょうか。

池田　なるほど。

でもね、「あいだ」ということを考えて、そのうえで例えば細胞膜が内と外のあいだにあって、細胞膜自体は内でも外でもないけれども、外側から、あるいは内側から見れば、包まれながら包んでいる。そのことは両方から言えるわけですよね。

福岡　はい。

池田　で、それらは両方から包まれながら包んでいるし、包みながら包まれていると言ってもいいし、そこでは能動態と受動態と言ったらいいか、パッシブとアクティブというのが同時に成り立っているわけです。だからこそ、細胞膜は機能していると言えるわけでしょう。

つまり、ある意味では矛盾しているわけですよね。包まれていながら包んでいるし、包んでいながら包まれているというちょうど逆のことが同時に起こっているわけですから。

福岡　いわゆるロゴス的に細胞膜を見ると、細胞という内的環境を外的な環境から包んでいるものとしてしか普通の科学者は理解していないですよね。

池田　ええ。

福岡　細胞が内的環境を包んでいます、というだけで、包まれつつ包むという逆向きの作用というのは、ロゴス的には言えないことですね。

池田　内側から考えると、外側、外の世界に包まれていると言えるでしょう？　外側から考えると、包んでいると言えないですか？　外側（環境）から考えたら、それは包んでいるわけでしょう？　内側から考えたら包まれているわけですよ、外側から。

福岡　ええ。

池田　外側から包まれて内側というものが成り立っている、と。そうすると、内側というものは外側から考えると包まれているんだけれども、実は、年輪の中にその時間の経過とか環境のいろいろな変化とかいうものが包みとられていれば、単に包まれているわけではなくて、包んでいるとも言えるわけですよ。

福岡　しかし、ここで言われているのは、単に視点の差（入れ替え）ではないでしょうか。いまのご説明から「木は環境に包まれているけれども、木はその中に環境を包んでいる」と言えるのでしょうか。

池田　包んでいなければ、その歴史を作れないわけですからね。年輪は環境を包んでこそ初めて歴史を作るわけですよ。

福岡　ええ。でもそれは単に歴史の記憶を記録しているということだけを言っているんじゃないんですよね。

池田　いえ、「記録している」ということでもいいと思うんですけども。

福岡　年輪を記録ととらえていいのですか。

池田　もちろん、単なる数字や数値などに置き換えられる記録という意味ではありませんが。記録しているというのは、年輪の場合は、実はただ数字のようなものが書かれているだけじゃなくて、そこには意味が伴われているわけでしょう。要するに、歴史という「意味」があるわけです。

福岡　では、年輪に環境の変化、これまでの歴史が刻まれているという、それが西田のいう「逆限定」なのですか？

池田　ええ。

福岡　それと、細胞膜が、環境の中で細胞という内的環境を包みつつ、細胞膜自身が環境に包まれている、ということとはイコールというか、パラレルに論じられることなのでしょうか。

池田 ええ。そう思います。

福岡 それは視点の移動だけではないでしょうか。主語と目的語の逆転で。年輪のことと細胞のことは、等値というか比較できるものなのでしょうか？

池田 うーん。年輪と細胞の……。

要するに、細胞の場合も年輪の場合も、外側と内側の問題として考えることができるわけですけれどもね。内側と外側というのは完全に矛盾関係ですよね。ところが、内側が外側を包んでいるわけですよ。内側でありながら外側を包んでいる。

包まれているはずなのに、包んでいる。包まれているものが包んでいるわけです。作られたものが作っている。逆のことになっているわけです。

何かもっといい言い方はないかなあ……。

「逆限定」を解く鍵は時間か

池田　福岡さんはご著書『生物と無生物のあいだ』の中で「内部の内部は外部である」（197ページ）とおっしゃったでしょう？

福岡　ええ。

池田　僕は西田の「逆限定」はこれと同じだと思ったんです。小胞体[7]はくびれますからねえ。

福岡　確かに細胞内でのタンパク質の動きをみると、細胞の内部に区画が作られ、その区画（小胞体）の内部が外部になることで細胞の外に放出されます。こういうあり方が「逆限定」ですか？

池田　細胞の外から見れば小胞体の内部も内部なんだけど、しかしもともとは細胞にとっては外部のものですよね。だから、内部の内部は外部になっている。外側であれば、「包んで」いたものであり、しかし、これは逆に「包まれて」いるわけですよね。

内部（小胞体）は包まれているけれども、実は（細胞を外から）包んでいたものであって、

植物細胞

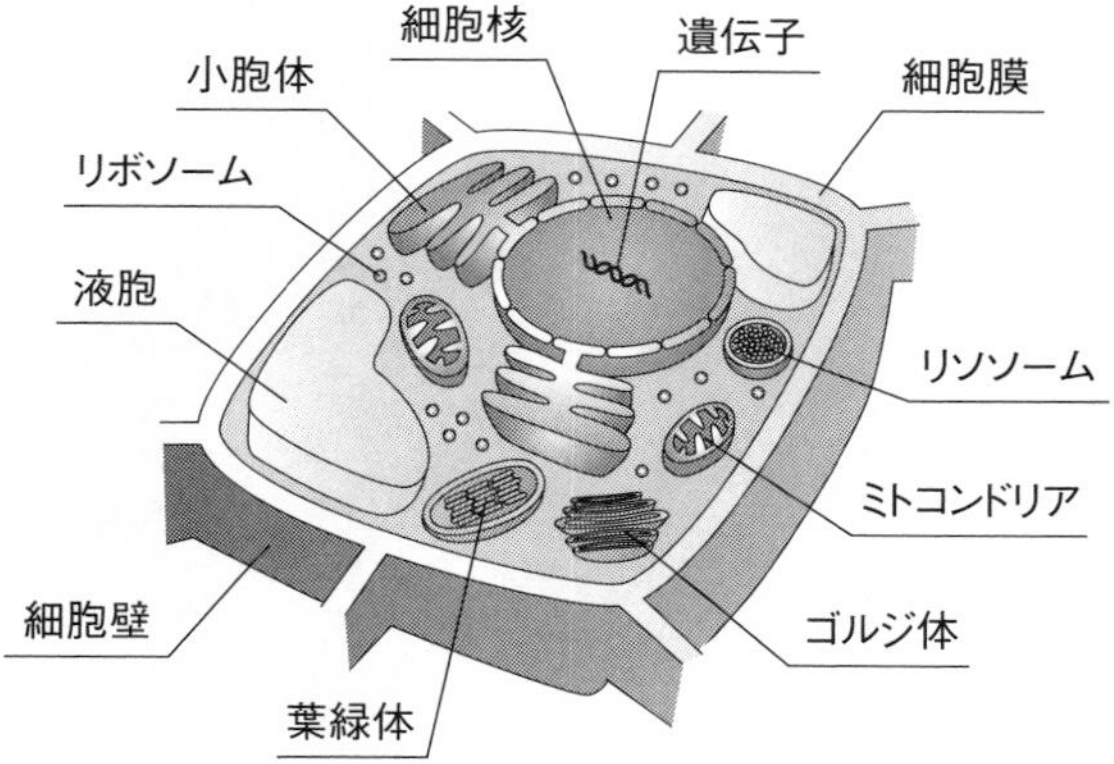
細胞核
遺伝子
小胞体
細胞膜
リボソーム
液胞
リソソーム
ミトコンドリア
細胞壁
ゴルジ体
葉緑体

動物細胞

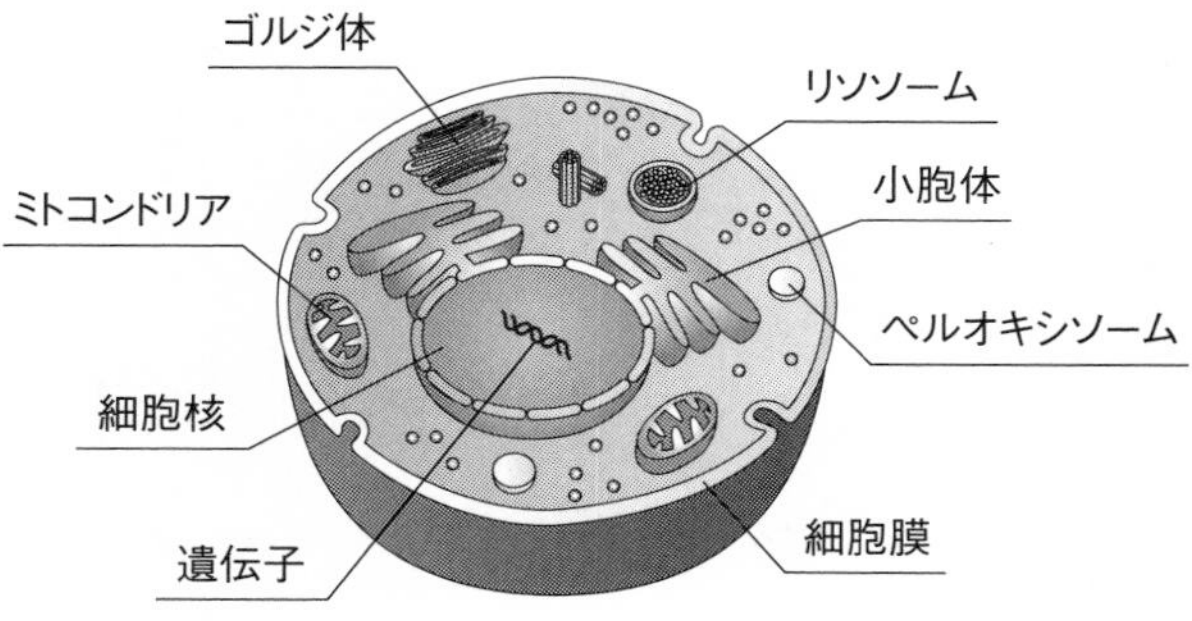
ゴルジ体
リソソーム
小胞体
ミトコンドリア
ペルオキシソーム
細胞核
細胞膜
遺伝子

包んでいたものが包まれるものになるわけですよ。
福岡　はい。いまのことが西田の言う「逆限定」ですか？
池田　そうです。ただ、自然界の多くの出来事はこういった綺麗《きれい》なかたちにはなっていないのですけれども。
福岡　ええ。こういうものこそ、自然というかピュシスのあり方だということですよね？
池田　包んでいたものが包まれているかたちになるということです。だから、あるレベルでこういった現象をとらえたときには内部のものが実は同時に外部のものにもなっている、と。
ピュシスの場合には、こうしたことが同時的に起こることがあるわけですよ。
福岡　ええ。
池田　年輪の場合も同じです。もともと環境という外であったものが、これと同じように内部に入って、実は包んでいたものが包まれるかたちになるという。
福岡　ええ、ええ。するとやっぱりその……。
池田　つまり、時間なんです。福岡さんが『生物と無生物のあいだ』の中で「見落としていたことは『時間』という言葉である」（262ページ）と書かれたまさにその時間。時の流れというもの。年輪は、環境というか時間を包んでいるのです。時間の流れに「包まれて」いるという受け身のかたちだけじゃなくて、年輪自身が時間を「包んでいる」。積極的に包んでいるのです。

包んでいるからこそ、年輪を時間の流れとして理解することができる、という。これを「逆限定」として理解することは難しいでしょうか……。

細胞膜の場合でも、そういう外側と内側の「あいだ」ということからして、外側から包まれているけれども、内側から包むという。外側から包むということが内側に包まれているという。そういうものとして僕は「逆限定」を理解しているんだけれどもね。

生命が時間を生み出す作用としての「逆限定」

福岡　なんだか少々堂々巡りみたいになってしまっているようにも思いますけれども、池田先生が「包まれつつ包む」と言われ、西田が「作られつつ作る」と言うとき、作用の方向が双方向で互いに他を限定しているときに初めて、ある種の矛盾関係が生まれて、そのことが「逆限定」であるということを理解するためには、年輪について言いますと、それが単なる環境の記録であるというだけじゃなくて、年輪「が」歴史を作り出しているという作用を見ないと、逆方向に動かない気がします。

池田　なるほど。

福岡　そう考えたときに、やっぱりそこには時間の問題が現れてくるように思うんです。単に「包む・包まれる」ではなくて、作用がなされるところには、時間的なラグがある。で、細胞の場合も、環境に包まれつつ、環境を包むためには、細胞の側が環境から受けるだけではなくて、環境に対して細胞が何かを起こすというところで初めて、「包まれつつ包む」、環境を包むと言える。環境に包まれつつ環境を包むためには、細胞の側から何かがなされる力を見ないといけないのではないでしょうか。

池田　そうかもしれません。

福岡　そうすると、細胞が環境に対して行っていることというのは、端的に言うと、時間を作り出していることじゃないかなと思うんですよね。

池田　なるほど。

福岡　それは、「先回り」をすることによって。

池田　うん、そうですね。だから作られたものが作るものになるという、その「逆」向きの作用だと思うんですけどね。

福岡　西田先生がどこまでおっしゃっているのか確かなことは言えませんが、彼がある種の直観で、ピュシスのあり方について、時間（時刻や点ではない、西洋的なとらえ方によるものではない時間）を作り出すものとして自然あるいは生命がある、というふうに言っているのであれば、私が「動的平衡」というコンセプトを使って、生命は、エントロピーの増大を乗り越えるために絶えず、エントロピー増大の法則による分解を追い越して自らを「先回り」して分解することによって実は時間を生み出している、と考えていることと重なってくると思うんです。

池田　ええ。そうですよ。そのご理解でよいと思います。

福岡さんは『生物と無生物のあいだ』で、「エントロピー（乱雑さ）増大の法則に抗して、秩序を維持しうることが生命の特質である」（１６６ページ）と書かれていましたね。このことを西田は「逆限定」と言っているのだと僕は理解しています。

つまり、エントロピー増大というのは秩序がなくなることですよね。その無秩序、乱雑さというものに抗して、それに逆限定的に秩序を維持する、そこに生命の特質を見ると言っておられるわけですよ。

福岡　ええ。それはまさに時間を作り出している、ということだと思うんですけれども。

池田　時間を作り出すと言ってもいいのですけれども、そのことがまさに逆対応であり逆限定であるという、西田の弁証法の最も中核になる考え方なんです。

この場合のテーゼはエントロピー増大です。それを克服するかたちで秩序を生み出すことがアンチテーゼなんですよ。

シュレーディンガーの「負のエントロピーを取り入れている」という言い方は間違いないと思いますが、ただ、彼の解釈は間違っているんですね。

福岡　ええ。

池田　つまり、生命それ自身がある種の逆限定的な存在としてあるということです。

年輪の場合も、作られるという立場から作るという、そういう逆の働き・作用として理解していただければと思うんですけれど。作用・働きが逆ざまになるというか。

福岡　ええ。ただ、それはやっぱり年輪が歴史を作り出していると考えないと、作用が年輪の側から外向きに出てきているようには見えないですよね。

池田　そうかもしれませんね……。

福岡　年輪を単なる歴史の記述書だと考えるだけでは逆向きの力は出てこないと思います。

池田　そうか。そうですね。「作られた」という働きだけでは不十分なのですね。「作る」という逆の……。

福岡　先ほど議論した観測問題も含まれるかもしれませんけれども、年輪を見たときに初めて歴史が作られるというふうに考えると、年輪からも逆向きの力が飛び出してきているようには一応は見えます。

環境が年輪に力を及ぼしつつ、年輪も時間を生み出しているというふうに考えると、そこにある種の円環的な時間というものがあるように見えてきて、それが西田先生のいう「逆限定」なのかなあと思ったんですが、恐らくこの理解ではまだ不十分なのでしょうね。

池田　それは間違っていないように思います。ただ、「逆限定」は観測によって引き出される真理ではない気がします。

福岡　しかし、そう考えないと、「気象衛星ひまわりが気象状況を記録しています」みたいなことと同じに見えてしまうんですよね。

記録、単に環境の変化が年輪に書き込まれているというだけでは歴史書みたいなスティル・ライフとしてそこに記録が書き留められているということに過ぎない。それは矛盾でも「逆限定」でもなんでもなくて……。いくらなんでも、樹木にこれまでの数千年もの環境の変化が書き留められているということが、西田の中核概念である「絶対矛盾的自己同一」や「逆限定」の言わんとすることではないのではないでしょうか（笑）。

池田　福岡さんは、生命が時間を作り出す（生み出す）作用ないし働きをもつことをピュシスの真理として既に洞察・直観なさっているので、正直なところ、福岡さんが「逆限定」をご理解いただけないことが僕には理解できません（笑）。本質的な意味において福岡さんは「逆限定」の真髄に到達していると思われるのですが、言葉の面において、時間というものをいわゆるロゴス的に理解しておられる。つまり、真の時間というものを時刻のように点や線として表されるものとして考える、すなわち空間化することによって考えておられるために、誤解が生じているようにも思われます……。

※ここでいったん対談は中断となり、日をあらためて再開されることになった。その間にも両氏のあいだでは頻繁に電子メールが交わされ、「逆限定」に関する議論が深まっていった。

福岡―池田　往復メール（一部）

FROM　福岡　TO　池田　2016.3.3　10:19

理解の悪い生徒で申し訳ありません。ただ、私が理解できないことには、この先、多くの読者に届くこともむずかしいと思います。躓《つまず》きの石は次のようなところにあると思います。

環境が樹木を包みつつ、樹木の年輪もまた環境を包む、といったとき……。

1．年輪に刻まれている層の粗密は、地層に積み重なった小石や粘土の層、あるいはノートや書物に書き留められた文字や記録と何が違うと言えるでしょうか。

2．年輪に刻まれた時間を、もし「空間化（＝ミンコフスキー空間化[8]）」せずにとりだすことができるなら、それはどのような方法によるものでしょうか。それを池田先生は真の時間とおっしゃっていますが、真（の時間）とはなんでしょうか。

3．年輪に刻まれた時間を、単なる記録としてではなく、世界に作用を及ぼすものと考えていいですか。そう考えないと逆限定を理解できませんが、すでにここで時間を空間化してしまっていますか。

教えて下さい。

FROM 池田 TO 福岡　2016.3.3　12:10

長年にわたる堆積物などによって形成せられた年縞のデータは、土中変動による欠如や攪乱《かくらん》により非連続であったり、連続性が曖昧であったりして、極めて不確実です。それと比べれば、樹木の年輪における年代の連続性におけるデータは、その確実性において、その精度や確度において格段に高いと言われています。ここに物質と生命との決定的な違いが現れているのではないでしょうか。その両者の違いとは、実在的な時間の流れに対する鋭敏さにおいて、生命は歴史的な連続性ないし持続性に厳密に、かつ深く関わっているからではないでしょうか。年縞であれ、年輪であれ、いずれにせよ、外界は内部に、内部は外界に対応しつつ限定されているのですが、その限定のされ方が異なっているのです。樹木の場合、年輪は、年縞とは違ってその内部でどのように連続性を保持しているのでしょうか。それは、特に生命存在の場合、外部の時の流れが内部に、内部の時の流れは外部に単に対応しているのではなく、逆限定的に対応している。所謂《いわゆる》「逆対応」しています。この「逆対応」とは、福岡さんによって明らかにされた細胞膜上の「分解と合成の同時進行」に基づく時間形成と厳密に関係しているのではありませんか。この逆対応からして、年輪の「包まれつつ包む」仕組みは、その逆限定において年縞の場合と実在的な時間の流れにおいて決定的に異なっています。年縞には、内外が逆対応する細胞膜のような仕組みがそこにはないのです。真の時間とはリアルタイムのことであって、例えば、古代史の正確な年代が争われる場合など、年輪年代学がその解決に際して活躍する場合がありますね。不明確な年代のずれによって深刻な前後問題が歴史学上よく発生しますが、その際に問題解決に一役買うことなど珍しくありません。これで三点のご質問にお答えしたつもりですが、如何《いかが》ですか。以上のことからして、わたしは、西田の言う「歴史的自然の形成作用」を理解する際に、年輪の事例を使うことにしています。

FROM　池田　TO　福岡　2016.3.5　6:45

時間を空間化してしまうと、時間は、真に流れる実在的な時間ではなく、幾何学的に観念化されてしまいミンコフスキー空間になってしまいます。そうなれば、依然としてロゴスに停滞するばかりでピュシスの真理に迫ることは出来ません。実在的な時間とは、単なる線形の時の流れではなく、「エントロピーの流れ」であることにお気づきですか。

FROM　池田　TO　福岡　2016.3.5　15:47

福岡先生のご著書『生物と無生物のあいだ』が出版されて間もない頃だったと思います、先生の大学で講義をさせて頂きました。ご著書の「生命とは動的平衡にある流れである」と言われる先生の生命の定義が、プリゴジンの非平衡[9]こそが秩序の源であり、不可逆性が物の自己組織化過程の根源であるとする「散逸構造理論」に深く関わっているものと思われ、それを確かめるべくお話しするつもりでいたのが、前置きでのハイデガーの「存在」の話があまりにも長くなり、その目的を果たし得ませんでした。それで、先生とのお別れの際に、立ち話をしながらそのことに触れたところ、先生は、その通りだと笑ってお答えになりました。もうお忘れでしょうが、わたしは鮮明にそれを記憶しています。というのは、プリゴジンの新しい科学も、西田哲学の伝統があって、日本人の貢献により、更に新たな展開を見せるかもしれないと常々期待していたからです。福岡先生が今西錦司系列の京都学派のお方と知れば、当然のことです。今西先生は、西田の思想に深く学ばれて、「棲み分け」理論という素晴らしい成果を残されました。「自然環境」（言わば、「包む」立場）と「生命主体」（言わば、「包まれる」立場）との「逆限定」は、すでにその時点で形成せられた考え方ですね。プリゴジンの新しい科学でも、非平衡状況が秩序の源になり得ることを、所謂「ベナールの不安定性[10]」と呼ばれる対流の流れの中で、六角形の整然とした「ベナール・セル」に逆限定する仕組みとして見事に明らかにされています。
以上、わたしは、これらの事例からしても、「逆限定」という思考が科学的にもそんなに難しい考え方であるとは思えないのですが如何ですか。驚くことがあるとすれば、機械論的唯物論の全盛期に「散逸構造」理論も知らずに、ピュシスの中に働く弁証法的形成作用が「逆限定」的であると、その本質を喝破した西田の洞察力ですね。いまはできませんが、いずれその洞察力の背景については、是非《ぜひ》とも明らかにしておかなければなりません。

FROM 池田 TO 福岡　2016.3.6 5:10

先に、「実在的な時間とは、単なる線形の時の流れではなく、『エントロピーの流れ』であることにお気づきですか」と書きました。その流れの中で、「異化作用」と「同化作用」の両者のバランスが取られている場合に限り、その相互作用を「逆限定」として理解することができるのではありませんか。代謝すること自体、生きていくことと同義であるからです。

FROM　池田　TO　福岡　　　　2016.3.6　6:05

時の流れとは、空間ないし真空中では時計の時間経過であっても、物質の中を流れる場合はそうではない、ベナール不安定性の中に認められるように、エントロピーの流れに他なりません。この両者の違いを「時間論的差異」と名付けておきます。この違いを知らずに、空間次元ないし宇宙論的にのみ時間を理解すれば、実在的時間を見落とすことになります。ミンコフスキー空間とは、アインシュタイン[11]の相対性理論[12]がベースにあって成立した座標系であって、あくまでも宇宙論的時間です。これを、物質の中を流れる時間と同一視することはできないのです。

FROM　福岡　TO　池田　　　　2016.3.6　12:32

先日来、懇切丁寧に、意を尽くして、ご説明の文書を次々と送っていただきまことにありがとうございます。池田先生がご説明されようとしていることは非常によくわかります。逆限定の概念についてもよりはっきり理解できるようになったと思います。

・合成と分解
・同化作用と異化作用
・エントロピー増大とそれに対抗するエントロピー減少

これら互いに相反する二つの作用が、同時に、逆方向に、働いている状態こそが生命の動的平衡であり、絶対矛盾的自己同一である、ということもたいへんよく理解できます。そのとき時間が生み出されていることもわかります。


そこで再び「年輪」に戻らせてください。

年輪をめぐって、作用している互いに相反する二つの作用は何と何でしょうか。

第一の方向は、環境の変化が、年輪の形成に対して波状のパターンを刻みこんでいる作用だと思います。でもこの「逆」が何であるか、いまひとつはっきりとつかめません。

年輪の形成を「包み・包まれ」と表現すると、互いに逆限定のように聞こえますが、これは第一の方向を、能動態（環境は年輪を包む）と受動態（年輪は環境に包まれる）とで言いかえているだけで、合成と分解、同化と異化、エントロピー増大とエントロピー減少、といった明示的な二つの逆作用が働いているようにはどうしても理解できないのです……。

FROM 池田 TO 福岡　2016.3.10　6:35

もう既にお気づきのことと存じますが、ここで縷々《るる》論じて参りました「逆限定」という西田の言葉は、福岡さんがご著書『生物と無生物のあいだ』で、「先回り」という言葉でご指摘になっている事実とほぼ同じものです。三月二日、お話し合いをさせて頂きましたが、その際に、最後に福岡さんが唐突にその言葉を自ら持ち出され、わたしは非常に驚きました。そのとき、「福岡さんの生命科学に興味を抱いたその切っ掛けは、まさにあなたのそのお言葉でした」と申し上げたことをご記憶ですか。わたしは、ご著書を拝見して、この科学者なら哲学をご理解になる、まさにこれまで問い求めてきた「知の統合」問題に近づけるチャンスだと直感したのでした。西田哲学での「絶対矛盾的自己同一」を既に理解されていて、「逆限定」も同じことだから、福岡さんは、すぐご理解なさるものと高を括っていたのでした。それがそうでないので、あの日は非常に狼狽《ろうばい》しました。「逆限定」の理解がなければ西田哲学へは入れないと感じていたからです。

（中略）

「先回り」の科学的な仕組みはともあれ、そうした仕組みが生命の中になければ、自らの存続は不可能です。存続している以上、証明するまでもなく「先回り」は存在せねばなりません。

しかしながら、こうした仕組みを科学的に解き明かすことは不可能です。こうしたジレンマを解消する手立ては、徹底的に相手の立場と同化しつつ自己同一するしかないと腹を括り、これまで、わたしは福岡さんの生命科学と同じ目線で、最初からやり直してみたのでした。そして、やはり生命科学も同じく哲学で言う「逆限定」の仕組みとして理解できると確信したのでした。福岡さんは、「逆限定」と言わずに理解されていますが、しかし、仕組みとしては同じものである筈《はず》です。たとえば、年輪の「包まれつつ包む」も、「先回り」から理解することができます。何故に、年輪の中にかくも見事に環境情報が詳細に記録されているのか、それは、樹木が予《あらかじ》めその記録の仕方を知っており、「先回り」しつつ準備していたからに違いありません。ひとは気づきませんが、樹木には「意志」があり、己が倒壊しないためのあらゆる情報を集め、その対策を立てているのです。さもなければ、何百年も長きにわたり毅然《きぜん》と屹立《きつりつ》している筈もありません。わたしは、仰ぎ見るよりも樹木の根元を見るのが好きです。二重三重に根と根とが絡み合い、相互に支えあっている様に、彼らの強い意志の表示を見ることができるからです。彼らは、倒木しないために先回りして常に最新の対策を講じています。擬人的なこうした見方を、科学的でないとひとは笑うでしょうが、西田の言う「歴史的自然の形成作用」とは、ひとであれ、樹木であれ、そもそも生命はそうなっているのだと思います。年輪も先回りして準備をしておかなければ、あれほどの美しく緻密な寛窄《かんさく》パターンなど形成できるものではありません。

FROM 池田 TO 福岡　2016.3.15 5:31

こう考えてみては如何ですか？

「包まれつつ・包む」というのは、主語と目的語とを入れ替えた能動態と受動態の言い替えではなくして、主語はそのままで言えることなのです。つまり、「環境が年輪を包む」→「年輪が環境に包まれる」の言い換えではなく、「環境は年輪を包む、同時に、環境は年輪に包まれる」となるのです。よりピュシスとしての自然の実態に即して言えば、年輪は環境に包まれつつ環境を包み、かつ（同時に）、環境は年輪を包みつつ年輪に包まれる、となる。能動態と受動態の言い換えは、この一部を表現しているに過ぎず、全体とは意味がまったく異なることにご注意ください。そして主語が同じ場合に「包まれる」と「包む」ということができるなら、それは逆方向の作用と言えると思いますが、如何ですか。

　福岡さんのご質問に即せば、次のようなことが言えるでしょう。
・第一の方向…環境の変化が、年輪の形成に対して波状のパターンを刻みこんでいる

作用（環境の変化が年輪のあり方を規定する）

・第一の方向の逆作用（あるいは逆向きの作用）…年輪に刻み込まれた波状のパターンそれ自体が、環境のあり方（変化）を規定している作用[13]（年輪のあり方が環境の変化を規定する）

つまり、年輪というのは、そのあり方が環境に規定されることによって、逆に環境のあり方（変化）を規定しているのです。生命というのは、そのようなあり方をしているのです。そのあり方が環境に規定されるだけでは生きているとは言えないし、環境のあり方を規定する作用だけでもそれは生命にはならない。そもそも、その作用だけを抽出することは不可能だとも言えます。その逆向きの両方向の働きが同時に実現することこそが、「生命」ということではないかとわたしは思います。

第一の方向とその逆については次のようにも変形させて述べることができます。

・第一の方向…環境が年輪に時間を刻み込む作用
・第一の方向の逆…年輪が環境に対して時間を解き放つ作用（時間が生み出される・作り出される）

第一の方向は、極端に言ってしまえば、「時間の空間化」作用で、その逆は「空間の時間化」作用と言ってよいかもしれません。このとき、第一の方向の作用はロゴス的思考によって（近似的に）とらえられます。しかし、その逆作用はロゴスによってはい、、、隠されてしまいます。一方、ピュシス的思考をとれば、その逆（第一の方向の逆）の作用がとらえやすく、その逆方向（第一の方向）の作用も理解できるように思われます。

このように考えてみますと、ピュシスとロゴスの「あいだ」（「ロゴスからピュシスへ」「ピュシスからロゴスへ」の両者の「あいだ」）にわたしたちが到達したいものが潜んでいる、と言えることになります。

そしてやはり、鍵は「時間」なのです。

FROM 福岡 TO 池田 2016.3.16 7:37

すっかりロゴスに囚《とら》われていたせいで、なかなか池田先生の言葉をすんなり理解することができませんでしたが、凍てついた氷塊が少しずつ溶けるように、だんだんわかってきました。池田先生が根気よく説明を続けてくださったおかげです。

1.「包み包まれる」は、新しい表現である。

「包み包まれる」を、私は能動態を受動態に言い換えているだけだ、と思っておりましたが、これは大きな錯誤でした。環境が年輪を包み、年輪が環境に包まれる、というふうに。

実は、この言い方において主語は一貫して変わっていなかったのですね。

「環境が年輪を包み、同時に、環境は年輪に包まれている。」(1)

あるいは、

「年輪は環境を包み、同時に、年輪は環境に包まれている」（2）

この表現は、
生命は、合成を行うと同時に分解を行う。
生命は、エントロピー増大の中にありつつ、エントロピー減少につとめる。

という言い方と同一だとようやくわかりました。つまり、一見、相反すること、逆向きの作用、あるいは互いに矛盾していることが同時に存立している状態、それが逆限定だということです。

年輪のたとえの中で、私がなかなかわからなかったのは、（1）の後半の部分です。環境の変化が年輪の形成に作用をなしている（環境が年輪を包む＝年輪の形成）ことは明らかですが、では「環境は年輪に包まれる」＝「年輪は環境を包む」といったとき、年輪に包まれる環境がどのように私たちに作用しているか（見えるのか）が、なかなかわかりませんでした。

でもそれがようやくわかってきました。年輪は環境の変化を繋《つな》いでくれているのです。ゼノンの矢[14]が各時刻で点でしかなかった、その点をなめらかな連続したつながりとして表現してくれているのです。時間の表出です。つまり年輪は環境の移り変わりの時間を生み出している、と言えるでしょう。

いずれにしても、逆限定＝合成と分解、エントロピー増大と減少、年輪の形成と表出、この逆反応がぐるぐるまわることによって初めて点が結ばれ、時間が流れだすことがわかります。つまり逆限定とは時間を生み出すしくみだと言えるように思います。

とりあえず、今回はここまで。

「逆限定」がピュシスの時間を生み出している

福岡　前回（中断の前まで）は私にある種の躓《つまず》きがありました。ロゴス的な言葉に囚われ過ぎていたことをまず謝らないといけないのですが……。

池田　いえいえ。誰でもそうなってしまうのですよ。ロゴスに圧倒されます。

福岡　申し訳ありませんでした（笑）。

十分に理解できなかったのは、「包む・包まれる」の実相についてでした。「包む」と「包まれる」が逆向きの作用である、というところまではわかったんですけど、私が陥った陥《かん》穽《せい》は、それが単に視点の移動に過ぎないのではないか、つまり、能動態を受動態に言い換えているに過ぎないのではないかと思ってしまったことでした。

池田　うん。

福岡　「環境が年輪を包む」。その逆として、「年輪が環境に包まれる」と言い換えているだけだったら、これは内容としては同じことを言っているに過ぎず、情報量としてもまったく増えていないので、どこが逆向きになっているのかがわからない。そういった迷路に入り込んでしまったんですけれども、その後少し冷静になって考え直してみまして、あるいは池田先生があきらめずに何度も丁寧にメールをくださったおかげで……。

そうして段々「ああ、そうなんだ」とわかったことは、もともと池田先生が最初からわかっておられたことなので、釈迦《しやか》に説法なんですけれども（笑）。

つまり、「環境が年輪を包む」というのは、同時に「環境が年輪に包まれている」とも言えるということ。

池田　うん。

福岡　「逆限定」においては、「環境が年輪を包む」ということは同時に「環境が年輪に包まれる」ということも含んでいて、それは「包む・包まれる」という言い方で——これは「作る・作られる」という言い方に置き換えてもいいのかもしれませんが——、つまり、ピュシスにおいては、環境が年輪を作ると同時に環境は年輪によって作られている、と。

池田　その通りです。

福岡　作用の方向としてロゴス的にも言えることは、「環境が年輪を作っている」という方向がまずあります。このことは誰でもそうだと認めるでしょう。しかし、同時に、環境は年輪によって作られてもいる、そうした逆向きの方向があるということなのです。

過去の環境が年輪を見ればわかるということは、それが年輪によって作られているからですし、たったいまも樹木（年輪）は生きつつあって環境に作用を及ぼしています。さらに、未来においても年輪は常に環境に影響を及ぼすわけです。つまり、環境は年輪によって作られているし、環境は年輪を作っているわけで、それはまさに同時的な存在として逆限定的に作用しているということ。このことがようやくわかりました。お恥ずかしい限りですが……（笑）。

池田　ああ、素晴らしい！　ありがとうございます（笑）。いや、そのようにご理解くださる方は実に少ないのですよ。

福岡　こちらこそ、根気よくご教示くださいましてありがとうございます。

そして、さらに新たな発見もありました。

つまり、「包みつつ包まれる」、あるいは「作りつつ作られる」という、ある種の一見逆向きの作用が同時に起こっているということは、そこにある種の円環（運動）が起こっているということですよね。

池田　うん、うん。

福岡　その円環が実は時間を生み出しているのではないかということが、なんとなくわかってきた、ということです。

これまで私は、細胞における合成と分解ということについて、それが同時に起こっているということはわかっていたんですけれども、そのことに対して「先回り」をするという表現を用いてきました。これはある種ロゴス的な言い方なのかもしれませんが、ある作用を起こすときに同時にその逆の作用も起きているということを言いたいがために、一つの作用に対して、「先回り」して他方が行われているのだ、と表現しています。

池田　はい。西田が「逆対応」「逆限定」と言っているのは、まさに福岡先生の「先回り」のことなんです。

福岡　そうなんですよね。厳密に言えば、先行して起きているというよりは同時に起きているということであるということもあらためて気づいた点でした。

ですから、やはり「動的平衡」における合成と分解、あるいは年輪のたとえでの「包む・包まれる」、すなわち「逆限定」ということが時間を生み出している本体であると言うことができる。

このとき初めて次のように言うことができると思うのです。

つまり、点としての時間、時刻というか、点の集合として「ゼノンの矢」を構成する、そうした点の矢が、どうして実際のピュシスの世界においては滑らかにつながれているのかは、相反することが絶え間なく起こっているがゆえに、そこから時間が湧き出しているからだ、と説明できるわけですよね。

ようやくこういった理解に達しました。長らく時間をかけてしまって申し訳ありませんでした。

池田 いやいや、素晴らしいです。そこまで到達してくだされば、もう何も言うことはありません（笑）。西田幾多郎が「逆限定」や「絶対矛盾的自己同一」といった言葉を使って表現したかったのは、まさにそのことだったのです。

もう一度「自覚」について

池田 「逆限定」を完全にご理解くださったので、もう一度「自覚」から始めましょうか。

福岡　はい、お願いいたします。

池田　「自覚」というのは、私たちは時計で測れる「時刻」というものの中で生活しているんだけれども、しかし、その時刻の中には時間、時の流れというそのものが隠れているわけですね。その隠れていることを「自覚」するということです。

　簡単に言うと、時刻の背後には常に時間という流れ自体が隠れている。

福岡　ええ。

池田　それを「自覚」するということです。

　ですから、自覚という西田の言い方は、ロゴス的思考のように、見えないことを見えるようにするのではなくて、まさに「自覚」する以外にないという（笑）。「自覚」という言葉のこういった使い方というのは、従来の哲学にはありませんでした。

　そもそも「時刻の中に時間を見る」という言い方はちょっとおかしいんですよね。プラトンの言うようなイデアでは考えられないことです。時間というのは流れていくもので、姿にも形にもならないものですから。それは見るというより、自覚するしかないんです。そういうふうにしてしかとらえられないもののあり方というものを西田は世界で初めて明らかにしたのです。

福岡　隠れの存在に気がつくということですね。

池田　そうです。ですから、「自覚」というのはとても重要な概念だと思います。西田哲学を学ぼうとする人はたいてい、この言葉に躓いてしまうんです。

福岡　ええ。「自覚しなさい」とか、「自覚が足りない」とか（笑）。小学生が怒られるときの決まり文句のように、「自分について知る」のような意味で使われることも多いですね。

池田　大きな勘違いをされてしまっているわけです（笑）。

「行為的直観」「場所」「絶対無」

福岡　「行為的直観」はやはり「自覚」とほぼ同じ意味だと考えてよいのでしょうか？

池田　ほぼ同じと言っていいと思います。ただ、「直観」というのは、私たちがこの言葉から連想しがちな「感性的直感」や「インスピレーション」といったものとは意味が異なることに注意する必要があります。西田の言う「直観」とは、隠れているものについて知る、気がつくということですね。

福岡　そうですよね。「行為的」という言葉はどうしてここにくっついているんですか。

池田　「行為的」というのは、「包まれる」ことなんです。

福岡　ああ。

池田　包まれることによって初めて自分の目的意識といったようなものができあがるのです。そのことによって、この包まれた世界の中における自分の位置づけやありようというものについて気づくことができるのです。どこへ進むべきかを決めるような目的的な行為は、でたらめに行為するわけにはいきません。その方向性を定めるということは、直観というかたちでしか定まらない、ということですよね。ですから、ここでもまた、「包まれる・包む」に気づくことと言ってもいいと思います。

福岡　では「行為的直観」というのは、環境と年輪の考察でも見てきたような、双方向の作用がピュシスの中にはあるということに包まれながら気づくというような意味でしょうか。この場合の「気づく」というのは、包まれると同時に自覚・直観によってピュシスそのものを包んでいる、というような意味……。

池田　はい、結構だと思います。

福岡　西田の「場所」というのは、多くの人が空間的なもの、あるいは具体的な、特定の地点みたいなものをイメージすると思うのですが。

池田　そうですね。しかし西田の「場所」というのは空間を指す概念ではありません。

福岡　そうですよね。

池田　西田の「場所」というのは、無の場所であり、無の場所というのは、「自覚」の場所と言えばいいでしょうか。

つまり、「隠れて」いるものは、見えるものとしてかたちに表すことはできないですから。無の場所というのは、まさしく無ですから、かたちがないんです。

福岡　つまり、「逆限定」というか、合成と分解が行われている、その場所ですよね。

池田　その通りです。「逆限定」が成立しているところと言ったらいいでしょうね。

福岡　なるほど。わかります。

池田　絶対矛盾の場所。「絶対矛盾的自己同一」のありかというかな。

福岡　うん。そうですね。そういう意味での「場所」なんですよね。

「絶対無」というのも、「場所」と同じで、「逆限定」が起こっている空間ではない場所ということでいいでしょうか？

池田　はい。ただ、西田の「絶対無」と「場所」というのは、使い方は異なると思いますが。言っていることは同じです。どちらも、生命の成り立つ場所と言えるわけですよね。

生命の成り立つ場所というのは、これまでお話ししてきましたように、絶対矛盾の自己同一であり、「逆限定」の世界です。

福岡　そうですよね。

池田　そういった「逆限定」の世界というのは、言わば無の世界です。そこでは互いに隠し合うわけです。「相互否定性」などの言葉もよく使われます。

ですから、例えば福岡先生の生命科学の場合で言えば、合成作用と分解作用というのは、相互に否定し合っている関係であるわけですよね。合成作用のところでは分解作用が隠されているわけですし、分解作用のところでは合成作用というものが隠されてもいるわけです。

福岡　おっしゃる通りです。

二つの作用のどちらかを見ると、片方しか見えてこないんですけれども、その裏側では逆のことが常に同時に起きています。そのことが起こる場についても、細胞の中で、Aという地点で合成が起きてBという地点で分解が起きている、というわけではなくて、至るところで逆のことが同時に起きているわけです。で、その端的な場所は細胞膜という、一枚の線、線というか面で――これはロゴス的な表現かもしれないですけど、便宜上――、そのうえで、いろいろなものや情報が出たり入ったりしているんですけど、それも同時に起こっているわけで、すべてのことが逆向きに、かつ同時に起きているのです。

写真に収めるように時間を一瞬でも止めてみれば、確かに細胞や細胞膜の像は見えますけれども、現実のありのままに時間を止めないで通してみると、細胞というのは不定形の雲みたいなものですから。常にかたちも変わっていますし、アメーバみたいに、絶え間なく動いていて、どこに何があるかさえ一時も定まらない。言ってみれば、煙みたいなものですよね。

そういう意味では、その動きの中で見れば、それは場所でありつつも、「何もないもの」（無）であるようなものでもある。西田先生も世界や生命をそういうものとしてとらえていたのかなあというふうに、いまとなってはようやくわかるようになってきました。

池田　実に喜ばしいことです。素晴らしい！

「歴史的自然の形成作用」とは何か

池田　藤枝の自宅近くで、市民公園が造成されることになり、その用地として、山の一部を削って平らにするわけですけど、山の大部分は岩盤から成っていて、地面を掘ってみると、岩だったたんです。そこに少し土を盛って、樹を植えたらしいのです。

その成長した樹を撮影したものが次ページの写真なのですが、樹は本来ならば土の中に根をおろしていくはずなのに、岩であったために地中にまっすぐにはのびることができなくて、非常に不安定で倒れやすかったんじゃないかと思います。根が地面を這《は》うように横にのびているのは、樹が自らを倒れさすまいとしてこうなったんだ、というふうに説明されるかと思います。

この樹の根の張り方を見たとき、僕はなるほどなあ、と思ったんです。彼らは数十年も、場合によっては百年以上も立っていようとしている。そこに樹木の立つという強い意志（意思）を感じたんです（笑）。

樹木と環境（撮影：池田善昭氏）

福岡　ああ、根が横に広がっていますね。

池田　彼らは、自分を取り巻く環境の風の強さや土の状態というものを知っていて、環境に包まれながら、自分なりにそれを包んでいくという仕業として、こういう現象が起こったんだろうと理解したのですが、合っていますでしょうか。

福岡　はい。その通りだと思います。まさに、「包みつつ包まれる」ですね。

池田　しかも、このことはどの樹もそうなっている、というわけじゃないんですよね。結局、根を地中深くおろせない場合に、自分自身をがっちりと上に向かって安定させようとして、こうなっているんですよね。

福岡　ええ。環境が樹に対して影響を及ぼしつつ、樹もまたある種の動きによって環境を作り出しているわけですので、この事例はまさに「逆限定」と言えるかもしれませんね。そもそも、生命のありようというのはこういうものですよね。

池田　生物学的にこういった現象を説明する理論、あるいは研究みたいなものはあるのですか。

福岡　私もあまり植物には詳しくないのですが、多分その根が、まっすぐ下にのびていくことができないのであれば、それなりに彼らは考えて――「考えて」という言い方はちょっと擬人的に過ぎるかもしれませんけれども――、その環境に応じて違う状態を作り出して、その樹が作り出した状態がまた、環境に影響を及ぼしていくというわけでしょうから、まさにそこには、ある種の（逆限定的な）同時性が環境と樹のあいだに起きていると思います。

池田　そうですよね。

　僕はこれを見て、ここにも「歴史的自然の形成作用」の典型例を見てとった気持ちになったのです。西田の「歴史的自然の形成作用」の根源において働く「逆限定」というピュシスの仕組みを強く感じたというわけなのです。

福岡　いまとなってはおっしゃっていることがすんなり理解できる気がします。

　西田先生の「歴史的自然の形成作用」の「形成作用」というのは、逆限定的なあり方というふうに理解すればよいのですね。

池田　ええ。その通りです。「形成作用」というのは逆限定そのもののことを表しています。そして、そのうえに歴史、歴史的な自然というものが作られているのです。

環境が樹木を「包みつつ」樹木に「包まれ」、樹木は、場に「包まれつつ」場を「包む」という逆限定的な関係がここには（見えないながらも）現れているのですが、「逆限定」あるいは「絶対矛盾的自己同一」とはつまり、環境と樹木の「あいだ」のことであって、そこにおいて環境と樹木とは相互に否定し合っています。こうした相互否定関係のうえに成り立つピュシスの働きというものが「歴史的自然の形成作用」ということになるのです。

福岡　よくわかります。まさに生命というのは、そういった矛盾関係、相互否定関係のうえに成り立つものであるのかもしれません。時間や歴史を生み出す作用であるということですね。

いまさらではありますが、池田先生が「包みつつ包まれる」という表現を考案され、西田の難しい術語の事例を年輪や樹木の根に見ようと提案してくださったのは、素晴らしいアイデアだったと理解できます。

さて、「歴史的自然の形成作用」、「逆限定」といった西田の最重要概念がようやくわかってきました。次回は実際に西田の論文を読み解いてみたいと思います。引き続きご指導のほど、よろしくお願いいたします。

1【西田の弁証法】「西田は、彼の中期、ヘーゲル弁証法に学びつつ、そこでのテーゼ（正）とアンチテーゼ（負）の関係があくまでも相対性に留まる点を批判して『絶対弁証法』を説いた。それは、やがて後期になるともっぱら『絶対矛盾的自己同一』の論理に収斂していくことになる」（池田）。

2【アンチテーゼ】論理学・哲学の用語で、ある命題（テーゼ）に対して、反対の、否定的な命題を立てること、またその命題（反対命題）。反定立、反措定、反立、あるいは単に「反」とも言う。アンチテーゼが立てられるもとの命題を「テーゼ」と言う。

3【止揚】ドイツ語 aufheben（アウフヘーベン）の訳で、ヘーゲル弁証法において、矛盾する要素（テーゼとアンチテーゼ）が発展的に統一されること。揚棄。

4【寛窄パターン】樹木に刻まれる年輪のパターン（模様）のこと。「寛」は「広い」の意味、「窄」は「狭い」の意味。年輪の輪と輪のあいだが広い部分と狭い部分があることによってできる年輪全体の模様。

5【量子力学／量子論】「量子力学」は素粒子、原子、分子などの微視的な物理現象を記述する理論体系（「量子論」はその理論の総称）で、現代物理学の基礎理論。ハイゼンベルクらのマトリックス力学とシュレーディンガーの波動力学を融合して確立された（一九二五年頃）。微視世界での物質は波動性（波としての側面）と粒子性（粒子としての側面）を持つこと、測定における測定値の不確定性などを整合的に説明する。量子（quantum）とは、一定の最小単位の整数倍という不連続な値をとる物理量の、最小単位量の意。

6【量子力学における観測問題】物理学の実験で量子（電子など）の振る舞いを知るために、電子を二重スリット（隙間が二つある板）に向かって発射すると（二重スリット実験）、板の向こうに置かれたスクリーンには波が通ったときに表れる干渉縞が映し出される。一方、電子がスリットを通過する瞬間に何が起きているかを観測するために検出器（観測者）を介在させると、スクリーンには干渉縞は映し出されなくなる（粒子としての性質を表す）。このことから、観測された電子は観測される前と異なる振る舞いをしたということになるが、このように観測者の存在（あるいは観測という行為）が量子の振る舞いを決める（実験結果に影響を与える）のかどうかという問題。

7 【小胞体】 動植物の細胞内小器官の一つ（第三章145ページ参照）。タンパク質の合成・プロセシング（翻訳されたタンパク質の活性化）・輸送のほか、代謝、カルシウム貯蔵などの機能がある。

8 【ミンコフスキー空間】 ロシア出身でドイツの数学者ミンコフスキー（Hermann Minkowski 一八六四年～一九〇九年）によって四次元時空間の幾何学として定式化された実ベクトル空間（第六章325ページ参照）。アインシュタインの特殊相対性理論（の時間・空間概念）に数学的基礎を与えた。

9 【（プリゴジンの）非平衡】 「プリゴジンによれば、非平衡系が一種の〈慣性〉を有していて、与えられた境界条件が熱平衡状態（つまりエントロピーの生成ゼロ）への到達を妨げる場合には、系は〈最小散逸〉の状態に落ち着くと言われる（『エントロピー生成最小の定理』）」（池田）。

10 【ベナール不安定性／ベナール・セル】 「ミクロの分子レベルでのブラウン運動をなすランダム相では、いかなる挙動も形態もない静止相であったものが、そこでの加熱の度合いが増大するにつれ、六角形の整然とした対流パターンを示す秩序相を形成するようになる。その一定の秩序相を形成する手前の段階を『ベナール不安定性』と言い、六角形の整然とした対流パターンを発見者ベナール＝レイリーの名前をとって『ベナール・セル』と言う」（池田）。

11 【アインシュタイン】 Albert Einstein ドイツ生まれの理論物理学者。一八七九年～一九五五年。光量子仮説、ブラウン運動の理論、特殊相対性理論・一般相対性理論などを発表し、現代物理学の父とも称される。一九三三年、ナチスに追われて渡米。マンハッタン計画への関与も取り沙汰されるが終生にわたる平和主義者で、第二次世界大戦後は平和活動にも尽力した。一九二一年、ノーベル物理学賞を受賞。

12 【(特殊)相対性理論】 アインシュタインが一九〇五年に発表した、以下の二つの原理に基づく物理学の基礎理論。①特殊相対性原理―互いに等速直線運動をしている座標系(慣性座標系)ではすべての物理法則は同じかたちで表される。②光速度不変の原理―真空中の光の速さはどの座標系から見ても常に同じである。この理論によれば、時間は座標系(観測者)によって異なる相対時間となること、質量とエネルギーが等価であることなどが導かれる。

13 【「逆限定」補足】「これが可能なのは、環境はそれぞれの年輪を包むだけでなく、『年輪に包まれる』からです。『環境という全体は、年輪という樹木一本一本を包みつつ、その一本の樹木の中へと包まれている』わけです。部分を包むのではなく、全体がその部分へと包まれるから『逆限定』と言われています」(池田)。

14 【ゼノンの矢】 古代ギリシアの哲学者、ゼノン(紀元前四九〇年頃~同四三〇年頃)が唱えた「ゼノンのパラドックス」の一つで、「飛ぶ矢は飛ばない」(飛んでいる矢は実は静止している)として知られる議論。要点は、①放たれた矢は飛んでいるように見える。②しかし、その各瞬間を切り取って見ると、矢は常に静止している。③よって、(静止したものが集まっても)矢は飛ぶことがない(不可能である)。

第四章

福岡伸一、西田哲学を読む

西田の問いに対する真摯さ

福岡　今回は、いよいよ西田が生命について論じた著作・論文に挑んでみたいと思います。池田先生からは、使用するテキストとして『論理と生命』（一九三七年刊、『哲学論文集　第二』所収）と『生命』（一九四六年刊、『哲学論文集　第七』所収＝未完＝）を指定され、「『論理と生命』を重点的に読むように」とのことだったのですが、『生命』を読み始めたら、こちらのほうが面白くなってしまって……。それで『生命』のほうを熟読してまいりました。申し訳ありません。

池田　あらあら……。僕は『論理と生命』のほうを力を入れて読んできたので、うまくお答えできるかなあ。ともかくやってみましょう。

福岡　ありがとうございます。

最初に『生命』を読んだ感想を言いますと、冒頭、西田先生はいきなり「生命とは如何《いか》なるものであるか」と問いかけています。そしてそれに続く文章で、その問いにまっすぐに答えていっています。こうした西田先生の直截さ、ストレートさが、まず「格好いいなあ」と思いました。

　生命とはいかなるものであるかという問いかけに対して、たいていは、がっぷり四つに組んで本質的に答えていくというのはなかなかできないことですし、難しいことでもあるはずです。にもかかわらず、西田先生はまったくひるむことなく、ブレることも逃げることもなく、そのことに直接答えようと終始されているわけですよね。

池田　うん。

福岡　それは、私たち自身が、問いというものにどう答えるべきかということに対する見事な手本にもなっていると思います。

　私は日本では青山学院大学で学生たちに授業をし、アメリカに行けば、ロックフェラー大学などでアメリカ人の研究者や学生たちと議論することもあるのですが、そこでは、こうした本質的な問いに対して、操作的に逃げた答えを返す人が多いと感じます。

「操作的に逃げる」というのは、例えば「生命とは何ですか？」と聞くとしたら、「(生命とは) われわれの食べ物になるものである」とか、「われわれにとって、それがないと困るものである」などのように、問題となっている事柄の言わば「属性」を答えることによって、その事柄について説明している気になっている、そういう対応の仕方のことです。

そこでは、往々にして「それがなくては困るから」とか、「それがかくかくしかじか私たちに役に立っているから」のように述べられることになる。あるいはまた、「（生命とは）細胞からできているものである」のように構成要素を答えたりすることにもなる。

ほかにも、「ＤＮＡがある」、「代謝をする」のように、これもまた属性というか特徴を述べることによって説明するような答え方もよくなされますし、そうすることでお茶が濁されてしまうこともよくあるんですけれども、西田先生はそういったことを一切排して、生命とは何なのかという問いに対して正面から直接、答えようとしている。その力強さというものに、まず、感銘を受けました。

で、そのあとを読んでいくと、やはり、「～でなければならない」「～であらねばならない」といった文体が続いて（笑）、そうかと思えば、同じことの繰り返しも結構多い。ですから、難しいというか、意味をとるために食らいついていくのも大変なんですが、ともかくも全体を読んでみて——これまでも西田哲学については引用を含めて部分的に読んだことはありますが、一つの論文を最初から最後まで通しで読むという経験は実は恥ずかしながらありませんでしたので、今回初めて西田の論文にがっぷり四つに組んで読んでみて――驚かされたことは、結局、西田先生の『生命』に書かれていることは、私が社会に対して一生懸命発信しようとしている「動的平衡」の概念と同じではないか、ということでした。

こういう言い方は西田先生に大変失礼かもしれないのですが、私が言おうとしていることとは西田先生がすでに言っていたことと同じなのだ、といった印象をあらためて強く抱きました。

池田　それはそれは（笑）。大変素晴らしいことです。西田の生命観と福岡さんの「動的平衡」のお考えが重なることについては、僕もまったく同感です。

西田の『生命』を読む：「個物的多」と「全体的一」

福岡　次に、各論について見ていきます。

似たようなモチーフのことは繰り返し言われていて、『論理と生命』のほうにも出てくるんですけれども、例えば『生命』の二には、次のような文章があります。

世界は個物的多と全体的一との矛盾的自己同一の世界である。何処《どこ》までも多の自己否定的一として時間的に、何処までも一の自己否定的多として空間的に、時間と空間との矛盾的自己同一的に、作られたものから作るものへと、形が形自身を形成し行く世界である。私は之を絶対現在の自己限定と云う。永遠に動き行くものは、永遠に決定せるものとして、絶対空間的に、永遠の過去に於て表現せられて有るものであり、永遠に決定せるものは、永遠に動き行くものとして、絶対時間的に、永遠の未来に於て表現せられて有るものである。永遠の未来は永遠の過去に、永遠の過去は永遠の未来に映されて居ると云うことができる。かかる世界は単に過去から未来へではない、単に機械的ではない、又単に未来から過去へでもない、単に目的的でもない。過去と未来との矛盾的自己同一的に、作られたものから作るものへ、作るものから作られたものへである。作るものと作られたものとの矛盾的自己同一的に、現在が現在自身を限定する世界である。此から相《あい》反する両方向へ、過去と未来とが考えられるのである。絶対現在の世界は現在が現在自身を限定する世界である。現実の世界とは此《かく》の如き世界でなければならない。

（『エッセンシャル・ニシダ　命の巻　西田幾多郎生命論集』〜「生命」35〜36ページ　書肆心水）

西田先生は「世界」についてこんなふうに述べておられるわけですが、この文章は、「動的平衡」というコンセプトを使っても、まったくそのまま書き換えられるなあ、というふうに思いました。

池田　ほう。

福岡　いまはまだ正確には翻訳できませんけれども（後日作られた翻訳は本章232ページ以降を参照）、ここで言われている「世界」とは、「生命」として読み替えることが可能だと思うんです。

そう読んでいくと、「個物的多」というのは、「個々の多細胞の細胞（多細胞の個々の細胞）」に、そして「全体的一」というのは、「全体としての一つの個体」に読み替えられる。これを「生命の個体」というふうにひとまず置き換えると、西田先生の「世界は個物的多と全体的一との矛盾的自己同一の世界である」というのは、「生命は多細胞の個々の細胞と細胞の集合として作る全体としての一つの個体とが矛盾的に自己同一したものである」というふうに言えると思うんですね。

さらに、「矛盾的自己同一」というのは、「相反することが同時に起こっている動的平衡の状態」と読むことができる。

こう読み替えていくと、これは、私が提唱している「生命というのは動的平衡という流れの中にあるものである」ということと内容はまったく同じです。そして、「何処までも多の自己否定的一」というところでは、西田先生は「作られたものから作るものへ」という言い方もされていますけれども、これは例えば、細胞において実際に合成されたタンパク質が再びその次のタンパク質を作り出す、あるいは合成されたタンパク質が分解酵素[1]としてタンパク質自身を壊していく、そしてまたそれ自身を作り変えるというふうな「合成と分解」という逆方向の作用が同一の状況のもとに起こっているということを言っている、と読み替える（読み解く）ことができると思います。

池田　うん、うん。

福岡　さらに、西田先生は、『生命』の前半では「合成と分解」という場合の「分解」、すなわち「壊す」ということについてそれほど明確にはおっしゃっていなかったんですが、そのあとを読んでいくと、その「壊す」ということについても、しっかり言及されています。

作ると云うには、時が空間を破ると云うことがなければならない、形が壊わされる、形が否定せられると云うことがなければならない。併《しか》し単に形が否定せられると云うことが、作られると云うことでないことは云うまでもない。時が空間を破ることは逆に空間が時を破ることである

（同前　48ページ）

このように、細胞において一度作られたものが、壊されることによってまた新たに作られるというコンセプトもちゃんと頭に入っておられたんだなあというふうに思いました。というわけで、私は後日こうした文章を新たに自分の言葉で翻訳してみたいと思いますけれども、『生命』の二の最初の部分だけを取り出してみても、これを全部、動的平衡の言葉でそのまま書き替えることができるなあ、と思いました。

池田　うん、うん。

「多（一）の自己否定的一（多）」「過去と未来との矛盾的自己同一」

福岡　個体は絶えず交換されるジグソーパズルのごとき細胞によっておぼろげな全体としても存在している、ということが西田においても言われていると思います。

ですから、「多の自己否定的一」という表現について、「多」というのは多細胞の「多」であり、細胞の構成要素であるというふうに考えると、その構成要素が自己否定している、と言われているわけです。絶えず生まれ変わる。壊されながら作られる。分裂しながら死んでいくのですけれども、また新たなものが生み出される。そういった自己否定性の中に「多」というものはある、と読むことができます。

けれども、それが同時に「一」であるところの全体というものを構成していて、さらに「一の自己否定的多」としてその逆の働きにも言及されています。そして、「多の自己否定的一」が時間的であり、「一の自己否定的多」が空間的である、と続く。つまり、ここで時間と空間が対比されているわけですけれども、このとき西田先生が言われている時間というのは、合成と分解の繰り返しという動的平衡によって生ずる流れとしての時間ですよね。

池田　はい、その通りです。

福岡　で、空間というのは動的平衡状態が成り立つ世界であり、動的平衡というのは一種の関係性ですから、その関係の中に物質やエネルギーや情報の流れが絶えず広がっているのであって、空間は、ここからここまでというふうに線を引くことができない広がりとしてあるものです。その二つが動的平衡の中で、相互に限定し合っていて、そういうものとして生命があるというふうにとらえている。こうした記述は、まさに「動的平衡」の言葉を使っても置き換えられるなあ、と思うのです。

池田　そうですね。

福岡　例えばほかにも、先ほどの文章（196ページ）に戻ると、

　　永遠に動き行くものは、永遠に決定せるものとして

とあります。「永遠に動き行くもの」というのは、「絶えず動的な状態にあるもの」のこ

とで、「永遠に決定せるもの」というのは、やや難しい言い方ですけれども、私はこれを、動的平衡という仕組みが絶え間なく移ろい行きながら、絶えず新しい一回限りの状態を作り出していくわけですが、そうした一回性のことを、「決定せるもの」と表現していると解釈しました。

ですから、ここでの「絶対現在の自己限定」の「絶対現在」というのは、「一回限りの今」という意味じゃないかなと思うのです。

それから「自己限定」というのを、「そのときに成り立つ、ある動的平衡の状態」というふうに読むと、そのあとにある「永遠の過去は永遠の未来に映されて居る」というのは、絶え間のない合成と分解の流れである動的平衡、あるいは酸化と還元という逆の作用の繰り返しである動的平衡、そのことが生み出す時間の流れというものについて、これまで続いてきたことがこれからも続いていく、と読むことができるのではないかな、と。

池田　うん。すごい！

福岡　そしてさらに、世界についてはこう言われています。

かかる世界は単に過去から未来へではない

これはつまり、およそ世界というものは、単に過去をもとに未来が作られる、いわゆる「アルゴリズム的[2]」もしくは「AI（人工知能[3]）的」なあり方をしているものではない、と言われているのだと思います。その通りで、「動的平衡」も過去の状態をもとに次の状態が作り出されるような、そういったAI的なアルゴリズムから形成されるのではなくて、それ自身が逆方向に回りながら時間を生み出す仕組みのことですので、この一文は「（生命は）AI的あるいはアルゴリズム的ではない」と読み替えられます。

そして、そのあとはこう続きます。

単に機械的ではない

「機械的」というのは、因果律的に、Aが起これればその結果としてBが起こる、というふうなものであるわけですが、そのことを否定しているということは、つまり、生命はそういった機械的なものではない、とここで言われていると思います。

単に未来から過去へでもない

一方で西田はこうも言っています。つまり、過去から未来へとアルゴリズム的でないのと同時に、未来があるからそれに基づく過去というものがあるわけでもない、とここで説明されています。双方向の（同時的かつ逆限定的な）働き・動きというものがここでも表現されているように思います。

単に目的的でもない

これは、生命が何らかの目的をもってそのゴールに向かって進んでいるわけでもない、ということだと思います。生命は、いま、たった一回限りの絶対現在というものにおいて、そういう状態を持っていて、それがまた次の瞬間に違うものになっていくという意味において目的的でもない、と言われているのです。

……というふうに、西田先生の文章だけを読むと、ときには非常に難しい言葉も使われていますけれども、全体としては非常に論理的に書かれているし、常に対概念として、「多と一」、あるいは「空間と時間」といったものを対比させながら追究していかれているので、この文章を読んでいて私は非常に愉快な気持ちになりました。

西田の論文を初めてしっかり読んだ感想というのは、ひとまずこんなところです。

池田　ああ、素晴らしいですね！

「過去と未来との矛盾的自己同一」。こういう言い方を人は普段はしないわけです。時間を考える場合に、多くの人は過去から未来へという方向に着目し、未来から過去へという反対の方向にはほとんどの人が目を向けることがないわけですけれども、引用文中に「作られたものから作るものへ、作るものから作られたものへ」という表現がありますね。「作られたもの」というのは、要するに過去のことです。「作るもの」というのは未来のことなんですけれども、世界においては両者が絶えず、逆限定的に作用しているんです。で、こうした「矛盾的自己同一」というあり方がすべてにわたって徹底していくところに西田の論理性が現れているのですが、従来、西洋哲学にはこうした論理は存在しなかったわけです。

福岡　ええ。そうですよね。

池田　ですから、西洋（哲学）的な論理を適用して西田を理解しようとするこれまでの読み方をしていたのでは、いくら読んでも西田がわからないのです。

しかし、いま、福岡さんが読み解いてくださったものを感心しながらお聞きしていたのですが、そのうえで、さらに科学者である福岡さんが西田のこの文章をすんなりと「論理的だ」と言えるというのは、福岡さんが日本人科学者であって、西洋の科学者とは異なっている（純西洋的ではない）ということも関係しているのではないかと思います。この点はいかがですか。

福岡　ええ、そうかもしれません。

ただ、私が日本人であるということを別にしても、西田先生の話の進め方が非常に論理的であるというのは、読めば読むほど強く感じました。

つまり、一つひとつの言葉は確かに難しいんですけれども、構造としては、先ほども挙げました「多と一」や「未来と過去」などのキーワードの対置のさせ方がまったくぶれていませんし、Aと言ったあとに、Aに対応する言い方として同じことを異なった観点から説明されるなど、非常に論理的に書かれていると思います。

池田 うん。うん、うん。

福岡 ですから、文章としても実は非常に優れているんだと思います。ただ、慣れていない人には、言葉そのものがやはり難しいので、最初からすんなりとはなかなか理解できないかもしれないな、とは思いますけれども。

池田 うん。おっしゃる通りです。

西田の『生命』における「ロゴス」

福岡 それで、ちょっと私がお聞きしたかったのは、ロゴスのところなんですけれども。『生命』一の終わりのほうにこんな文章があります。

我々は我々の身体を我々の作った道具から理解する。道具を作ると云うことは、我々は自己の外部感官を射影することによってである。外部感官の射影は、我々の作業の射影からでなければならない。作業の射影の根柢には言語がある。語源は皆《みな》動作を表現して居ると云う。原始人が共同作業によって外界を変更した、即ち外界に何かの結果を出した。物が作られた時、之に音声が伴う。その作業が音声の意味となる。これが言語の起源である。言語は我々の創造作用に伴うのである。人間に対し最始の物とは彼の作ったものであった。而《しか》してそれ等が言語によって独立の存在を得たのである（Noiré, Max Müller und die Sprachphilosophie. S. 87 ff., S. 97 ff.）。言語なくして分析綜合の作業的発展は考えられない。言語学者のかかる着眼には、深く考うべきものがあると思う。我々は言語によって我々の働きを表現する、自己の働きを射影する、我々の共同の世界に於て自己を客観化する。此に働くものが働くもの自身を知る、自己が自己自身を知る、我々の自覚の萌芽があるのである。（同前　32ページ）

ここで西田先生は、人間の行為の射影というかな、人間の器官や働き方の射影として外部に投影されたものが道具であって、なぜそれが射影できたかというと、言葉があったがゆえに射影された、と言われているわけですよね。

池田　はい、そうです。

福岡　さらに続けて、こうあります。

無論、そこに考えるものが考えられるものであるという如き意識的自己の自覚があると云うのではない。それは我々の生命的発展の極限に於てでなければならない。併《しか》しそこに既に我々の身体的生命の把握の端緒があると云うのである。全体的世界が自己の内に自己表現的要素を含むことから生命が始まる。道具は物質である。併しそれが全体的世界の自己表現的生命の形成によって作られたものとして道具である。道具を作る所に、我々の生命の事実がある。而《しか》して外に物を作ることは、内に深くなることである。全体の自己表現的要素としての自己が、何処《どこ》までも全体の自己表現点、世界の創造的根元と結合することである。すべて発展とは、その根元に返ることである。生命は人間的生命に至って生命の根元と結合する。故に人間は言語を有《も》つのである。ロゴス的であるのである。ロゴスとは世界の自己表現の内容に他ならない。我々の自己は世界の自己表現的作用として自覚するのである。

（同前　32〜33ページ）

このあたりが少しだけ、わかりにくいと感じました。

ここでは、人間の身体というのはロゴス的なものだ、と言われています。それは言葉で説明できるもので、人間の仕組みを外へ投影でき、そして道具として作られたものだ、と。引用文の最後では「我々の自己は世界の自己表現的作用として自覚するのである」と言われています。

つまり、人間の身体はロゴス的なものとして表現される、というふうに書かれてあるんですが、実は、動的平衡のような人間の身体の中で起こっている生命現象というのは、単なる道具として外に取り出すことができない作用も含まれているわけですよね。

池田　はい、そうですね。

福岡　つまり、生命の本質というのは、ロゴスとして切り分けることができないものとして身体の中に残ったままになっていたわけで、そのことは、実は「ロゴス対ピュシス」というわれわれの議論の前提となる洞察でもあったはずです。
そうしたロゴスでは取り出しきれなかったものが生命の本質としてある、と考えたときに、西田先生はここからもう一歩を踏み出して、ロゴス的にとらえ切れていないものが、人間の身体の中にはあるんだけれども、そのことが見落とされている、というふうには語っていないように思えたんですけど……。その辺りはどうなのでしょうか……。
別の箇所にも、「人間はロゴス的である」というような表現があります。
ですから西田のこの論文では、あまり、「ロゴス対ピュシス」という構図が強く押し出されていないようにも感じたんですけれども、この点についてはどうなんでしょうか？

池田　ただね、福岡さん。西田がロゴスということを言うときには……。

福岡　ええ。

池田　「世界の自己表現の内容」のことを言っているわけですね。先ほどの文章（209～210ページ）にありますけれども。

ロゴスとは世界の自己表現の内容に他ならない

福岡　ええ、ええ。

池田　でね、「世界の自己表現」というものを福岡さんがどうご理解になるかなんですけれども、ここでの「世界」というのは、自ら形成作用を持つといいますか、その中に環境も生命も作り出す、そうした形成作用を持った歴史的な世界であるわけですね。

福岡　ええ。

池田　で、その形成作用の中にはロゴスが働いていると西田は言っているわけです。そのロゴスというのはどういうロゴスかというと、この場合は「矛盾的自己同一」であり「逆対応（逆限定）」という考え方のことなんです。

この「世界の自己表現」という表現を使って、西田は、世界が自らを表現する形成作用の中身にこうしたロゴス（矛盾的自己同一、逆対応）が含まれているということを言いたいわけなんです。そして、この場合にも、形成作用によって生み出される生命というものは、世界において、生命を包んでいる自然環境が、生命を包みながら、その生命の中に自然環境それ自体が包まれていくというその作用自体の中にあると言えます。そのことが、ここで言われている「自己表現」であり、「世界の自己表現」ということなのです。

福岡　ふーむ。

池田　繰り返しになりますが、この「世界」というのは、「歴史的自然の世界」のことです。「歴史的自然の世界」というのは、生命と環境というものから成り立っている場合にその両方を含めたものです。ですから、「世界の自己表現」というのは、まさに、歴史的自然の世界において、環境が生命を包みながら、生命の中に環境が包まれるという、そういった仕方での自己表現ということを言っているんです。

このことは『論理と生命』にもっと詳しく出てきます。

福岡　なるほど。そうすると、この場合、西田が言っているロゴスというのは……。

池田　自己表現、すなわち絶対矛盾的自己同一の姿であり、そうしたありようのことなのです。

福岡　では、われわれが、第一章で哲学のあり方、あるいは思考の仕方として「ロゴス対ピュシス」といったような問題を立てましたが、あのときの「ロゴス」とはまたちょっと違うんですね。

池田　違います。というより、まさにこの場合のロゴスとは「ピュシス」のことなんですよね。

福岡　あははは！　そうなんですね（笑）。

池田　ピュシスが、歴史的自然の世界の中における一つの「矛盾的自己同一」である、という論理になるわけですね。

ですから、西田にとってのロゴスというのは、「矛盾的自己同一」のことなんです。あるいは逆対応（逆限定）と言ってもいいわけですけれども。

福岡　ああ、そうなんですね。

池田　第一章や第二章で見てきた「ロゴス」という言葉は、矛盾を含むものについては使えなかったわけですから。

福岡　はい、使えませんでした。そうですよね。

池田　その点で、非常に誤解されやすい言葉でわかりにくいと思います。

ただ、このところに違和感をお感じになった福岡さんは大変素晴らしいと思います。ここへの気づきはとても重要だと思います。

福岡　そうだったのですね。これはちょっと注意しないと……。西田のロゴスは、いわゆるロゴスではないということなのですね。

池田　その通りです。いわゆる普通の意味のロゴスじゃない。むしろ、これまで僕たちが議論してきた文脈で言うと、「ピュシス」のことです。自己形成のことですから。自己形成の仕組みと言ってもいいのですが。

福岡　そうですよね。世界の自己表現の仕組みが動的平衡のものであれば、それはピュシスの実相をとらえているはずなのに、それをロゴスと呼ぶというのはちょっと納得しにくかったんですが、このロゴスとはピュシスのことだったんですね。

池田　はい。

福岡　とんだフェイントだなあ（笑）。

池田　いや、しかしこのことにお気づきになったのはさすがです。

この箇所では、ロゴスというのは「世界の自己表現の内容に他ならない」と言っているわけです。

福岡　ええ、そうですよね。

池田　ですから、世界の自己表現の内容というのは、いわゆる（われわれの言う）ピュシスのことなんですよ。この場合の「世界」というのは、まさに歴史的自然（の世界）のことですからね。

福岡　だからピュシスであっても、最終的には哲学である以上、言葉でなんとか説明しなければならないので、そうなったときにはそれはロゴスと言えるのかもしれないですけれども。

池田　うん。

福岡　いわゆる「ロゴス対ピュシス」という前提に立った場合は、これまで私たちがロゴスと呼んできた場合のロゴスになってしまうので、何の説明もなく西田に「ロゴス」と言われると、当然そっちのロゴスのことだと思ってしまうけれども、ここで西田が言っているロゴスというのは、「世界の自己表現」のように言葉で表現されたところのピュシスを、言わば「ロゴス化されたピュシス」というような意味で使っていると理解すればよいというわけですね。

池田　その通りです。いまのことは重要なご指摘でした。

もっと言えば、西田の「ロゴス」は、ヘラクレイトスの「ロゴス」のことなのです。ヘラクレイトスにおいては、本来の「ロゴス」というものは、私たちがこれまで使ってきた「ピュシス」と同義のものであったのです。それなのに、ピタゴラスなどによって、ロゴスは主観性によって発見されるものへと変貌させられてしまったのです。

ヘラクレイトスは、ピタゴラスについて「嘘《うそ》つきの元祖」と非難しているわけですが、それは、ピタゴラスこそが本来の理性（ロゴス）を主観性の原理のもとに置き、主観性の手段に貶《おとし》めた人物であったからなのです。

福岡　そうか。やっぱりね（笑）。

池田　西田の「ロゴス」は、プラトンやソクラテスの「ロゴス」ではないんです。

福岡　じゃないんですよね（笑）。ヘラクレイトスの「ロゴス」である、と。

池田　はい。ヘラクレイトスの「ロゴス」においては、自然は「隠れることを好む」のですが、このときの「隠れ」というのは、まさに矛盾であり、西田の表現で言えば「絶対矛盾的な逆対応」のことなんですね。「隠れる」というのは、反対側に隠れるということです。

福岡　なるほど。そういった自然の本性を説明する言葉としての「ロゴス」なんですね。

でも、それは私たちが議論してきた文脈で言うと、いわゆる「ピュシス」のことである、と。わかりました（笑）。そういうことであればわかったんですが、そうじゃないと、ただ「ロゴス」と出てくると、これまでの話と合わないな、ということになってしまうので（笑）。このことはきっちり整理しておく必要がありますね。

池田　こうした背景を何も知らないで読むと、そう誤解されても仕方ありません。ただ、私たちの対談では、「ロゴス対ピュシス」の構図を活かすために、便宜上、西田が目指したものは引き続き「ピュシス」の復興であったということにして先に進みましょう。

絶対現在の自己限定――時間と時刻

福岡　先ほどのところ（196ページ）にもう一度戻って、「絶対現在の自己限定」という表現についてうかがいたいのですが、引用文では、「私は之を絶対現在の自己限定と云う」とも言われています。これは西田の決め台詞として大事なところだと思うんですが、この一文を理解するためには、まず「絶対現在」という言い方を読み解く必要があります。

「絶対現在」という術語も西田のわかりにくい表現の最たるものの一つですけれども、私は、「絶対現在」というのは何かというと、「移ろいゆく動的平衡が一回限り作っている一状態（いま）」であると解釈したいと思います。つまり、動的平衡というのは絶え間なく移りゆきながら、絶えず自分を更新しているといいますか、「合成と分解」[4]「酸化と還元」[5]を繰り返しながらエントロピー増大の法則に対抗している仕組みであるわけなんですけれども、その状態というのは、絶えず移り変わっているわけですので、その瞬間を見ればそれは一回限りの平衡状態なわけです。ただいま一回限りの平衡状態。そういったものを「絶対現在」と呼んでいるという解釈でよいのでしょうか？

池田　はい。「ただいま一回限りの平衡状態」ということで結構なのですが、ただし、「ただいま」と言われるその「時間」が、実は「過去と未来の同時性」としてとらえられているところで、その現在が「絶対」と言われています。西田の言い方では、「過去・現在・未来が現在に同時性である」となります。その「同時性」において、時間の流れが限定されるわけです。

福岡　なるほど。では、そのあとに続く「自己限定」というのは、その「時」に表現されている同時性としての動的平衡の一状態ということでいいのでしょうか。

池田 はい。要するに「流れ」ですよね。

福岡 ええ、ええ。

池田 （ピュシスの）すべてにおいて、西田は「歴史的」と言っているように、（ピュシスを）流れとして考えているわけです。で、その流れが現在として限定される、ということですね。

福岡 はい、まさに「いま」ですね。

池田 俗な言葉で言うと、「時間」と「時刻」という表現がありますね。

福岡 ええ。

池田 「時間」は流れるという性質のものですけれども、「時刻」というのはそこで（流れが）限定されるわけです。過去から未来へとまたがる「現在」を「時刻」として限定するわけです。

で、それらの使い方を見てみると、「時間」というのは、そういったどこまでも流れていくものに対して使うのに対して、一方、時刻は、そういった流れを限定して、止めるというとおかしいけれども、そういう使い方をします。両者はまったく矛盾しているわけですよね。

福岡　ええ。

池田　で、そうした二つの面、つまり、過去から未来へとまたがる「時間」の面と現在という「時刻」の面とを合わせて、彼は「絶対現在」と呼んでいるのです。

福岡　はい。

池田　ですから、現在というのは流れているんだけど、しかし、自己限定として、言わば過去と未来の同時性をもちながら現在という時刻としてとらえられる状態でもある。止まっているというか。

そのことが矛盾であり、「絶対矛盾の自己同一」なのです。西田はしばしば「過去と未来との矛盾的自己同一」という言い方をしますが、こうした言い方自体、「絶対現在」という時間の有する絶対矛盾の自己同一のことです。流れていながら、瞬間的な部分において永遠であるという。永遠の今……。そうそう、西田特有の用語「永遠の今」と言い換えてもいいかもしれませんね。

ですから、「絶対現在の自己限定」という表現においては、「絶対現在」というものと「自己限定」というものを一緒にして考えないといけないわけですよね。しかも、現在というのは、過去・現在・未来というように、一様に流れているといった意味ではとらえられないものです。伝統的にも、とらえることができない「無」なんですよね。で、そういう無でもある流れをここでは「自己限定」という仕方で、ある限定の意味で「時刻」的にとらえている。

福岡 「自己限定」という表現には「時刻」的な意味が含まれていますか?

池田 ええ。限定的に定める、ということですからね。時間を言わば時刻として見るというのかな。

福岡 そうすると、「絶対現在」という表現には、時間というものは……。

池田 ですから両面があるわけです。要するに、時間には、流れるという性格と「同時性」としての時刻としてとらえられるような意味合いで限定される性格とがある。

福岡 なるほど。流れるという性質があるものの中にその一瞬だけを見たら「いま」という限定されたものがある、と言っているわけですよね。

でも、ここに二つの「絶対現在」という言葉と「自己限定」という言葉があるので、それをあえて腑分《ふわ》けしてみますと、「自己限定」のほうに、「いま」や「一瞬」、「時刻」という意味があり、「絶対現在」のほうに「時間」という意味があるととらえればよいのでしょうか？

池田 というより、「自己限定」の「自己」というのは「時間」のことを言っているわけですね。

福岡 「自己」がですか？

池田 ええ。「自己限定」というのは、時間自身が自らを限定する、という意味です。時間が時間自らを限定する、過去と未来の「同時性」。ですから、「絶対現在」と「自己限定」というのは、ほとんど同じ意味になりますね。

福岡 ああ、そうなんですか。

池田 過去と未来とを区切るのではなく、時間の流れとして同じことを繰り返したと言ってもいいでしょうかね。彼が「同時性」というのは……。流れを区切るのは、人間の勝手な流儀ですからね。つまり、流れ自体には過去も未来もありません。

福岡　なるほど。「絶対現在」と「自己限定」というのは言葉としてはほとんど同じ意味なんですね。

池田　ええ。あくまでも「同時性」に着目したうえでのものとして、中身は同じだと思うんですけれども……。

福岡　で、その中身というのは、絶え間なく流れているものの中に、一回限りの一瞬が含まれている、ということなんですね。

池田　そうです。まったく矛盾しているんですが、その「一瞬」が過去と未来との同時性でもあるんです。

福岡　わかりました。

池田　ですから、時間そのものが「絶対矛盾の自己同一」と呼べるものなのです。

西田の生命論はそのまま動的平衡論である

福岡　で、この少し前に「内と外」のことも書かれています。

外に出ることは内に入ることであり、内に入ることは外に出ることである

（同前　31ページ）

これなどは、まさに私がよく用いる「細胞の内と外」ということともつながります。

池田　ほんとだねぇ。

福岡　細胞の中から（細胞内部で作られたタンパク質が）外に出るときには、実はいったん細胞の中の中に入らないと外に出られないんですよね。

池田　うん、うん。

福岡　「内に入ることは外に出ることである」というのは、まさに、細胞の中に入るということは、細胞の外にある状態とトポロジー[6]的にイコールである、と読み替え可能です。わかりやすく言うと、細胞の中の中に入るということは外、つまり細胞の外に出るということと同じだということなのですが、この辺の西田先生の記述というのは、生物学的にもう一度書き直せることばかりなので、ここでも、そういった翻訳を私は自分なりに作ってみようと思っています。

池田　いいですねえ。いまの例は、膵臓《すいぞう》の細胞内部で作られた消化酵素が細胞の外（消化管や血管）に送られる現象のことですね。

福岡　はい。その通りです。

ですから、全体としては、多少なりとも難しい言葉はあるんですけれども、いまのようにご説明いただけると、西田の生命論、少なくとも『生命』に関しては、ほとんど、いま私が使っている動的平衡の言葉やロジックでそのまま置き換えることができますし、訳し直すことができると思います。

池田　いやあ、素晴らしい！

福岡　そういう意味では、非常に面白いというか、私が言っていることはすでに西田先生が全部言っていたんだなあ、という感じがします。

池田　福岡さんの動的平衡論と西田の生命論とが重なっていることはもちろん予想していましたが、福岡さんからいまのように読み解いていただけたことで、両者がこんなにも見事なまでに響き合っているということがより一層強く確認でき、感動しました。本当に素晴らしい！

そういう点で言えば、世界的に見ても早い時期に、生命のことを「多と一との矛盾的自己同一」などとして説いた西田の洞察力にもあらためて驚かされます。福岡さんの動的平衡論の鍵とも言える「エントロピー」という概念も、当時はほとんど知られていなかったのではないでしょうか。

福岡　ただね、「エントロピー」についても書かれてありましたよ（笑）。

池田　ありますか?? えっ、本当?? じゃあ、「エントロピー」も知っておられたんだね。

福岡　そのようですよ。

　世界は自己自身の実在性を有《も》つのである（世界はエントロピー的である）。之に反し世界が全体的一の自己肯定的には自己自身を形成する、自己の内に自己表現的要素を含むと考えられる時、世界は生命の世界となる。
（同前　43〜44ページ）

「自己表現的要素」というのは、自らを壊して自らを作るということですから、世界はエントロピー的なんだけれども、その中に自己表現的要素が実現できれば、初めて世界が生命（の世界）になる、というふうに、まさに動的平衡の生命観がここで予言されているわけでして、この辺は非常に素晴らしいなあ、と思うわけです。

池田　本当ですね。

福岡　それから、「時は数量的ではなく性質的である」といった一文もありました。これはまさに時間論で、時間というのは線形的に点が流れていくものではなくて、「性質的である」と。つまり、動的平衡の「合成と分解」の循環から汲《く》み出されて時間というものが生まれてきているんだ、というようなことを言っているんじゃないかな、と。

池田　まさしくそうですね。

福岡　この辺は西田の生命論の真骨頂だなあ、と読んでいてなんだかとてもうれしくなりました。

……というわけで、この辺があまりにも素晴らしすぎて、『生命』のほうばかりを読んじゃって、『論理と生命』のほうにあまり力が注げず、予定と合わなくなり、すみませんでした。

ただ、こうした箇所を見ていくだけでも、動的平衡論として読むことが十分可能で、よい勉強をさせていただいたなあ、と感謝しております。
そして私は、今日ご教示いただいたことを参考にして、一つ一つが難しい西田の単語を動的平衡の言葉で置き換えて、『生命』を、もう少しわかりやすく書き直してみたいと思っています。

池田 大したものです。短期間でよくここまで西田の生命論を吸収されましたね。すごい！

「書き直す」と言うと僭越《せんえつ》な言い方なんですけど、もう少し生命科学に寄せて言い替えることができるし、相通じるところがたくさんあるというふうに考えているということです。

福岡 いやいや（笑）、ひとえに池田先生のご指導の賜物です。
ただ、先ほどの「ロゴス」など、いくつか独特な（特殊な）言葉がありまして、そういったものは少し整理しないといけないですね。
さて、池田先生のご見解もお聞きしたいのですが、西田は生命とはいったいどういうものだと考えていたと思われますか。

池田 生命というのは、結局のところ、「歴史的自然の形成作用」のことであると西田は考えていたと思います。生命の中には常にそうした形成作用が働いていると西田は考えたわけです。

で、この「形成作用」の最も大きな特色というのは、相互否定であり、「逆限定」であり、「矛盾的自己同一」であるということなんですよね。

つまり、生命とは、「逆限定的に絶えず環境と一つになるものである」として、従来の哲学や科学では見落とされてきた、あるいは見えなかった部分を、西田が非常にはっきりと取り出してみせたということが言えるのではないでしょうか。

そもそも、西田以前には、私たちは生命というのは摩訶不思議で神秘的なものだとずっと考えてきました。なぜかというと、近代科学の発想の中で生命を見た場合に、姿形という現象のみにとらわれてしまい、その背後にある「物自体《ものじたい》」[7]、すなわち実在を理解することができないでいたからです（それゆえ「神秘的である」と考えることしかできない）。生命がなぜこのように精妙かつ繊細な仕組みを持っているかというのは、従来の科学や哲学では説明できなかったのです。

しかし、西田は、ヘラクレイトスの次元での実在論の立場にもう一度立ち戻って考えることによって、そこにずっと現れてはいたが、それまでは誰も気づけなかったピュシスの論理形式というものを見いだすことができた。それを彼は、ヘラクレイトスと同じく、「ロゴス」と呼んだということなのです。

ですから、「ロゴス」という言葉を用いる際には、西田はこういった事情も合わせて説明してくれていれば、もっとよかったのかもしれません。

ただね、僕が感心したのはヘラクレイトスが頻繁に引用されていること。西田は論文の中で、「私はヘラクレイトスの立場に立ち返ってものを言っていますよ」ということを暗に語っているわけです。このことは、読者が感じ取ってあげなければいけないということなんじゃないのかなあと僕は思います（笑）。

福岡伸一抄訳　西田幾多郎『生命』

長文翻訳①

西田原文

　世界は個物的多と全体的一との矛盾的自己同一の世界である。何処《どこ》までも多の自己否定的一として時間的に、何処までも一の自己否定的多として空間的に、時間と空間との矛盾的自己同一的に、作られたものから作るものへと、形が形自身を形成し行く世界である。私は之を絶対現在の自己限定と云う。永遠に動き行くものは、永遠に決定せるものとして、絶対空間的に、永遠の過去に於て表現せられて有るものであり、永遠に決定せるものは、永遠に動き行くものとして、絶対時間的に、永遠の未来に於て表現せられて有るものである。永遠の未来は永遠の過去に、永遠の過去は永遠の未来に映されて居ると云うことができる。かかる世界は単に過去から未来へではない、単に機械的ではない、又単に未来から過去へでもない、単に目的的でもない。過去と未来との矛盾的自己同一的に、作られたものから作るものへ、作るものから作られたものへである。作るものと作られたものとの矛盾的自己同一的に、現在が現在自身を限定する世界である。此から相《あい》反する両方向へ、過去と未来とが考えられるのである。絶対現在の世界は現在が現在自身を限定する世界である。現実の世界とは此《かく》の如き世界でなければならない。

（『エッセンシャル・ニシダ　命の巻　西田幾多郎生命論集』～「生命」二の冒頭　35～36ページ）

［福岡訳］

世界（＝この場合、生命の世界）は、雑多な細胞の集合体であるものが、全体として一つの有機体として機能するという、相反する状態が重なりあった世界であると言える。

これは逆反応（合成と分解、酸化と還元、あるいは取り込みと放出）が同時に行われているうえに成立するバランス、いわゆる「動的平衡」状態と言える。

細胞が絶え間なく自ら死に・自らを作り出す流れ（＝時間）の中に個体はあり、個体は絶え間なく交換されるジグソーパズルのピースのごとき細胞によって、おぼろげで輪郭（＝

空間）を持った全体像としてある。

動的平衡によって生じる流れ（＝時間）と、動的平衡に関わる物質・エネルギー・情報の広がり（＝空間）は、絶えず壊され、絶えず作り変えられるゆえに、とどまることも一定のかたちをとることもない。

合成されたタンパク質がタンパク質分解酵素としてタンパク質を分解する一方で、タンパク質合成装置として新たなタンパク質を作り出す。絶えず合成と分解が繰り返されるが二度と同じことは起こらない世界である。

私はこれを一回性（＝絶対現在）の動的平衡と言う。

絶え間なく変化を続ける動的平衡は、絶え間なく移ろいゆくゆえに、一回限りの新しい平衡状態を絶えず作り出す（永遠の決定）。

（中略）

したがって動的平衡の世界は、ある状態が次の状態を導くようなアルゴリズムではない、機械のような因果関係もない、未来は過去と一対一に対応しない、ある目的を実現するために方向性を持って進んでいるわけでもない。

長文翻訳②

西田原文

世界は自己自身の実在性を有《も》つのである（世界はエントロピー的である）。之に反し世界が全体的一の自己肯定的には自己自身を形成する、自己の内に自己表現的要素を含むと考えられる時、世界は生命の世界となる。時は数量的ではなく性質的である、それ自身の独自性を有つ。世界は目的的と考えられるのである。是に於て個物的多は粒子的ではなくして細胞的となる。古典的物理学の世界に於ては、物と空間とは相互に独立的と考えられた。量子力学に至って、粒子と波と相補的と考えられるに至ったと云えども、両者は尚何処《なおどこ》までも対立的である。個物的多と全体的一とは何処までも相互に対立的である。物理的世界の立場からは、斯《か》く考えられなければならないのである。併《しか》し生物的世界に至っては、個物的多の一々が全体的一を表現すると共に全体的一の自己表現となる、世界はモナド[8]的となる。

（同前　43～44ページ）

【福岡訳】

世界はエントロピー的である。つまり、秩序は絶えず壊されるものとしてあり、この方向性は絶対に非可逆的である。これに対して、全体性を持った有機体が、自分自身を作り出すこと、つまりその内部に自己表現的な要素を持ち得たとき、世界は生命の世界となる。

自分自身を作り出すためには、秩序はまず常に壊されるものとしてあり、そのうえで再構築される必要がある。分解と合成が絶え間なく循環する必要がある。このとき初めて、絶えず増大するエントロピーを絶えず捨て続けることが可能となる。このとき時間は線形的に進むもの（数量的）ではなくなり、循環から汲み出されるものとして連続的なもの（性質的）になる。

こうして生命は独自性を持つ。かくして生命は合目的性を獲得する。ここにおいて、全体を構成していた要素は単なる物質的な粒子ではなく、細胞的なもの（合成と分解を絶えずなすもの）となる。

（中略）

生命の世界においては、個々の構成要素（細胞的なもの）は、その構成要素によってかたち作られた個体全体の生命現象を司るとともに、個々の構成要素たる細胞の一つ一つにおいても全体と同じ生命が司られている。つまり生命の世界はモナド的（極小のものに極大が表出する）となる。

（長文翻訳①②は二〇一六年七月二十三日作成）

福岡伸一訳　西田哲学

用語解釈編

西田の「自己限定」

◎用例
（絶対的否定の）弁証法的一般者の自己限定
◎福岡解釈
肯定（生）と否定（死）が同じ場所にある動的平衡の状態

◎用例
（形成作用とは）環境と生命と一である世界の自己限定
◎福岡解釈

環境と生命が一体化したものとして存在している世界の動的平衡状態

西田の「歴史的」

◎**用例**

歴史的事物の世界（歴史的生命の世界）

◎**福岡解釈**

動的平衡の逆限定作用によって作り出される時間の流れの中に生まれるものごとの世界

西田の「時間」と「空間」

◎**用例**

時間的でなければならない。

◎**福岡解釈**

連続した流れ（もしくは循環）の中で生成されるものでなければならない。

◎**用例**

生命は空間的境界がない。

◎**福岡解釈**

動的平衡としての生命には部分的なものがない。環境とのあいだで絶え間なくやりとりがあるゆえに、部分を切り出してくるための境界線を作ることができない。

（二〇一六年八月四日作成）

重要表現編

「一と多」

これは「全体と要素」と訳したい。

個体（全体）と細胞（要素）である。あるいは、細胞と分子、分子と原子・素粒子、と次元を下ることができる。また、生態系と個々の生命体（個体）、太陽系と地球、あるいは全宇宙と太陽系、というふうに次元を拡張することもできる。いずれにしても世界は入れ子構造としてある。

「一から多」は、全体から要素へ流れる方向を言う。分解、酸化（燃やしてエネルギーを得る）、切断（落葉、消化、分裂など）など、秩序が壊される方向をこう呼ぶ。つまり絶え間なく、ちぎれ、つぶされ、拡散される、ということ。『方丈記』冒頭の、「ゆく河の流れは絶えずして、しかももとの水にあらず」という観照。分解され、拡散していく、という方向性は、空間的に広がるものとしてある。つまり西田の言うところの「空間の形式」と呼ぶことができる。

「多から一」は、上記の逆反応。要素から全体が形成される方向を言う。合成、還元（光合成や高分子の構築はすべて酸化反応の逆）、結合（芽吹き、膜融合など）、秩序が構築される方向をこう呼ぶ。分解の方向、つまりエントロピー増大の方向に対して、エネルギーを使ってあえてこの坂を登り返すことによってバランス（平衡）をとる働き。秩序が構築される、という方向性は、時間が構築されるということと同義的である（と思われる）。つまり西田の言うところの「時の形式」と呼ぶことができる。

「絶対矛盾的自己同一」

全体（一）から要素（多）へ、そして要素から全体へという互いに相反する反応（矛盾）は、生命にあっては、常に同時的・対抗的に起こっている。西田の言うところの「逆限定」と言ってよい。これが、絶え間なく増大するエントロピーの流れの中にあって秩序をかろうじて維持するしくみであり、自己を保つ方法（自己同一）である。

これが生命を生命たらしめるもっとも重要な特性であり、生命の定義と言いうる。私はこれを動的平衡と呼ぶ。つまり動的平衡は、絶対矛盾的自己同一と同義的な概念だとみなせる。

「絶対現在の自己限定」

右の「絶対矛盾的自己同一」としての生命の動的平衡は、逆反応が互いに循環的・連続的に絶え間なく起こっている状態である。同じことが繰り返されているようにみえて、二度と同じ状態、同じ要素の組み合わせはない。つまりその都度その都度、一回性のものとしてある。『方丈記』冒頭の、「淀みにうかぶうたかたは、かつ消えかつ結びて、久しくとどまりたるためしなし」の心境。その意味で動的平衡は常に新しく、常に現在でしかない。それが「絶対現在」という言葉と重なると思われる。「自己限定」は、「自己同一」に同じ。動的平衡によってあやうく保たれる自己のおぼろげな輪郭という意味。

※補記　絶えず平衡が作り直されることによってなんとか生命の自己同一性が保持（限定）されるという意味では、平衡はほんとうは非平衡と言ったほうが正確です。でも動的非平衡

では畳語的なので、動的平衡と言っています。

考察

ではなぜ生命は、「一から多」（全体から要素へ）という空間的、拡散的な流れに逆らって、「多から一」（要素から全体へ）という構築的、時間的な働きを行うことができるのでしょうか。これが生命現象のもっとも核心的な謎であることは間違いありません。シュレーディンガーにも解けませんでした。でも、池田先生とのこれまでの議論を通して、私にはこの秘密が少しずつ見えてきたような気がします。ただ、これはまだきちんとした科学の言葉で論述するためにはもう少し勉強する必要があります。でも方向性はわかってきました。それは、「多から一」への働きが、「一から多」への方向と常にリンクしていることと関係しています。しかも、「一から多」（全体から要素へ）の流れが、単に、エントロピー増大の法則に身を任せているのではないことと関係しています。

エントロピー増大の方向は時間が流れる方向のように見えますが、実は、エントロピー増大の法則に身を任せているだけでは時間は生成されていないように思えます。時間が生成されるのは次のような契機によります。

生命は、エントロピー増大の法則による秩序崩壊に「先回りして」、あるいはあえて「先行して」、積極的に分解を進めているがゆえに「かせいでいる」ものがあるのです。この「かせぎ」によって、「多から一」（要素から全体の構築）への働きが行えるのです。かせぎの物理学的単位はこれからゆっくり考えていきますが、負のエントロピーのようなもの、あるいは時間そのものといってもよいかもしれません。つまり、生命は、先回りして分解反応を行うことによって、「時間をかせいで」いるのです。だからこそ、動的平衡としての生命は、つまり「逆限定」の方法は、きれめのない流れとしての時間を生み出すことができるのです。

※重要表現編と考察は二〇一六年八月十二日に書かれたもの。なお、「一と多」（「一から多」および「多から一」）の問題についてさらに深まった議論については第五章302ページの「注10」、および304ページの「注10に対する補足」での福岡氏の再・考察も参照のこと。

1　【分解酵素】　食物を消化（分解）するために分泌される酵素。代表例として消化酵素がある。分解される栄養素によってタンパク質分解酵素（トリプシンなど）、炭水化物分解酵素（アミラーゼなど）、脂肪分解酵素（リパーゼ）のように分けられる。酵素は、タンパク質を主体とする高分子化合物。

2　【アルゴリズム】　問題を解決するための数学的計算手順や処理方法のこと。コンピュータプログラムを作成する基礎となるもので、流れ図（フローチャート）で図式化される。

3　【AI（人工知能）】　言語の理解や推論、問題解決といったさまざまな人間の知的行動をコンピュータに行わせる技術、またその研究。近年その発展は目覚ましく、人間が指示しなくても、機械が勝手に学習を進めることを可能にするディープ・ラーニング（深層学習）の研究により、二〇一〇年ごろから、第三次人工知能ブームと呼ばれる様相を呈している。

4　【酸化】　物質が酸素と反応して化合物（酸化物）となること、または物質から水素が奪われる反応。物質から電子が奪われる反応についても言う。

5　【還元】　酸化物から酸素を奪う反応のこと、また物質が水素と化合すること。物質に電子を与えることについても言う。

6　【トポロジー】　topology　位相幾何学。幾何学的図形ないし空間の位相的性質、つまり位置関係を研究する幾何学。

7　【物自体】　「カント哲学の用語。『物自体』（Ding an sich）とは、われわれの感性を触発して感覚を生ぜしめるものであり、その認識の対象である現象界を根拠づけているものである。それ自体は、一切の経験を超越していて、思惟することはできても感覚し得ない『可想体』（Noumenon, Gegenstand des reinen Denkens）の世界に属している」（池田）。第五章267〜268ページ、第

8

六章334ページなども参照。

【モナド】「『モナド』（Monade）とは、元々ギリシア語のmonasに由来していて、最初、ピタゴラス学派が用い、プラトンもこの『モナス』を採用し、この世を構成する物的、心的要素の意味でこの言葉を使うことになる。こうした伝統は、中世キリスト教的思想家たちにも受け継がれ、ブルーノ、ヘルモント、H・モーアらを通して、遂に一七世紀ライプニッツによって宇宙の根本原理（モナドは不可分の単純実体で、宇宙はモナドから構成されるが、モナドは相互に独立であるとともに宇宙全体の統一的な相互対応関係を築く）として独自の形而上学にまで組織化された。西田は個体概念を考えるに際して、ライプニッツの『モナド論』から決定的な影響を受けることになるが、しかしライプニッツに満足することはなかった。モナドロジーにおける『個多』と『全一』との矛盾的自己同一的なる宇宙論的空間には、率直に一目置くことになるが、そこでの個体が主語としてそれについて言われるすべての述語を含む、例えばアレキサンダー大王の個体概念がアレキサンダーについて語られるすべての述語の基礎でなければならないと考える論点からして主語論理に終始する。『モナド』とは、西洋伝来の思考論理からして『主語』の座から降りることがなかった。そのために、個多と全一の『あいだ』に成立している筈の『逆対応』ないし『絶対矛盾的自己同一』のピュシスの仕組みに、遂に気づくことがなかった。西田は書いている。『主語的論理の立場を脱することのできなかったライプニッツにおいては、全と個とが、真に矛盾的自己同一ではない。何処までも全体的一が基底的であるのである』（『西田幾多郎全集』第十一巻〜「予定調和を手引として宗教哲学へ」129ページ）、と」（池田）。

第五章

動的平衡と絶対矛盾的自己同一の時間論

動的平衡論の「生命の定義」と西田の「歴史的自然の形成作用」

池田　前回は西田の『生命』の見事な読み解きを披露していただき、大変感動しました。その後いただいたメールにも、西田の文章を翻訳され、「相反する状態が重なりあった世界」などと書かれてありまして（第四章２３３ページ参照）、その箇所を初めて見たとき、僕はうれしくなって、ついパソコンの前で「ブラボー！」と叫んでしまったほどでした（笑）。

西田哲学を厳密に理解していなければ、ここまで見事に言えるものではありません。大変感心しました。

福岡　過分なお言葉恐縮でございます（笑）。

池田　実を言うと、僕は、今後、西田の時間論などを絡めながら福岡先生の生命科学についても考察を進めていくなら、カントから西田を理解しなければならないのではないかと覚悟していました。そして、それをすることは、この本の読者にとって、記述が過度に難解なものになってしまうのではないかと恐れてもいました。

しかし、前回西田を読み解かれた内容やその後のメールのやり取りから、対談相手がほかならぬ福岡さんならば、その必要のないことがハッキリしました。これまでの調子でやっていけると確信し、ホッとしています。

福岡　ありがとうございます。ひとえに池田先生の辛抱強いご教示の賜物です。

池田　そんなことはありません。生命とは何かという「ビッグ・ピクチャー」を忘れずに研究を続けてこられた福岡さんご自身の努力があったからこそ、ここまで到達されたのだと思います。

そこで今回は、福岡先生の「動的平衡」論と西田哲学とがどう響き合っているのかをあらためて振り返りつつ、今度は福岡さんの生命観といいますか、福岡さんの生命についてのお考えについても少し掘り下げて議論してみたいと思います。

福岡　どうぞお手柔らかにお願いいたします（笑）。

池田　まず、福岡先生による「生命の定義」と西田の「歴史的自然の形成作用」とがどのように関連づけられるかを確認しておきましょう。

福岡　はい、お願いいたします。

池田　これまでの議論の流れで言いますと、西田の（実在論で語られる）「絶対矛盾的自己同一」の下で働く「逆限定」とは、まさに福岡先生の生命の定義、「生命とは『動的平衡』(dynamic equilibrium) にある流れである」において語られる「動的な何か」と同じ形成作用であったということが言えると思います。

生命の定義については、福岡先生ご自身から詳細にお話しいただくとして、その前にここで触れておきたいことがあります。それは、福岡さんがご著書の中で「秩序は守られるために絶え間なく壊されなければならない」と言われているDNAの動的な姿（『生物と無生物のあいだ』166ページ）についてのご洞察において、西田の「逆限定」と福岡先生の「動的な何か」に見られる共通項を取り出して、いくつかコメントしておきたいと思うからです。

原子のきわめて乱雑な振る舞いと生命の美しい秩序維持との、絶対的に矛盾した相互連関性に関わる問題については、この問題を粘り強く考えた先駆的な生命科学者エルヴィン・シュレーディンガーが、生命を「負のエントロピー」として定義することに至るわけですが、彼はついにその秘密を解き明かすことはできなかったわけですよね。

福岡　はい。

池田　しかし、福岡先生によって見出されたルドルフ・シェーンハイマー[2]だけは違っていて、彼は「身体構成成分の動的な状態」（the dynamic state of body constituents）という表現を用いて、その秘密の鍵を生命の「動的な状態」（dynamic state）に見てとった。すなわち、生命を、生命体に容赦なく降りかかるエントロピー増大の法則――例えば、生命体を構成している高分子は酸化され分断され、集合体は離散し反応が乱され、タンパク質は損傷を受けつつ変性するわけですが、そうした乱雑さの増大する流れ――に抗して、なおも生命体の秩序を保持し維持し続ける耐久性とそれを可能にする構造の仕組みとしてとらえることには成功していますよね。

福岡　ええ。

池田　この仕組みは、まさに西田幾多郎の言う「歴史的自然の形成作用」に他ならないわけですが、つまりは、その形成作用こそが、生命体が属するピュシスに本来備わる逆限定的仕組みであったと僕は思います。

そして、僕はこれらのことを、福岡先生の生命科学（の成果）から教わったのですが、その具体的な生命の真の姿は、生命体を構成する細胞の内部に依拠するのではなく、その細胞の膜上にこそ見ることができるという驚くべき事実がありますよね。

福岡　ええ、いわゆる「あいだ」にいのちがある、ということですよね。

池田　生物における「生命の営み」とは、生命体の内部を意味する「生物」それ自体と、環境である外界世界を意味する外部である「無生物」とを区切るその両者の「あいだ」、すなわち、両者を区切る「細胞膜」上の互いに相反する合成作用と分解作用との同時性にあるということですよね。「合成」と「分解」とは、その働きの向きを逆にした、まさにピュシスの仕組みとしての内部と外部との「逆限定」そのものの作用に他ならないということでもある。

したがって、そこでは、「合成」とは内部的作用として、「分解」とは外部的作用として、相互に逆限定的に作用する機能であったわけです。しかしながら、分解と合成とは、それまで考えられてきたような「因果関係」に基づくものではなく、あくまでも両者は「同時的関係性」として機能する「逆限定」と言わなければならない働きであったのですよね。

福岡　ええ。おっしゃる通りです。

池田　生命というのは、エントロピー増大の法則に部分的にでも打ち克《か》たないと、そもそも生き永らえることができないわけですが、それに抗う仕組み、すなわち「逆限定」について福岡先生は、『生物と無生物のあいだ』でこう言われています。

> もし、やがては崩壊する構成成分をあえて先回りして分解し、このような乱雑さが蓄積する速度よりも早く、常に再構築を行うことができれば、結果的にその仕組みは、増大するエントロピーを系の外部に捨てていることになる。
>
> （『生物と無生物のあいだ』167ページ　傍点は引用者）

さらに、次のようにも書いておられます。

> 流れこそが、生物の内部に必然的に発生するエントロピーを排出する機能を担っていることになるのだ。
>
> （同前）

つまり、生命がエントロピー増大の法則に抗う唯一の方法とは、生命システムの耐久性と構造を強化することではなく、むしろ、そうした仕組み自体をエントロピーの流れの中に置くだけのことだったということですね。

福岡　ええ。その通りです。

池田　エントロピーの流れそのものが、「歴史的自然の形成作用」の下では、実際に「先回り」するまでもなく、生命内部のエントロピーを逆限定的に外部化する、すなわち、再構築することが可能だということ。言い換えれば、細胞膜での内部と外部との「あいだ」における「逆対応（逆限定）」において、分解作用と合成作用とが同時に行われているからですよね。

つまり、福岡先生の言われていた「先回り」というのは、実は、「逆限定」そのもののことだったと言うことができます。

福岡　はい。私もいまでは「先回り」を「逆限定」として理解できるようになっています。

池田　福岡先生によれば、こうした事態は、先ほどお話しした通り、「細胞膜上の、互いに相反する合成作用と分解作用との同時性」と言われていたのですが、そう考えれば、生命システムの中で謎めいていた「先回り」の機能を仮定する必要などなくなります。仮定することなしに、その流れの中に「先回り」と同じ機能を認めることができるようになるからですね。つまり、福岡先生の「先回り」とは、まさに西田の「歴史的自然の形成作用」の中に洞察された「逆限定」そのもののことです。

福岡　はい。

池田　ここにおいて、「逆限定」という用語は、これまでの科学用語には存在しなかったものではあるのですが、生命の仕組みを説明する新たなパラダイムとして、福岡先生の生命科学の中にその意義を再発見することになり、僕はこれを高く評価するものです。

シュレーディンガーにも、シェーンハイマーにも、生命存在におけるこうした仕組みについての洞察がありませんでした。それゆえ、これまで「生命の謎」は、いよいよ深まるばかりであったのですよね。福岡先生も、当初、ご自身の新たな発見に戸惑いがあったかもしれませんが、これは、そのためであったのではありませんか。

福岡　仕組みそのものについて語る適切な言葉を探していたとは言えると思います。

池田　そうした中で、このたびの福岡先生の読み解きを拝聴して、生命の形成作用における「逆限定的機能」とは、本来は西田における哲学用語だったわけですが、今後、科学用語としても人口に膾炙《かいしゃ》していく可能性が開けたように思いました。この点についてはいかがですか？

福岡　ええ、そうかもしれません。

西田先生の「逆限定（的機能）」は科学用語として、うまく取り入れていくことができるのではないかと思います。少なくとも私は、「動的平衡」概念の中にそのエッセンスを融合させることができるのではないかと考えています。

池田　大変力強いお言葉、素晴らしいです。

画期的な実在論としての「生命の定義」

池田　福岡さんのお仕事は、思想史的に見ても大きな意義を持っていると僕は思います。つまり、これまでの生命の定義というのは、すべて、「実在」に触れたところではなされてこなかったんです。

それに対して、福岡先生は、「流れ」――カントの言う「直観形式[3]」における流れではなく、いわゆる「実在的な」流れ――に則って生命を定義された。

福岡さんがなさったことは、従来にはなかった、観念論を脱した実在論としての生命の定義であると言って差し支えないんです。

そういった点でも、福岡さんが明らかにされたことはきわめて意義深く、福岡さんは、ある意味で科学や哲学がある種の転換期にある「いま」という時代にふさわしい仕事を成し遂げられたのだ、と僕は非常に高く評価しているわけです。ご本人がどれほど自覚していらっしゃるかはわからないんですけれども（笑）。

繰り返しになりますが、シュレーディンガーは、「生命とは負のエントロピーである」という定義を打ち出しました。このこと自体は、生命というものについて、エントロピーという存在（ある意味での「実在」）を背景にして語っている点において画期的なことだったと思いますし、従来は誰も近づくことができなかった生命の本質の核心に迫っている面もあるとは言えるんですけれども、シュレーディンガーの（定義の）場合には、生命現象というものが（「負のエントロピー」を取り入れながら）どうやって乱雑さを乗り越えて秩序あるものに変容されるのかというその仕組み、つまり、正と負の相反する関係性の仕組みそのものについては、残念ながらその謎を明らかにする（解明する）ところまでは至っていないんですよね。

福岡　ええ。

池田　エントロピーというものを「流れ」ととらえるならば、その流れの中に生命は存在しています。そうした流れにおける生命の実相というのは、相反する関係――一方は秩序を保とうとし、もう一方は乱雑さを増していくという――、ちょうど正反対の正と負の関係の中にあるわけですが、その中で「流れ」（「動的な何か」）が何ゆえに実在としての生命の姿となるのか、その仕組みについてシュレーディンガーは一切何も語っていないのですよね。

福岡　はい。

池田　しかし、福岡さんは、その点を見事について、シュレーディンガーの定義では十分な生命の定義になっていない、と異議を唱えられた。そして、十分な定義と言えるためには、どうしても時間の流れというものをそこに導入し、そのうえで、「動的平衡」としての秩序の成り立ちを明らかにしなければならないと言われたわけですよね。「見落としていたことは『時間』という言葉である」（同前　262ページ）と。

福岡　ええ。

池田　こうした議論の方向というのは、驚くべきことに、これまで存在しませんでした。言わば、生命科学はシュレーディンガーのところで止まっていたわけですね。彼もまた、実在論にまでは踏み込むことができなかったのです。

そこから一歩を踏み出した福岡さんの「動的平衡論」が登場してきたというのは、本当に画期的なことだと僕は思っています。

福岡　いえいえ。

池田　しかし、それだけに多くの人にとって、なかなか気づくことができない面をもっているとも言え、そのために福岡さんのご業績が世間から正当に評価されていないのが、僕は非常に残念だと思っていて……。

福岡　ありがとうございます。

私は、いまおっしゃってくださったようなことは、哲学者でなければ気づいていただけないことだったのではないかという気がしています。

やはり、ここにも歴史の流れ、人間の認識方法に関する歴史の影響があるのだと思います。つまり、生命を機械論的に分節して理解していこうとする考え方が、近代科学・近代哲学の祖とも言われるデカルト[4]（およびカント）以来の長きにわたって、私たちの思考法をずっと、根強く支配してきたわけです。

確かに、一面では、機械論的[5]な見方をすることによって科学上の発見がもたらされることも事実です。例えば、生物のある器官（部分）を取り出して、その器官をある機械の部品になぞらえて理解することがありますが、そうすることによって私たちは、各器官の働きであるとか他の器官との個別の関係であるとか、いろいろなことを知ることができるようになりましたし、この方法によっていろいろな自然科学上の知識が蓄積されてきました。

しかし、全体としての（一つの統合体としての）生命がいったいなぜ成り立っているのかということについては、こうした機械論的な見方に基づく限り、誰にも本質的な説明をすることはできなかったわけです。言わば、機械論では見えない部分、機械論では隠されてしまう部分が存在しているのです。世界は分けないことにはわからないのですが、しかし、分けてもわからない。そして、その分けてもわからない部分こそが、生命にとって最も大切な、根幹的な部分であるとも言える。まさに、ヘラクレイトスのいう「隠れ」ですよね。

特に、エントロピー増大の法則というものが宇宙全体を支配している中で、生命という秩序ある仕組みに対しても常にその法則は降り注いでいるにもかかわらず、では、どうして生命はそれに反して秩序を保っていられるのかということについては誰にも語ることができなかったんです。

先ほども池田先生が紹介してくださった通り、シュレーディンガーは、エントロピーのことに気がついて、「負のエントロピー（ネゲントロピー）」という概念を提唱したわけですけれども、実は「負のエントロピー」というのは存在しないんです。真の実在ではありません。なぜなら、エントロピーというものは増大するだけのものだからです。シュレーディンガーは、生命は自らのうちに「負のエントロピー」を組み込んでいると言ったわけですけれども、生命がそれをどのように組み込んでいるか、ということを彼は最後まで言えなかったんです。

池田　うん。

福岡　彼は著書『生命とは何か』の最後のほうで、生命は、負のエントロピー、すなわちエントロピーが低い＝秩序の高い＝ものを食料として摂っている（体の中に入れている）から、エントロピーが増大せずに低下するんじゃないか、というようなことを言っているんですけど、実はそんなことはなくて、食べ物だって体内に入れば即座にバラバラに消化・分解・吸収されてしまうわけですから、それはやっぱりエントロピー増大の法則にしたがって、増大することにしかならないわけですよね。

ですから、エントロピー増大の法則に対抗して生命はどうして生命たりえるのかということを考えるときに最も重要なことは、ものを作ることを頑張っている生命が、実は、ものを作るのと同時にエントロピーの増大が迫ってくるよりも「先に」自分を壊している、ということの隠れに気づくこと、つまり、西田や池田先生が言われる意味での実在論的な視点を持つということなのだと思うんです。

こうした視点をとることによって感得される、「先回り」して自分を壊しているということが、実は生命がエントロピー増大の法則に対抗できる唯一の方法で、生命というのは西田先生が言われているように、相反することを同時に行っているわけです。作ると同時に壊す。酸化すると同時に還元する。こうした逆向きの作用を同時に行うことによって初めて、そこに時間が作り出される、と私は考えています（詳しくは後述　理論編３８４ページの「2」を参照）。そして、そこにおいて生命は、それぞれ、瞬間瞬間の一回限りなんですけれども、なんとかその状態を保っていくことができる、というわけですよね。

池田　うん。おっしゃる通りだと思います。

福岡　この姿が、機械論や観念論的な見方、そして、――これまでの議論も踏まえて言えば――存在論的な見方をしていたのでは決して見えてこない（隠されていて、把握することのできない）生命の真の姿なのだと思います。

池田　うん、まさに。

福岡　これが、池田先生が言われる「実在」としての生命の姿なのだと思います。

生命の実在というものに本当の意味で迫らなければ、つまり、実在論的な見方をしなければ、私の定義というものもままならなかったわけですが、第四章で取り組んだ『生命』の冒頭に置かれた「生命とは如何《いか》なるものであるか」という問いに対して、西田先生がそのあとの紙幅を費やして懸命に実在論的な説明をされていたことが思い出されます。私の仕事というのも、そうした西田先生の学問的営為から連綿と続く、池田先生を含む京都学派の先達の努力のうえに成り立っているのだ、と感慨深いものがあります。

いずれにしても、こういった生命論史、あるいは思想史の流れの中に私の仕事を位置づけてくださったのも池田先生が初めてで、そのことにも大変感謝しております。

池田 やっぱりなかなか気がつかないことなんですよねぇ（笑）。

福岡 確かに、私自身、自分の仕事がそういった偉大な先達が築かれた思想的営為の流れの中にある、というのは言われてみて初めて、「ああ、そうなんだな」と思い至ったような次第で（笑）。

池田 うん。要するに、福岡さんの生命の定義は西田の実在論のレベルに到達しているわけです。

これまでの生命の定義というのは、先ほどシュレーディンガーの話もしましたけれども、近代科学というものは、現象論の枠組みの中ですべてを考えてきましたので、どうしても「主観性の原理」から逃れられなかったわけです。従来の定義は、そういう意味での観念論なんです。

で、その対極にあるのが実在論であるわけですが、これまではこの実在論というものに科学も哲学もなかなか及ぶことができなかったんです。けれども、そこに至る嚆矢《こうし》となるお仕事を福岡先生がなさったと僕は思っています。

　先ほど名前の挙がったデカルトも、それからカントも、現代の哲学や科学にいまなお多大な影響を与えています。しかし彼らの哲学もまた、「主観性の原理」を抜け出ていないと言わざるを得ないのですが、例えばカントの認識論（哲学）は、名前こそ「超越論的方法」[6]などと呼ばれる理論の体系ではあるんですけれども、結局のところは、私たちの「自己意識」へと超越してそこから出発しつつ、あくまでも意識にこだわって自己意識の中で真理というものを組み立てていく（意識・主観の中で構成する）、そうした認識方法であるわけです。

　そこにおいては、さまざまな情報や経験、データなどがすべて意識の中で組み立てられていくわけですので、認識しようとする対象も、そういったものを組み立てていく人間の主体性・主観性という立場から離れられなかったわけですよね（この立場では、現象は認識できても、実在は認識できないことになります。この意味でカントの認識論は現象論なのです）。カントにおいては、人間の自己（意識）の中で物事はすべて現象として構成され、そのほかのものはすべて、人間の理性では接近することができない「物《もの》自《じ》体《たい》」として退けられてきたのです（真の実在がすべて「物自体」へと隠されてしまった）。「物自体」というのは、実在上、科学も哲学も及ぶことができない、科学でも哲学でも意識でも限定することのできない「無限定なるもの」である、として言わば突き放してしまったんです。こうして、実在が現象の背後に置き去りにされてしまった。

したがって、カントにおいては、真理というのは、物自体が私たちの意識や経験を触発・刺激し、そうすることで私たちの意識から何かが引き出され、それが意識の中で現象として構成されるものである、とされました。この認識方法では、「物自体」、すなわち真の実在というものにどこまでも触れることはできないわけですが、カント以降、こうした方法のもとで私たちはずっと科学や哲学を行ってきたと言えます。

私たちの思考のあり方は、ヘラクレイトスのようにピュシスそのものを問題にした立場が、ソクラテスやプラトンのようにイデア（観念）の中で姿形を理解しようとする立場にとってかわられ、さらに、カントのように「物自体」を設定し、意識が構成できる現象のみを考える、そういう立場へと引き継がれてきたわけです。

後者の二つの立場に共通していることは、私たちの理性や論理で近づける範囲のみで姿かたちを理解したり構成したりしていくという、いわゆる「主観性の原理」に基づいていることです。これでは真の実在に触れることなどできるはずがありません。そこで構成された真理というのは、言ってみれば「歪められた実在」に関するものでしかないわけですが、従来の科学も哲学も、さらに言えばすべての学問が、こうした主観性に基づく人間（自己意識）中心的な立場に立って進められてきて、実在のレベルをおろそかにしてきたのです。そのツケが、現代の世界において、人種差別や環境問題など、さまざまなかたちで問題となって回ってきたと言っても過言ではないと思います。

この点をこれからどう転換していくかというのは、実は人類全体にとって非常に重要な課題であると僕は思うのですが、その転換のきっかけ、重大なサジェスチョンを福岡さんの生命科学は与えてくれているのです。

僕はただ、福岡さんの生命の定義が素晴らしいと言っているだけではないんですよ。こうした思想史的な背景のことも含めて言っているんです（笑）。

福岡　恐れ入ります（笑）。

西田哲学によって福岡生命科学を基礎づける

池田　もう一度西田哲学そのものとの関係に戻ると、福岡生命科学が西田哲学と合致し得る部分として最も核心的なのは、時間論（時間の問題）です。つまり、福岡さんの言われる「先回り」という用語が西田の「過去と未来の矛盾的自己同一」、あるいは「過去と未来の同時性」と同義であることとです。

ここから先は、その時間論に触れながら両者の共通点を見ていくことにしましょう。

福岡　よろしくお願いいたします。

池田　西田の「絶対現在」という概念を、ここでもう一度取り上げてみましょう。

もし、シュレーディンガーに「絶対現在」への行為的直観が働いていたならば、彼もまた、恐らく生命を「エントロピーの（流れにおける）正負の逆限定」としてとらえることができ、その後の生命論はまったく別の流れになっていたと言えるのではないでしょうか。彼にそれができなかったのは、「正のエントロピー」が常にどこにおいても「負のエントロピー」と厳密に逆対応するわけではなかったからです。彼は、どうしても旧来のロゴスの下で矛盾律に逆らうということができなかったのです（ここでの「負のエントロピー」は、「エントロピー増大の法則」に抗するために生命がもたらす、増大するエントロピーとは逆向きの作用ととらえてくだされば結構です）。

それは近代科学が、ミンコフスキー次元（空間）のように、「時間」というものを単に空間化して、すなわち幾何学的に見てきたからですね。空間次元には過去・未来の区切りはありませんので、そこには「絶対現在」ということがあり得なかったからです。

福岡　なるほど。

池田　「絶対現在」は、西田においては「永遠の今」などとも言われますが、一般的な立場では、時間の流れのまま、過去・未来を「現在」の中に見ることなどできるはずがありませんね。西田は、時間というものを瞬間としてとらえるでしょう？　要するに「非連続の連続」なんです。ところがハイデガーにしてもそうですが、西洋の近代哲学および科学には、そういう非連続の連続というものがないんです。連続はしているかもしれないけど、区切りがない。あるいは逆に、区切り（点）としてとらえることはあっても連続していない[7]。ここに、時間を空間化する近代科学と、「先回り」を唱える福岡さんの生命科学との決定的な違いがあると僕は思います。

時間を幾何学的に見るのではなく、生きるという働きに立脚して見るならば、その働きは、行為的に見られるものでなければなりませんよね。なぜなら、時間とは、まさに生きる行為にとって直観的なものであるからです。

福岡　はい。時間とは行為的直観によって見られる（感じ取られる）ものである、ということですね。

池田　その通りです。

すでにお話しした通り、福岡さんは、ご著書の中で「見落としていたことは『時間』という言葉である」と書いておられるわけですが、ここでの「時間」とは、まさに実在的時間のことであり、これはまさにミンコフスキー次元での西洋近代科学に向けての転換（conversion）であったわけです。近代科学の空間化された時間だけが「時間」というものではありませんよ、とここで主張されたわけですよね。

福岡　はい、おっしゃる通りです。

池田　このことは、時間問題が「一義的」なものではないことを示しているとも言えますよね。時間とは、「ミンコフスキー空間」のうえでとらえられても、あるいは西田のように「絶対現在」としてとらえられても、どちらも間違いとは言えないわけですから。

ですから、ここでの問題の核心は、「真偽」というよりは、西田の「純粋経験」に基づくべき実在に向けての「転換」というものであるはずなのです。

「空間化された時間」は、確かにアインシュタインの相対性理論などにとっては有意義・有益だったと言えるかもしれません。ただし、そこでは、時間における「存在」(Sein)と「実在」(Da-sein)の決定的な違いについて考えることができないのです。

ミンコフスキー(ならびにアインシュタインなど)は、時間を「存在論的」に思考したと言ってよいと思いますが、西田や福岡さんはそうではなくて「実在論的」に思考したのです。僕はこの転換を「実在論的差異」と名づけているわけですが、時間におけるこの「存在と実在との差異性」の重要性こそ、われわれが「生命の定義」をめぐるこのたびの議論で初めて明らかにしようとしているところのものなのだということを、ここであらためて強調しておきたいと思います。

福岡　まさにそうですね。

池田　さらに考察を続けましょう。

福岡さんのお考えでも、生命と時間とは（「表現的媒介」の下にあって、両者は）確かに相互に他の表現になっているように思われます。

生命存在とは、西田の表現によれば、「作られたものから作るものへと動き行く世界」であると言われますが、これを福岡流に言い換えれば、細胞膜上の「分解作用から合成作用へと動き行く世界」ということになりますね。

福岡　はい、そうですね。

池田　しかしながら、生命存在の根底を「一の多」（分解作用）としても、「多の一」（合成作用）としても、単純に考えるべきではありません。存在基底が全体的「一」であったり、個物的「多」であったりするわけではないからです。「一」でも「多」でもないという意味で、西田が「無の場所」と表現したことを思い出す必要があります。

福岡　はい、いま言われたことは非常によくわかります。

池田　その「無の場所」を「時」が流れるわけですが、それが「作られたものから作るものへと動き行く世界」という意味になります。

福岡　はい。わかります。

池田　西田は、その「動き行く世界」について、次のように描いています。

> 過去は、現在において過ぎ去ったものでありながら未だ過ぎ去らないものであり、未来は、未だ来たらざるものであるが現在において既に現れているものであり、「現在」の矛盾的自己同一として過去と未来とが対立し、「時」というものが成立するのである。
>
> （『西田幾多郎全集』第九巻～「絶対矛盾的自己同一」１４９ページ）

こうして、「時」の成立が、生命の動き行く世界の表現的媒介を見事に司ることになるわけです。この文章に関連させて言うならば、福岡さんの「先回り」とは、「未だ来たらざるものであるが現在において既に現れているもの」として理解することができますね。

福岡　本当ですね。

池田　以上のように、福岡生命科学は西田哲学でしっかりと基礎づけることができるのです。

動的平衡論の「先回り」における時間

福岡　ご解説ありがとうございます。いちいち頷ける話ばかりでございました。動的平衡論が西田哲学によって基礎づけられるなら、これほど心強いことはありません。

さて、いよいよ時間について正面切って論じるべきときですね。

いまのお話にも出てきましたが、私は「動的平衡」概念を発表して以来、エントロピー増大の法則に抵抗するために生命は絶えず「先回り」して自らを分解している、と説明してきました。

池田　うん。

福岡　発表当時はそれほど明確に意識していなかったことなのですが、その「先回り」しているというのは、（生命は）いったい何に対して先回りしているのか、という問題をこのごろよく考えるようになりました。

池田　素晴らしい！

福岡　そしてこれまでにご教示いただいたことや議論を経て、先回りしている、というのは、実は、そのこと自体が時間を作り出している作用なんじゃないかな……と思うに至りました。

池田　まさに、そうですよ。時間というものは過去から未来へ線的に流れるだけじゃなくて、向こう（未来）から（回って）くる時間もあるということ。

福岡　ええ。そうですね。あえて、生命に追い越されるものとして時間というものが作られた。このことが本当の意味での生命が時間を生成している原理と言えるのではないか、と。

ですから、生命自体が時間の中に流されているように見えるけれども、実は生命は常に時間を追い越していて、追い越すことによって初めて時間が生み出されているんじゃないかな、というふうに感じるようになっています。

それは、まさに、ミンコフスキー空間における点の集合として時間があるんじゃなくて、常に、円相図みたいな、くるっと一回転する時間というか……。これは生命がなぜ絶えずリズムを刻んでいるかということにも関係していると思うんですね。

生命は確かにリズム（律動）なんだと思います。ある種の循環なのではないか、と思います。

池田　そうですね。

福岡　では、なぜ生命がリズムを作っているかというと、それは絶えず追い越しては追い越される、追い越しては追い越される……という循環を作らないと、時間が生まれないからだと思うんですよね。

池田　うん。

福岡　で、それを繰り返しているのが「動的平衡」という作用・仕組みですので、まさに動的平衡の観点から見ると、「物理的な時間」というものは本当は存在しないと言えるとも思うんです。

むしろ、生命がその営みを通して、ある種の脈動として時間を生み出している。

池田　うん。

福岡　その追い越したときに（生命が時間を）作っている……というふうにとらえてもいいんじゃないかな、と。

で、そのときに、ある行為が時間を作り出すと同時に、また、その時間によってエントロピーが増大して追い越されてしまうという、ある種のイタチごっこが繰り返されている。

そういう働きは、もちろん、西田先生の「逆限定」として理解することが可能です。

つまり、作用を及ぼすのと同時に外側からも作用を及ぼされている。何かそういったものとして、動的平衡のコンセプトに時間というものを導入していけるんじゃないかな、と思ったんです。

池田　そうですね。素晴らしいお考えです。

福岡　そもそも、（生命は）何もしなければ、エントロピーがどんどん、どんどん増大するというのがこの宇宙ですよね。

池田　そう、そう。

福岡　でも、それにまったく反することは生命にもできないわけです。

だから、どうしているかというと、そのエントロピー増大の法則よりも、「先回り」して、あえて（自分を）壊して作る、というのが生命現象だと思うんです。

つまり、そこにおいては、やっぱり、シュレーディンガーが言うような「負のエントロピー」を持ち込んでいるわけでもないんですよね。「正のエントロピー」に対して、ちょっとだけ先回りして、なんていうかな、このあたりがいまだになかなかうまく説明できないことなんですけれども、恐らく、このことこそが西田先生や池田先生の言われる「実在の時間」と関係しているという直観があります。
「先回りする」ということは、時間を追い越すことによって時間を作って、そしてちょっとだけエントロピー増大の法則よりも先んじて、あえて壊して作るということを行うことによって、エントロピー増大の法則によって（生命が死に向かって）どんどん坂をくだっているのを絶えず少しずつ登り返しながら、でも全体としては、ずるずるとその坂を下がっていく、というのが生命だと思うんですね。

池田　はい、その通りだと思います。

福岡　その登り返すときにちょっとだけ生み出されるものが、多分、（本当の／実在の）時間なんですよね。
　で、その逆作用という点で、つまり、生命というものがエントロピー増大の法則に対して、ちょっとずついつも登り返しているという意味で、ある種の逆向きの力が相互に働くことが生命現象だというイメージは、西田先生が言っている「逆限定」や「絶対矛盾的自己同一」とか、円相図のようなもののイメージと重なりあっている、というふうに思っています。

池田　まさにその通りだと思います。

福岡さんはよく「分解と合成の同時進行」ということをおっしゃるでしょう。

福岡　ええ。

池田　その場合、分解と合成の同時進行ができるためには、「先回り」をしないことにはできませんよね。

福岡　そうですよ。先回りをすることによって、分解というか（自らを）壊しているんです。

池田　実はこの「先回り」という概念と、「同時進行」とは同じことであり、西田の立場ではそれを「先回り」とは呼ばないで、「同時進行」というものとして理解されるわけですね。西田においては、「過去未来が現在に同時存在的である」（『西田幾多郎全集』第八巻～「世界の自己同一と連続」84ページ）と言われます。

福岡　はい。

池田　西田では、それは「絶対矛盾の自己同一」ということになり、ここにおいて、福岡さんの「先回り」（動的平衡）と「絶対矛盾的自己同一」とが完全に重なることになるのです。

そして、時間というのはただ直線に進むだけじゃなくて、円環する性格もあるはずだ、ということを西田は明言しています。

「先回り」という概念が西田においてもしもあったとすれば、直線じゃなくて、円環……、戻って来るという、そういう時間について語られるものでなければならない。そう西田は暗に語っているわけですね。

福岡　そうですよね。だから「先回り」しているうちに時間が追いついてくるので、生命は、また逃げて、また逃げて……というふうに、登り返す。登り返すということは、まさに合成と分解が同時に起こっているということでもあるんですよね。

池田　うん、まさにその通りです。

福岡　そのことは、「逆限定」や「絶対矛盾的自己同一」という言葉で西田先生が表現しているものとまさに同じような生命現象のあり方を指していると思います。

池田　そうですね。素晴らしい！

一般には時間というものは一方的に線的に流れるかのように考えられているけれども、西田の場合は実はそうではなくて、円環する部分があるんだ、ということを言うんです。

歴史的世界の生産様式が非生産的として、同じ生産が繰返されると考えられる時、それが普通に考えられる如き直線的進行の時である。現在というものは無内容である、現在が形を有《も》たない、把握することのできない瞬間の一点と考えられる。過去と未来とは把握することのできない瞬間の一点において結合すると考えられる。物理的に考えられる時というのは、かかるものであろう。物理的に考えられる世界には、生産ということはない。同じ世界の繰返しに過ぎない。空間的な、単なる多の世界である。生物的世界に至っては、既に生産様式が内容を有つ。時が形を有つということができる。合目的的作用において、過去から未来へということは逆に未来からということであり、過去から未来へというのが、単に直線的進行ということでなく、円環的であるということである。生産様式が一種の内容を有つということである。過去と未来との矛盾的自己同一としての現在が形を有つということである。

（同前　第九巻～「絶対矛盾的自己同一」　161ページ）

「円環的である」とはちょうど、呼吸の場合における「呼」が、「吸」と円環するようなものです。「呼」は同時性として「吸」を隠していますが、その「隠れ」が露《あら》わになるという意味では、時間的には追い越されるものとして時間というものが作られているということになります。福岡さんの別の言い方では、「呼」は「吸」に対して、「時間をかせぐ」ということになる。

福岡　ええ、そうですね。

池田　だから、「先回り」できるということは、要するに、時間が（直線的にではなく）円環するように回ってくるわけですよ。

福岡　ええ。その瞬間にちょっとだけ先回りすることができるんです。そして先回りしたときに初めて時間ができる（生み出される）と思うんですよね。

池田　そうです。先回りすることができるというのは、時間が未来からも流れてきているからです。

福岡　そのときの時間というのは、まさに「あいだ」にあるんだと思います。先回りすることによって「あいだ」ができるというか。「かせいでいるもの」[8]と言ってもいいのですが。

池田　うん、うん。

福岡　現時点で、以上のように考えることができるようになっています。

それは池田先生が、私の動的平衡論を評価してくださり、時間の問題というものを私がさらに突き詰めていかなければいけない問題として、その契機を与えてくださったので、考えを進めていくことになった結果なんですけれども。

そういう意味で、池田先生が考案された「包みつつ包まれる」という表現、あるいは西田の「歴史的自然の形成作用」においての真の主語というのは、「時間」なのではないかな、と思っているんです。

池田　うん。僕もその通りだと思いますね。

福岡さんの「先回り」については僕もずっと以前から考えていました。このとき、普通の線的な時間の流れを考えてしまうと、生命はエントロピーが増大する流れに「先回り」することなどできるはずがないんですよ。

福岡　ええ、まさに。

池田　そうした線的な流れにおいては、福岡さんの言われる「（時間を）かせぐ」ことなど絶対にできない。ただ時間は過去から未来へと流れるしかない。

福岡 そうですね。

池田 生命における時間というのは、生きる行為のうえで、未来のほうからこちらへ向かってくるものがなければならないんです。西田では、このことは「過去と未来の同時性」と言われます。そうでなければ、先の見えない生命が生きていくことなどできませんよね。

福岡 ええ、ええ。

池田 そのことを西田は「循環する」というんですね。別の言葉では「円環」という。そういう意味では、従来の時間概念というのは直線によって時間を理解しているけれども、円環という時間のとらえ方、思考の仕方があるんだ、と。

福岡 大変重要な考え方だと思います。

時間と空間はいかに取り違えられやすいか

池田 福岡さんは、いつだったか、電子メールで次のような質問をくださいましたね。

（西田における）「多から一」が、自己自身を保つ方向（平衡）、「一から多」が、動き行く方向（動的）に感じます。私の感覚は間違っているでしょうか。

福岡　ええ。

池田　福岡さんの「動的平衡」の場合、「動的」とは「継起的」であり、「平衡」とは明らかに「同時的」であると言えますね。さらに、西田の「時の形式」とは、「無限なる個多が、自己否定的に一において表現せられる」ものである以上、明らかに、ここでの「一」は「継起的」であるがゆえに「動的」であり、西田の「空間の形式」とは、「一が自己否定的に、自己において無限なる多を表現する」と言われていますので、ここでの「多」は「同時的」であると言えますよね。

こうして、西田において個多がそれぞれ自己否定的に一つのものとして表現されるというのは、個多のそれぞれが一であることを前提に表現されている以上、連続しつつ継起する存在であると言わざるを得ませんし、一が自己否定的に、自己において無限なる多を表現する場合に、ここでの多とは同時存在と言わなければなりません。

福岡　うーん。難しいですね。

池田　時間は「一」を、空間は「多」を、また同時に、時間は「多」を、空間は「一」を相互に隠し合うところで、「一つ」になっています。つまり、こうして相互に隠蔽し合いながら、時間即空間、空間即時間という時空次元を逆限定的に形成しているのです。

　僕はこれを「相互隠蔽性の原理」と名づけているのですが、この原理ゆえに、われわれは、しばしば取り違えることになるのです。しかし、取り違えたからといって間違いを犯したということにはならないと思います。ピュシスは「隠れることを好む」からですね。

福岡　ああ、なるほど。そうすると……。

　先ほどのような感覚を持ったのはケアレスミスかもしれないですね。実際に自分でも一度は「多から一」が「時の形式」であり、「構築的、時間的な働き」であり、「一から多」が「空間的、拡散的な流れ」である、と書いておりました（第四章241〜245ページ参照）。「多から一」が動き行く方向（動的）であり、「一から多」が自己自身を保つ方向（平衡）だとあらためて確認しました[10]。

池田　やはり、福岡さんほどの科学者と言えども、時間を空間化（あるいは、空間を時間化）

しても不思議ではない。それほどまでに時空論は悩ましいのです。そのために、近代科学がピュシスをどれ程までに歪めてきたか――そのことへの注意を喚起する意味でも、福岡さんの先ほどのご質問は「怪我の功名」と言うべきものでもあるのです。

福岡　わかっているつもりでも、よほど注意深くしないと取り違えてしまいますね。

池田　宇宙の膨張における時・空は、本来、相互に矛盾しているのに、二つに分けられない、元々は「一つの秩序」に他なりません。[11] 時間即空間、空間即時間における「即」としての「絶対矛盾的自己同一」こそが、言うまでもなく西田哲学の原点ですよね。

福岡　はい、そのように教わってまいりました。

池田　われわれが問題にする時間次元には、必当然的に空間秩序、すなわち「同時性」が反映されています。西田が過去と未来の同時性として「絶対現在」を規定するのも、また、福岡さんの生命科学において分解と合成の同時性として「先回り」を言い得るのも、時間次元上に「同時性」が反映されているからに他なりません。時間・空間における「存在」次元においては、両者は確かに分離していても、「実在」次元においては暗黙裡に「一つの秩序」になっているのです。

福岡　確かにそうですね。

池田　先ほど、「実在論的差異性」について触れましたね。

結局のところ、「存在」とは、「無」を絶対否定するところにこそ成立しますが、「実在」では、存在と無とが逆限定的に成立します。無が存在へと逆限定的に転換を含み得るときにこそ、実在次元が露わになるからです。現代科学が、単なる存在を扱う科学ではなく、あくまでもそうした実在性のための科学を志向していくならば、その領域を「存在」から「実在」へと、次元において止揚していくことが求められるでしょうね。

福岡さんが明らかにされたい生命や時間の謎を考究していくためにも、この転換はどうしても必要なことであると僕は思います。

かけがえのない「いま」を生きる

池田　もう一つ、福岡さんが西田の「絶対現在」を「一回性」と表現されていることについては、あらためて少し補足が必要ではないかと思います。

福岡　私はこの「一回性」を、「絶対現在」が同時性を表すものであるという限りにおいて、

「動的平衡が二度と同じ状態を取らない」という意味で使っています。

二度と同じ状態にない「流れ」というものが、しかし同時性という絶対の現在として定められることが時間の絶対矛盾的自己同一的なあり方である、と理解しているのですが……。

池田　もちろん、そのご理解で間違いではありませんし、「一回性」と表現されていること自体は科学的には何も問題はないわけですが、僕にはどうもこの表現は抽象的過ぎるように思われるのです。

まず、「動的」とは「継起的存在の秩序」ですから、「二度と同じ状態を取らない」というのは、当たり前と言えば、当たり前ですよね。「二度と同じ状態を取らない」からこそ、「動的」であるわけです。また、「平衡」とは、「同時的存在の秩序」、すなわち空間次元でのことですから、わざわざ「二度と同じ状態を取らない」と言うこと自体、あまり意味あることとも思えない。

福岡　はい、そうですね。おっしゃる通りです。

池田　繰り返し申し上げている通り、「動的平衡」とは「絶対矛盾的自己同一」そのものであり、この事実は福岡さんもいまでは完全にご理解のはずです。西田哲学の中核を担う思考ですよね。

福岡　ええ。

池田　そもそも「動的平衡」自体、継起的に変化してゆくわけですから、初めから一回限りなどではあり得ません。福岡さんが「一回性」と言いたいのは、恐らく、平衡（自体）の「自己同一」ないしは「同時性」（空間次元）に目を向けているからだと思われますが、いかがですか。

福岡　ええ、そうかもしれません。

池田　その意味では、「一回性」は「存在」としてならわかりますが、どうしても「実在」としては理解することはできないわけですよね。

西田哲学で言う「一回性」すなわち「一」とは、必ずや「無限回数」すなわち「多」を隠しているからです。ヘラクレイトスの「ピュシスは隠れることを好む」とは、一瞬の「今」が一回限りでも、その「今」の中に「永遠」が隠れているからですね。それゆえに、西田は「永遠の今」という表現を使ってもいるのです。

このことは、不可思議に思われるかもしれませんが、「包みつつ包まれる」の意味をご理解くださった福岡さんなら、容易に納得されると思うのですが……。

年輪の事例でもおわかりのように、何百年にもわたる環境の変遷、つまり自然の歴史がこの「今」の年輪の中に包まれています。つまり、時間とは、「今」を「包みつつ」、その「今」の中へと「包まれている」のです。

時空における「動的平衡」の「一回性」が「永遠性」を包む以上、日常生活において、よく「かけがえのない命（precious life）」のように言われるわけですが、僕はこの状態の「かけがえのなさ（irreplaceability）」を、「大切な、無駄にできない尊さ（preciousness）」という倫理的な意味で表現したいと思っています。

福岡　いま言われたことは、まったくもっておっしゃる通りだと思います。

私はただ、「一回性」という言葉でその都度その都度の一回性のことを言いたかったのですが、確かに補足が必要で、この言葉だけでは「その場の一回限り」と混同・誤読される恐れのある表現でした。申し訳ありません。

「生命のかけがえのなさ」については、『生物と無生物のあいだ』のあとがきにも書いた通り、私もまったく同感で、そのことを伝えるためにも、私は「動的平衡」のコンセプトを用いて生命の実在としての姿を追い求めていきたいと考えています。

池田 西田の「絶対現在」や「永遠の今」という表現において、この「今」や「現在」とは、「いのち」にとって絶対的な価値を有する、永遠に揺るぎない尊い一瞬と言えるわけですよね。

なぜなら、「現在」あるいは「今」をゆるがせにすれば、同時性としての過去も未来も永遠に無益なものに堕してしまうからです。

一生を虚しく終わらせたくないのであれば、「現在」を過去・未来の同時性として生き抜く以外の生き方はあり得ないのです。その意味で、二度と同じ状態をとらない「一回性」とは、常に「かけがえのないこと」と言えるのではないでしょうか。

福岡 おっしゃる通りです。

池田 そしてこのことこそが、恐らく、福岡さんの言われる「時間をかせぐ」（245ページ参照）の真意なのではないかと僕は思っています。「かせぐ」とは、「いのち」を価値あるもの、すなわち「儲け」として把握するわけですよね。

僕は、その意味で福岡さんの「時間をかせぐ」を西田の「同時性」と同じものとして理解してもよいのではないかと考えています。

福岡　ええ。まさにその通りだと私も思います。

いま言われた、「『いのち』にとって絶対的な価値を有する、永遠に揺るぎない尊い一瞬」というのは素敵な表現ですね。また、「現在」を過去・未来の同時性として生き抜くことのかけがえなさを説いてくださったことにも、強く胸を打たれました。かけがえのない「永遠の今」を生きることは、私たち一人ひとりが人生を大切に生きることにも通じる、まさに倫理的な表現であると思います。

池田　ご理解いただけてよかったです（笑）。

このように、生命について考えていくと、時間に対する観念が変わるのです。そして、時間観念が変わると生き方そのものも変わる！

福岡　おっしゃる通りだと思います。

「動的平衡」の数理モデル（構想）

福岡　あのー、いま私が考えていることは、まだまだ途中なのですが……。ここで池田先生にもご覧いただきたいと思っているのですが……（池田氏の前に紙を差し出す＝左図参照）。

池田　はい、喜んで（笑）。

福岡　先生から見ると、最下部の直線は水平線で、左手上方に向かう坂があります。このとき、エントロピー増大の法則というのは、坂の上にあるものがみんな下に落ちていってしまう、ということなんですよね。

でも、その坂の途中に図のようなリング（状のもの）があるとして――これを生命の働き・営みと仮定すると――、このリングのある一部が切れているんです。このリングというのは自分のリングを分解しつつ、再生することができるリングなんです。

このリングは、まず①の点で自らを先回りして分解します。するとリングは不安定化されて②の向きに傾きます。つまり、一瞬だけ重心をこっち側、坂を登り返す向きに回転させる力が生み出せるんですね、自分を分解することによって。次いで、このリングは③の

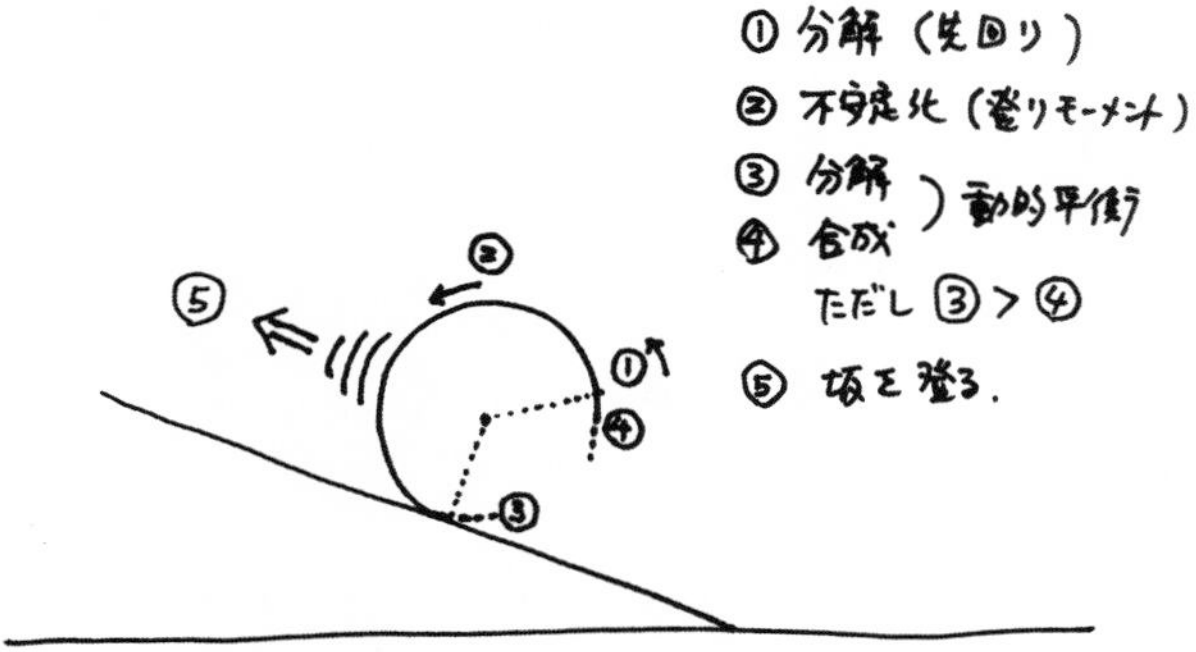

動的平衡の萌芽的数理モデル（福岡氏の直筆による）

点で自らを分解しつつ、④の点で自らを合成し始めます。
このように、分解と作り直す（合成）作用を連続して動かしていく（図の③と④）わけですが、常に分解のほうが「先回り」して、速い速度で行われ、それを補うように合成が同時的に進むと、この坂を登り返すような力（⑤）が生み出されるんじゃないかな、と思うんです。

池田　ほう。

福岡　こういった図を使って、「動的平衡」（における生命）がエントロピー増大の坂をなんとか登り返す数理モデルみたいなものが作れるんじゃないかなって、いま考えているところなんです。

これはまだ、試行錯誤の段階なのですが。

池田　坂を逆に登っていくというわけですか。

福岡　はい、「先回り」の仕組みを図のように理解して、それを数理モデルにしようとしています。登り返すのはほんのちょっとだけの力ですが。

池田　なるほど。その「登り返し」（＝「先回り」）が時間を生み出す、ということになるわけなのですね。

福岡　ええ、その通りです。

図は、（生命現象において）分解が「先回り」して起きている仕組みを図解・視覚化したものです。分解の力のほうが合成の力よりも強いことによって、この輪っかの重心が少しだけずらされて坂を登り返す。この坂の勾配があまり急過ぎますと、登り返すことはできないんですけれども。そして、合成と分解のバランスが乱れると、リングは最後は下に落ちてしまうのです。個体というものは常に最終的にはエントロピーに勝てないんですけれども、こんなふうにしてある一瞬、登り返すというのが生命の営みである、と。

池田　うーむ。なるほどねえ。

福岡　で、このサイクルがうまくいかなくなったら、それよりもう一段小さいサイクルを生み出して、次の世代につなぐ……そういうふうにして、常に分解のほうが合成に先行するのですが、分解の速度のほうが合成の速度よりも速いことによって（生命が）坂を登り返す力を生み出すといった「動的平衡」の仕組みを表すモデルが作れるんじゃないかな、と構想しているところなんです。このことが理論化できれば、動的平衡において、「先回り」することの重要性というのが、より明らかにできるのではないか、と思っています。エントロピーの坂を登り返す力を生み出す生命の営みというものがこれによって説明できます。これはもちろんエネルギーを使って行われますから、永久機関というわけではないんですけれども。

池田　言わば、そのモデルによって、「負のエントロピー」というか「逆対応・逆限定」みたいな働きを理論的に表すことができるようになるということですね。

福岡　そうです、そうです。まあ、こういったモデルが作れて、「先回り」という議論をもう少し数学的に精密化することができたら、いつも批判めいたことを言っている人たちを、少しは黙らせることができるんじゃないかな、と（笑）。

池田　要するに、この図からも言えることは、未来というのが向こう側にあるんじゃなくて、いヽヽまヽヽこヽヽこヽヽにある、ということですよね。そうかそうか、この図は生命の営みというか本質を表しているわけですね。

福岡　まさにそうです。

ですから、やっぱり生命があるから時間が生み出されているんじゃないか、と思います。私は、生命と時間の関係というのは、まさにそういうものなんじゃないかなというような気がしています（動的平衡のさらに深化した数理モデルについては理論編384ページの「2」を参照）。

1　【カント】Immanuel Kant　ドイツの哲学者。一七二四年〜一八〇四年。自然科学的認識の確実さを求めて認識の本性と限界を画定しようとする批判哲学を創始して、人間の認識形式に「コペルニクス的転回」をもたらした。ドイツ観念論の起点となった人物で、近世哲学を代表する最も重要な哲学者の一人。主著に『純粋理性批判』、『実践理性批判』、『判断力批判』。

2　【ルドルフ・シェーンハイマー】　Rudolf Schönheimer　ドイツ生まれのアメリカ合衆国の生化学者。一八九八年～一九四一年。安定同位体を使って生体内での代謝を追跡する方法を確立し、その方法を用いた実験から、身体を構成する成分は身体内において流れそのもののように動的な状態にあることを突き止めた。福岡氏の「動的平衡」概念に大きな影響を与えた人物の一人。

3　【直観形式】　「カントによれば、時間と空間とはそれ自身で成立しているものではなく、したがって、実在する物ではない。また、直観されない場合にも、なお物自体に属しているような性質、関係でもない。時間と空間とは、われわれの直観にこそ含まれている形式であって、われわれ人間の精神の主観的構造にその基礎をもっているがゆえに、すべての感覚から離して考察され得るものであり、『純粋直観』と呼ばれてもよいものである」（池田）。

4　【デカルト】　René Descartes　フランスの哲学者、数学者。一五九六年～一六五〇年。方法的懐疑を通じて、疑っている自己の存在だけは真理と認め、「我思う、ゆえに我あり」の命題に到達して哲学の第一原理を確立。精神と物質が相互に独立であるとする物心二元論を展開した。機械論的自然学の体系化を通していまなお科学に大きな影響を及ぼしている。合理主義哲学、近代哲学の祖。著作に『方法序説』、『省察』、『哲学原理』など。

5　【機械論】　自然界のさまざまな現象を機械になぞらえて、機械のもつ作用のような因果関係のもとで説明しようとする立場。

6　【超越論的方法】　「カントによれば、『認識対象にではなく、むしろその対象を認識する仕方――それが先天的に可能なるべき限りにおいて――一般に関与するところのすべての認識を、わたしは〔超越論的〕（transzendental）と名付ける』と言う。ここで『超越論的』と言われる重要な論点は、カントが『認識対象をわれわれが認識する仕方に関与するもの』と見なしているところにある。つまり、認識とは、そこでの直観形式が実在する時空に基づくのではなく、あくまでも主観的構造にその基礎を持つ『純粋直観』、すなわち主観性の原理の下でのみ関与されつつなされるということを意味している」(池田)。

7 【「絶対現在」と「非連続の連続」】「西田の言う『絶対現在』においては、いずれの『今』においても時間即空間、空間即時間という『即』という逆対応の仕組みになっています。要するに、『今』という区切られた時間とは、確かに非連続ではあるのですが、空間上、そこで永遠に包まれつつ永遠を包むがゆえに『非連続の連続』なのです。一方、通俗的な時間概念や西洋哲学、近代科学においては、『非連続の連続』は逆説であって実在しない。たとえ連続はしていても、ハイデガーの指摘する、単なる移ろいゆく『眼前存在者の無限の連続』に過ぎません。ここには、実在的時間上の『今』という区切りがないのです。あるいは区切り(瞬間)としてとらえる場合には、それは、単にとらわれたり没頭したりする瞬間に過ぎません」(池田)。

8 【かせいでいるもの】「ここには『包まれる』未来的な時間が到来していなければならない。それを福岡さんは『かせいでいるもの』と言っておられる。『かせぐ』とは、力をつくすという意味からして、非連続なものを連続させるということです」(池田)。

9 【包みつつ包まれる】「『包む』とは、すでに包まれていなければなりませんし、『包まれる』とは、今後、新たに包んでいかなければならないものです。したがって、『包む』とは過去的ですが、『包まれる』とは未来的です。その意味では、『非連続の連続』として確かに時間的です」(池田)。

10 【「一と多」と「動的平衡」】「しかしながら、『動的』と『平衡』に関して、こう言い切ってしまうことに問題がないわけではない。つまり、『多から一』を構築的な方向として、『一から多』を拡散的な方向として、作用の方向性を考えることは可能であるが、方向性の取り違え自体は、実はそれほど問題ではないようにも思われる。むしろ、ここで重要なのは、作用の実際、すなわち、本書で論じてきた生命の『実在』的なあり方において、『多から一』と『一から多』とが常に相互に行き来しており、その行き来の状態（流れ）こそ『動的平衡』と呼ぶべきものであり、したがって単純に『多から一』＝『動的』、『一から多』＝『平衡』のように図式的に対置させることができるものではないということだ。『動的』と『平衡』とを分けて考えることができないということが『動的平衡』概念の肝なのである、ということをここであらためて補足し、注意を促しておきたい。『一から多』と『多から一』の同時性が『動的平衡』である。

生命における『一から多』と『多から一』は、ピュシス（真の実在）においては『即』という形で分かたれず一つになっている（矛盾しながら相互に行き来し、自己同一している）のである。さらに次ページの『注10に対する補足』も参照されたい」（福岡）。

11

【時・空】「NHK・Eテレで二〇一五年三月から放送された科学番組、モーガン・フリーマンの『時空を超えて』のある回で、現代の欧米の科学者たちが『時間』を論じていました。彼らは究極のところで無知蒙昧さの中で苦悩しているようでした。一部の科学者は、『時間などわれわれの幻想であって、実際には存在していないのではないか』と結論づけてもいました。多くの科学者がこの結論に対して真面目に反論できないでいますが、こうしたサイエンスの現状は、ケアレスミス以前の地平にあると言えます。宇宙の膨張にともなわれる時・空次元の両者は、本来、存在論的に相互に矛盾し合うものだから、西田幾多郎を知らない彼らは、その『絶対矛盾』を『自己同一性』として理解することができないのです。彼らは、西田の言う『意識の野』を恐らく知らないでしょう。『意識』と『意識の野』

の違いがわからずに、『意識』レベルでのみ思考しているのです。時間即空間、空間即時間における『即』とは、まさに『意識の野』にこそあり、『意識』で理解するものではありません。われわれの意識や思考上二つに分けられるべきものが、本来、分けられない『一つの秩序』になっていることが理解されないでいるのです」（池田）。「意識の野」については本章308ページ「注11に対する補足」も参照。

＊注10に対する補足　福岡伸一

「一と多」「多と一」についての再・考察

第四章の「考察」で、私はこう書きました（244ページ）。「では、なぜ生命は、『一から多』（全体から要素へ）という空間的、拡散的な流れに逆らって、『多から一』（要素から全体へ）という構築的、時間的な働きを行うことができるのでしょうか。これが生命現象のもっとも核心的な謎であることは間違いありません」。そして「『多から一』への働き（要素から全体を構築する方向）が、『一から多』への方向（全体が要素へと分解されていく方向）と常にリンクしている」と述べました。

これは西田の言う、空間の形式（多から一）および時間の形式（一から多）とも関係しています。ここで、あらためてこのことについて考察しておきたいと思います。

西田は、「空間即時間、時間即空間」と繰り返し、述べています。この「即」とはいったいどういう意味でしょうか。それは西田のもうひとつの口癖である「逆対応」もしくは「絶対矛盾的自己同一」と基本的には同じ世界観であると言えます。つまり互いに相容れないようにみえる二つの現象が実は同一である、ということです。それが「即」ということだと思います。

私は、池田先生との議論が開始された当初、このあたりのことがよくわかっていませんでした。また、西田哲学を、自分の言葉で、解釈・翻訳しようとするあまり、少し強引すぎる当てはめを行っていたかもしれません。それは「多から一」を合成的・構築的・エントロピー減少的、と解釈し、「一から多」を分解的・拡散的・エントロピー増大的、と解釈し（ここまでは合っていると思います）、それを「動的平衡」の「動的」というコンセプトと「平衡」というコンセプトに分けて、当てはめようとしたことです。これはあまりに図式的でした。ここであらためてその点を反省し、言い直しておきましょう。「動的平衡」は、「動的」部分と「平衡」部分に二分割できるものではなく、「多と一」および「一と多」が相補い合いながら同時存在していること、つまり「逆対応」もしくは「絶対矛盾的自己同一」と同じ世界観と解するべきでした。つまり「多と一」と「一と多」が「即」の関係で同時存在していることこそが、「動的平衡」ということになります。

さらに、ここであらためて特記しておきたいことがあります。それは本章286〜290ページで池田先生とも議論した、西田の『予定調和を手引として宗教哲学へ』の次の文章に対する疑問です。池田先生への質問とは別に、モヤモヤしていた疑問です。

無限なる個多が、自己否定的に一において表現せられるのが、時の形式である。それは動き行く世界、亡び行く世界の形式である。一が自己否定的に、自己において無限なる多を表現するというのが、空間の形式である。それは何処までも自己自身を保つ世界、永遠の世界の形式である。多と一との矛盾的自己同一の世界は、何処までも一から多へとして空間的であると共に、多から一へとして時間的である。

（『西田幾多郎全集』第十一巻〜『予定調和を手引として宗教哲学へ』120ページ）

私がここで再び問題にしたいのは、この文章において、なぜ、「多から一」（つまり私の解釈するところの要素から全体への合成の方向）が、「時の形式、動き行く世界、亡び行く世界の形式」とされ、なぜ、「一から多」（つまり私の解釈での全体から要素への分解の方向）が、「空間の形式、自己自身を保つ世界、永遠の世界の形式」とされているのか、ということです。

後者の「一から多」、つまり分解とは、要素が拡散していく方向ですから、空間的な広がりだということはわかりやすい。しかし、これがどうして自己保身や永遠の世界なのか。そしてさらにわかりにくいのは、前者の「多から一」、つまり合成とは秩序を生成する方向なのに、なぜ、これが亡びゆく世界なのか、という疑問がなかなか解けませんでした。

対談を終えた今、この西田の言葉を「空間即時間、時間即空間」の中で捉えなおしてみることが可能かもしれないと気づくようになりました。

西田のテキストを今一度、注意深く読むと、「無限なる個多が、自己否定的に一において表現せられるのが、時の形式である。それは動き行く世界、亡び行く世界の形式である」と書かれています。ここで私が読み落としていたのは「表現せられる」という言葉でした。

もし、時間「即」空間であるなら、多（要素）から合成によって生成された一（全体）は、もうその時点で「即」、不可避的に分解へ向かうべきものとして表現されている、と読むことができるわけです。つまり、時間即空間の中で、一（全体）は、不可避的に（すなわち自己否定的に）、常に動きゆく世界、亡びゆく世界として表現されている。そしてこのことが時間を駆動している、とすればこれを「時の形式」と呼んでいることもわかります。こう考えるとこの表現が感得できるように思えます。

これと対置されるかたちで、西田は「一が自己否定的に、自己において無限なる多を表現するというのが、空間の形式である。それは何処までも自己自身を保つ世界、永遠の世界の形式である」と述べています。ここでもまた「表現」という言葉と「自己否定的」という言葉が使われています。こちらはちょっと難解です。しかし、空間「即」時間の中にこれを置いてみると、一（全体）が、不可避的に、今まさに無限なる多へと分解され、空間的に拡散されていくことを、今まさに体現している、ということが「表現」であるとし、それが「先回り」の予感であると考えるなら、その「先回り」は、即、次の合成のための行為であるので、それが連鎖することこそ、秩序は壊されることによってのみ秩序であり続けられるという意味において、自己自身を保つ世界、永遠の世界の形式と読むことができるように思えます。

このように西田の言い方が時に矛盾をはらんでいるように見えることがあったとしても、常に、互いに他を逆限定しつつ、流れ行くままに時間が生成される、という点においては、西田哲学が私の考える動的平衡論と相似形であることは疑いようがありません。

そして何よりも、「一と多」、「多と一」は常に同時存在的であり、またそれは空間的であるとともに時間的であると述べ、それが「多と一」の矛盾的自己同一世界である、と西田は言明しています。これはまさに時間即空間、空間即時間ということであり、動的平衡の生命観もその同時性の上に立脚しているということはここに強調して、しすぎることはないと考えています（二〇一七年六月十二日記）。

＊注11に対する補足　池田善昭

意識の野……西田の「意識の野」とは、確か著名なる論文『場所』が初出だったと記憶するが、我々がこのたびテキストにも使用した論文『論理と生命』（昭和十一年）の前年に書かれた『行為的直観の立場』に「意識の統一とは如何なるものであるか。意識統一は直線的に考えられるが、意識統一は単にそう考えられるものではない。それは円環的でなければならない。意識の野という如き形をもったものでなければならない」（『西田幾多郎全集』第八巻～「行為的直観の立場」　１０９ページ　傍点は引用者）とある。その「意識の野」というものについて、すぐその後に、「過ぎ去ったものが未だ過ぎ去らない、未だ来たらざるものが既に現れている現在の円環的統一として自己というものが考えられるのである」（同前　傍点は引用者）と説かれている。つまり、「意識の野」の中の時間というのは、時間の流れの中に秘められた「現在の円環的統一」というものであるわけである。時間は、たとえ「意識」上では直線的であっても、「意識の野」では円環的であるということである。我々の「意識」には、認識作用としての働きや普通の意味での理解力が可能であるための、そうした統一作用としての働きを成立させている「現在」と言われる時間と一つになった「場所」があり、その場所こそが「意識の野」に他ならない。そこで理解したり認識したりするための意識統一が図られていなければならないからである。

「現在が現在自身を限定するということは、部分が全体を限定すると考えることができ、瞬間が瞬間自身を限定することから無限なる直線的時が考えられるということもできる」（同前　１０８ページ傍点は引用者）ことからすれば、瞬間とは、無限なる直線的時の流れに「包まれつつ」その時を「包んでいる」というふうに言うことができる。西田は、それを「永遠の今」とも表現した。したがって、こうした西田の立場では、時間と瞬間との関係を、かくして「包まれつつ包む」仕組みにあるものとして理解できる。時間は、瞬間を包みつつ瞬間に包まれるからである。かくして、西田の言う「絶対現在」において、過去を包みつつ未来に包まれるが故に、「過ぎ去ったものが未だ過ぎ去らない、未だ来たらざるものが既に現れている現在の円環的統一」と言われている。これを言い換えれば、「意識統一は直線的に考えられるが、意識統一は単にそう考えられるものではない。それは円環的でなければならない。意識の野という如き形をもったものでなければならない」となる。かくして、「意識の野」とは、瞬間といえども「包まれつつ包む」仕組みからしてその時間の前後の分野即ち過去・未来までもが含まれることを意味する。意識の分野、即ち「野」（「の」ではなく「や」と読む）においては、たとえ「現在」という瞬間においてであれ、その一瞬にとどまらず、過去・未来にまでも及ぶということである。

「意識の野という如き形」においては、したがって、「現在」とは、単に瞬間に留まらず「円環的統一」と言われるようになる。その意味で、西田は、しばしば現在を「絶対現在」という言い方で表す。つまり、瞬間的な「現在」を単に時計の「時刻」として捉えるのではなく、あくまでも「意識の野」の中で捉えるからである。

福岡氏の「先回り」も、「意識の野」で捉えていることが明らかである。こうした「意識の野」で時間を捉えないと、今日の西欧における科学者たちの時間論争の如くに紛糾するものと思われる。どこまでも物理的な「時刻」として時間を理解するからである。

第六章

西田哲学をいまに活かす

ダイアローグの効用

福岡　私たちの対話もいよいよ最終回を迎えました。この間、いろいろと気づかされたことが多くありました。西田哲学と動的平衡論がこれほどまでに照らし合っているというのは、私自身にとっても大きな驚きでしたし、そのこと自体、大きく啓発された出来事でした。

これは対話、つまりダイアローグのなせる業ではないかというふうに思います。

独白、モノローグというのは、やはり人を視野狭窄《トンネルビジョン》に陥らせてしまう面がある。「独り語り」を語る当の本人が、一人だけで考えることによって一面的・独断的な考えにはまりこんで、周りが見えなくなってしまうということは多々あります。

一方、対話、すなわちダイアローグでは、一人で考えているのではまったく気づかないことに気づかせてもらえるという場合があります。対話が非常にうまくいったときには、「矛盾的自己同一」的に、本来であれば相反すると思われるようなことであるとか、関係がないと思っていたような事柄が対話において見事な調和を生んだり、結びついたりすることさえあると思います。
あるいは、単なる部分の和以上の総和がもたらされたり、一足す一が二以上となるような「創発特性」、そういったものが引き出されたりすることもあります。
今回、池田先生との対話によって、自分一人で考えていたのでは気づけなかったことに気づくことができたこと、そして、西田哲学と動的平衡論を単に重ね合わせただけでなく、その共鳴からそれ以上の「何か」を生み出せそうであること、そうした経験ができたことは、とてもよかったと思っています。
池田 そう言っていただけると、うれしいですね。僕のほうこそ、このたびは素晴らしい経験をさせていただきました。
福岡 これまで貴重なお時間をいただいて数回お話をさせていただき、また、この間、詳しく数えてはいませんが、この企画の内容に関することだけに限っても、明石書店編集部を含めて私たちのあいだで交わされた電子メールは軽く数百通を超えていると思います(笑)。
池田 そうですね。ご迷惑だったかもしれませんが、考えながら書く癖があり、お送りするメールの数がどんどん増えてしまい、申し訳ありませんでした（笑）。

福岡　とんでもないです。「考えながら書く」というのは哲学者らしくていいですね（笑）。頂戴したメールはすべて、われわれが明らかにしていきたい事柄に対する深い示唆に富んだものだったと思います。

そうした電子メールも含めて、池田先生とのダイアローグによって啓《ひら》かれた「五つの気づき」というものがありました。

それらはすべて、私にとって大きなステップアップになりましたし、その都度困難な段差を乗り越えることにもなり、感謝しています。

池田　それはそれは。がんばって続けてきた甲斐《かい》がありました（笑）。

対話によってもたらされた「五つの気づき」

福岡　五つの気づきの一つ目は「ピュシス」です。

池田　ああ。

福岡　「ピュシス対ロゴス」という構図を初回に池田先生が示してくださったことで、私は途端に視界が晴れたような気持ちになりました。これによって、私たちの対談は見通しがグッとよくなったと思います。

つまり、「ピュシスの復興」ということが、明文化はされていなくても西田哲学の根底にあって、この言葉の中にこそ、いま哲学や科学をめぐって問題となって現れてきているさまざまな限界や課題を克服するヒントとなる見方が含まれている、ということですよね。

かいつまんで言うと、本来の実在、すなわちピュシスをロゴスによって分節化してしまったのが西洋哲学であり西洋科学でした。それに反して、その分節化されたものを本来のピュシスの姿としていかに回復していくかということを目指したのが西田哲学であったわけですよね。

池田　その通りです。

福岡　「ピュシスに戻る」という視点がいかに重要かということにあらためて気づくことができたのが私にとっての最初のステップでした。

西田の論文に出てくる「ロゴス」が実は「ピュシス」のことを指していたというのには意表を突かれましたけれども（笑）。

池田　あははは。そうでしたね（笑）。

福岡　それから、第二のステップは「包みつつ包まれる」という問題についてで、池田先生に叱られながら（笑）、あるいは先生を悩ませながら、生命における逆限定的なあり方を考えることができたことです。

池田　いえいえ（笑）。

福岡　やっぱり私は、西洋的な論理、ロジックというか西洋的な文章作法にとらわれすぎていて、池田先生が言われた「包みつつ包まれる」というのは、単に主語と目的語とを入れ替えて、受動態を能動態に置き換えただけだ、というふうに最初思ってしまったわけです。

　つまり、「環境が樹木を包んでいる」を「樹木が環境に包まれている」と言い換えただけなのだったら、この二つの文章は同じことを言っていて、新しいことは何も言っていないことになる。

池田　うん。

福岡　中学校で習う英文法の練習問題みたいに（笑）、能動態の文を受動態の文に言い換えているだけだったら、どこが逆なんだろう、というふうに思ってしまったんですけれども、それはそうじゃなかったんですよね。

主語は変えずに、「包みつつ包まれる」ということが言える。つまり、「環境が樹木を包んでいる」と同時に「環境が樹木に包まれている」ということが言える。環境は樹木を包みつつ、逆に樹木に包まれてもいる。こうしたことに遅まきながら気づかされて、ハッといたしました。

いわゆる「歴史的自然の形成作用」での逆限定においては、主語はそのままで、包むことと包まれることの同時性が成り立つというのが、西田の主張だったわけですよね。

池田　ええ、おっしゃる通りです。

福岡　そしてそれは、合成と分解、酸化と還元、結合と切断のように、生命科学で観察される細胞の営みにおいても、すべて相反することが同時に起きていることを表してもいたわけです。つまり、こうした生命現象において、その間主語は一貫して変わっていないのです。

ですから、生命というのは、能動態と受動態の入れ替えが成り立つように存在しているわけではなくて、相反することが同時に行われている。そのことこそが生命のあり方であって、池田先生が考案された「包みつつ包まれる」というのは、まさにそれを包括的に言うための哲学的な概念ツールだったわけですよね。

池田　ええ。

福岡　分解と合成など、相反することの同時進行あるいは同時性、つまり、西田の言う「絶対矛盾的自己同一」や「逆限定」をもう少しソフトに表現してくれているのがこの言葉なのだということに気がついて、ここでまた階段をもう一段、上がることができました。

池田　よくご理解くださいました。

福岡　それから、もう一つ、私が既存の科学や哲学の枠組みで西田を理解しようとして失敗したことは、実際に文献にあたって読み解いていこうとした際の、「一」と「多」（あるいは「一の多」と「多の一」）をめぐる解釈についてでした。

つまり、「一の多」が分解作用であって、「多の一」というのが合成作用であって、それらが同時に起きているのですけれども、西田においては、ここに「時間と空間」というものが重なってきているわけですよね。

池田　うん。

福岡　私は、最初、ここでも西洋的な論理の呪縛によって時間と空間とを分けて考えようとしていたために、空間と時間というものが分かれたまま、「一の多」という分解作用と「多の一」という合成作用をそれぞれに一対一対応させようとして結局うまくいかなくなって……。これまた池田先生を悩ませてしまいました。

池田　うん、うん。

福岡　でも、それはそうじゃないんだ、と。

時間の中にも「一の多」と「多の一」とがあり、空間の中にもそれら（「一の多」と「多の一」）がある、というふうに互いに入れ子構造になっているということですよね。そして、ここにおいても「包みつつ包まれる」や「逆限定」ということが言える。

もっと言えば、時間は空間と分けられない、空間と同じものとしてとらえることさえできるということでした。西田哲学では、確かにそういう視点をとることができる。

第四章では西田の文章を動的平衡の言葉に訳すことを試みました。西洋的な論理にとらわれすぎていたためにうまくいかない時期もあったのですが、この気づきによっていままではスムーズに翻訳できるようになってきたのではないかなと思います。これが第三の気づきです。

池田　うん。福岡さんの訳は大変素晴らしかったと思います。

福岡　第四のステップは、「先回り」についてです。

前々から「先回り」という表現に実は大事な意味が含まれていることにうすうす感づいてはいたのですが、言葉自体があまり科学的に正確ではないのではないかとも思っていました。そこで、このことに深入りすると池田先生との話が濁ってしまうのではないかと考えて、「『先回り』についてはいったん議論するのをやめましょう」とメールで取り下げようとしたことがあったのですが、これまた池田先生に怒られて（笑）。

池田　あははは。あのときは、本当にどうしようかと思いました。

福岡　「『先回り』こそが福岡生命科学の根幹をなす概念であり、素晴らしい洞察でもあるのに、なぜそれを引っ込めようとするのですか。『先回り』を扱わないなら、もうこの議論はなかったものとします」というような、ちょっとこわい反撃に見舞われて（笑）。

そこで私も逃げずに、動的平衡における「先回り」ということについて真剣に考えてみることにしたのでした。

で、池田先生がこの本の中でも繰り返し鮮やかな言葉をくださったように、「先回り」というのは実は時間の問題と密接に絡んでいて、「未だ来たらざるものであるが、現在において既に現れているもの」として理解することができるということに気づかされました。

こうして、池田先生との対話によって、「先回り」の問題について正面から論じることの自信がわいてきました。

さらに、生命における動的平衡がエントロピー増大の法則に対抗して、秩序を維持することができるのは、生命が「先回り」をしているからなんですけれども、このことを図式的・数理的・生物学的なモデルとして呈示できる自信もわいてきました（詳しくは理論編3 84ページの「2」を参照）。

これが四つ目のステップです。

池田　本当に素晴らしい！

福岡　五番目のステップは、大命題の「時間とは何か」に関わるものでした。

先回りという同時性においては、生命は合成と分解のサイクルを回しながらも、エントロピー増大の法則に先行して分解をしている。

このとき、まさに西田先生の「未だ来たらざるものであるが、現在において既に現れている」という作用、あるいは逆限定の作用によって時間が生み出されているのです。

西洋の科学や哲学においては、これまで、時間は点（の集まり）でしかなかったわけです。

そうした考え方をとると正しい認識に到達できないことのわかりやすい例として、矢が実際に飛んでいるのに、各点においては静止しているから飛ぶことがない（「飛ぶ矢は飛ばない」）というゼノンのパラドックス[1]が挙げられると思います。

矢は微分的に時間を止めて見ると、それぞれの時点ではいつも止まっていることになってしまうんですけれども、実際には、矢は飛んできて人を突き刺すこともできるわけですから、決して静止しているわけではありません。「矢は途中の一点一点においては静止しているので、それ（各点）が集まったところで飛ぶことがない（飛ぶという動きにならない）」というのは、やっぱり私たちの思考の手続きのほうが間違っているんです。

では、このパラドックスをどのように解決すればよいのか？　答えは、「先回り」の作用、西田哲学で言うところの「歴史的自然の形成作用における逆限定」の作用をみると、矢の動きが極小に微分されていたとしても、必ずそこに動きが含まれていると考えることができるわけです。

まさに「不連続の連続」であり、ここにおいてはじめて連続した時間が生み出されることになる（矢がなめらかにつながれて飛ぶことができる）わけですよね。

池田　その通りです。

福岡　こうして、生命にとって大切な時間の問題も、ピュシスの作用としてなら「流れ」や「不連続の連続」として自覚することができます。これはまさに西田先生が言われた通りのことで、このことが大きな五番目の気づきとなりました。

このように、池田先生のご教示により、①ピュシス、②包みつつ包まれる（逆限定）、③一と多（時間と空間）、④先回り、⑤時間――という五つのステップを乗り越えることができ、対話を通して西田哲学の重要性をあらためて認識することができたと思います。

池田　まとめてくださってありがとうございます。そこまでご理解いただいていれば、私のほうから西田哲学を読み解く際の要点については何も付け加えることはありません（笑）。

近代科学では「時間」が消されている

福岡　ここからは、以上のような気づきをもたらしてくれた西田哲学というものを、私たちはいまにどう活かしていくべきか、ということを議論してみたいと思います。

池田　それを論じるためには、西田哲学は、従来の近代科学および西洋哲学とはまったく異なる視点に基づく——あるいは西洋哲学を根底から否定した——哲学だとも言えるわけですから、その違いを挙げていけば、西田哲学をどういまに活かせばよいのかの道筋が示せますし、また逆に、現在の科学や哲学が抱えている問題や課題を浮かび上がらせることもできますね。

福岡　おっしゃる通りだと思います。

池田　その意味で言うと、西田哲学と従来の西洋哲学・科学との大きな違いの一つは、これまで何度も見てきましたけれども、「時間のとらえ方」であるということですよね。時間をどうとらえるかということが、生命とは何かを考えるうえでの重要な視点ともなっていたのはすでにお話ししてきた通りです。

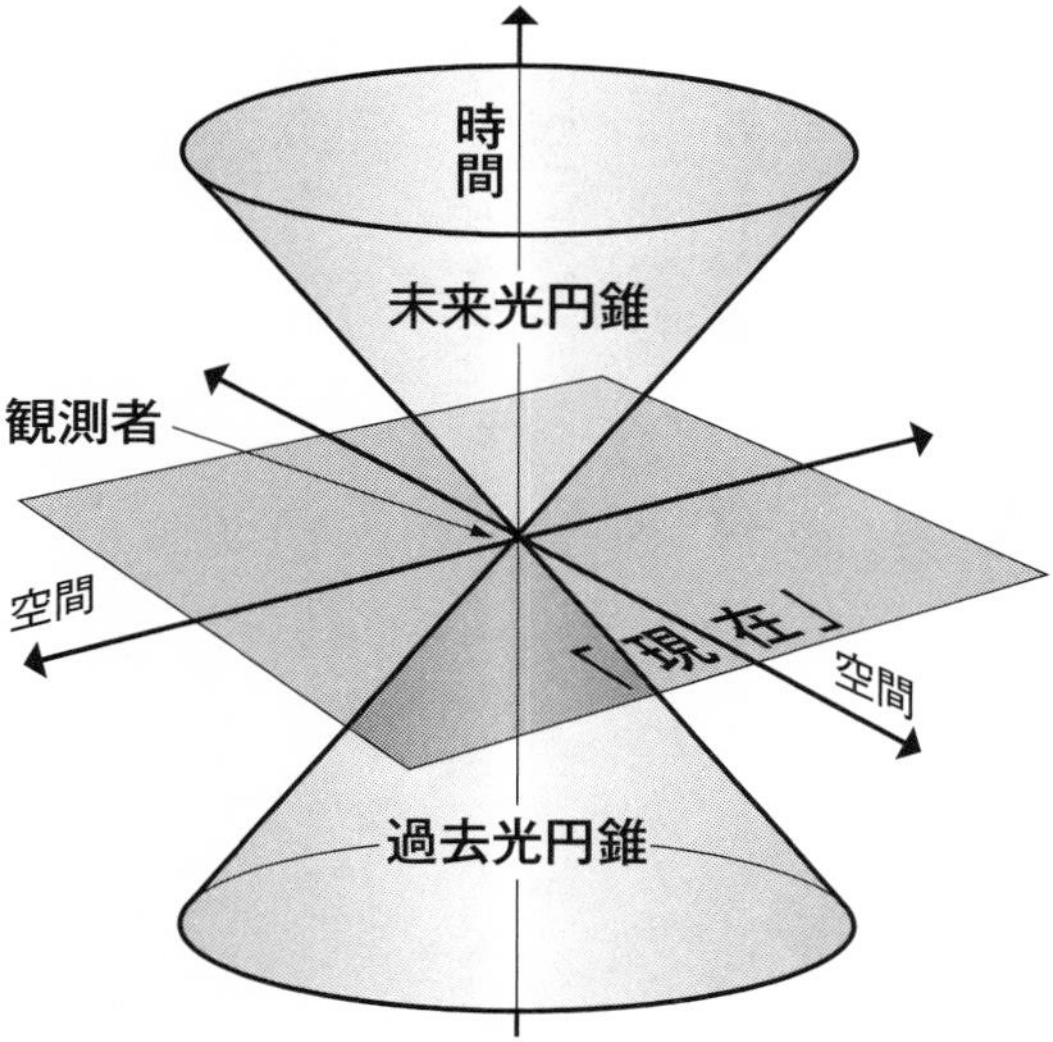

ミンコフスキー空間

言葉としては繰り返し登場してきた「ミンコフスキー空間」というものが、西洋の近代科学における時間観念を象徴しています。それは大変うまくできた理論モデルではあるんですけど、要するに、呼び名の通り空間が主になっていて、時間が空間（直線と点）に置き換えられて表現される概念モデルです（上図参照）。

こうした理解の仕方や考え方が基礎となっているために、現在の科学者たちには時間という概念がよくわからないと言われます。物理学者ジュリアン・バーバーのような極端な事例では、時間が完全に空間化されてしまい、「時間は存在しても実在してはいない」と言われることもありますね。ニュートンのように、時間を何ものにも影響されずにカチカチと（等質で線的な）時を刻み続けるメトロノームのようなものだと考えていた科学者もいます。

実際にはそんな時間はあり得ないわけですが、では時間は実在しないのかというと、そんなことはないのであって……。実際のピュシスの世界では、ビッグバン[2]以来宇宙は膨張していて、まさに時間という実在の中でさまざまな出来事が変化しているのは間違いないわけですよね。

にもかかわらず、時間とは何であるかということについてあらためて考えると、謎であり、わからないということになってしまう。これが近代科学や近代物理学の現状なんです。

福岡　ええ。

池田　ミンコフスキー空間で考える場合、すべてが空間のディメンション（次元）の中にあることになり、時間も点や線で表現されます。そこでは、時間というものがまさに空間化されているわけです。本来の時間というものがそこに現れることはありません。

つまり、近代科学においては、すべてが空間の中で表され、時間が消されているのです。だから、そこにおいては福岡さんの「先回りする」などという概念も通用しないんです。

福岡　そうですよね。

池田　これまで生命の定義がうまくいかなかったというのは、まさにそういう制約の中で生命科学というものが成り立っていたからとも言えるわけですよね。

ピュシスとしての自然がもっている本来の時間というものが、そこ（近代科学）では完全に忘れられていたと言えるのですが、それを西田は回復させようとしたわけです。

福岡　おっしゃる通りです。いま言われたことは完全に同意いたします。

近代科学、特に生物学のこれまでの歩みとは、まさに時間が消されてきた歴史と言ってもよいと思います。

分子生物学では、細胞を、言わばパソコン画面を一時停止させて止めるようにして見てきました。それは動きを止めないと、細胞内小器官がそれぞれどういったものであるか、ロゴス的に分節して見ることができないからです。

細胞に細胞膜があって、細胞核[3]――中にDNAが折り畳まれて仕舞われている――があって、ミトコンドリア[4]、ゴルジ体[5]があるとか、いろいろなことがわかるのは、時間を止めて細胞を見ているからです。そこでは時間を止めて、言わば細胞を殺して見ている。そのおかげで、私たちには個々の器官が非常に高い解像度で見えるわけですけれども、実際の生命現象というのは時間の関数の中で絶え間なく揺らぎながら動いているわけですよね。

池田　うん。

福岡　しかし、絶え間なく動いているものを見続けながら記述するというのは人間には難しい。不得手というより不可能です。だから本来は流れているものを常に止めることによって、時間を空間の中にフリーズさせて、ある一断面としてだけそれらを見てきた。そうすることによって、それぞれの器官について非常に解像度の高いくっきりとした像が見えて、個々の「存在者」に名前をつけることもできたのです。そうやって科学は進んできたわけですよね。

池田　まさにそうですね。「フリーズ」とはうまい言い方ですね。

福岡　でも、実はそこに流れているなめらかな時間こそが、生命にとっては非常に大事なファクターとなっていることは疑い得ないわけですが、従来の科学においては、この流れとしての時間というものが重視されたことはありませんでした。そこでは生命現象を、止まった時間、空間化された時間の中で、言わば「パラパラ漫画」のようにしてしか見てこなかったわけですよね。

池田　うん。

福岡　細胞というのは、実は学校の理科の教科書などで見るようには色がついていません。細胞はまったくの透明なんです。ちょっとだけ屈折率が周りと違うので、水中の透明な寒天のように、「何かそこにあるけれども、ぼんやりとしかわからない」というようにしか見えないんです。

それを科学者は、時間を止めたうえでロゴス的な方法によって分ける（分節する）ことによって、人間にとって見やすくしてきたのです。

観察方法も工夫してきました。細胞膜や細胞核を染め出したり、あるいは銀染色といって、中の構造物に金属の影をつけて、周囲より少し濃く見えるようにしたり、というふうに。こうすることによって輪郭線がはっきりしてきて、細胞の中の構成物もよく見えるようになったわけです。

そうやって近代科学は、時間を止め、時間を消したうえで細胞を観察してきました。しかし、注意しなければならないことは、あくまでもこうした方法で見えるようになった細胞というのは、もうすでに死んでいるということなんです。完全な抜け殻になっている。そこに生命はないわけですが、科学者たちは、止まって（死んで）いるものをなんとか思考の中でつなげて、生命というものを（曲げて）考えようとしてきたわけです。

そういう意味で、近代科学が見落としたというか隠蔽してきたものの一つが「時間」であったということですよね。

池田　その通りです。だから、先ほどの「ゼノンのパラドックス」も解くことができないわけなんですよね（笑）。近代科学はすべてを「パラパラ漫画」で見ているんです。

福岡　そうです、そうです。「パラパラ漫画」で見るというのはロゴス的立場に基づく〈ものの見方〉であって、不連続かつ連続した「ピュシス」の時間をとらえる見方をこれまでの人間（科学や哲学）は持ってこられなかったわけですよね。

池田　ええ。ロゴスの立場やその最たる図式であるミンコフスキー空間で時間をとらえている限りにおいては、われわれは本当の意味でのピュシスのあり方（飛ぶ矢のあり方や生命現象）を解くことはできないのです。

福岡　まさにそうですね。

池田　西田は「時間即空間」、「空間即時間」と口を酸っぱくして言うんです。時間即ち空間、空間即ち時間である、と。

福岡　ああ、「即《そく》」ですよね。

池田　ところが、いまの科学にはこうした時間観念が入ってきていない。福岡さんが『生物と無生物のあいだ』で示されたご洞察の通りです。

そこでは、どうしても空間が優先されてしまう。時間を空間と分けられない、空間とイコールのものとして考えるのではなく、空間に置き換えて理解するということは、ミンコフスキー空間のように、時間が言わば空間に対する従属的な存在として、線や点で表されるものになってしまうのです。

そこにはもはや、実在としての時間はありません。そうした非常に不完全な世界観になってしまうんです。

従来の時間観念によってピュシスが歪められてしまうことを私たちはあらためて認識す

る必要がありますし、生命の本質に真に迫るためには、西田哲学の時間観念を科学にも取り入れていく必要があると僕は思います。福岡先生の生命科学は、その可能性の一つの確かな証明となっているのです。

モノを見過ぎた科学、自然が見えていなかった自然科学

福岡　「近代科学において時間が消されている」というのは、これまでの議論でも出てきた、存在論[6]や現象論[7]、観念論[8]、それから機械論、そのいずれにおいても実在としての時間が消されている、と言えるわけですよね。そうした考え方がこれまでの科学を支えてきた思考法であり、〈ものの見方〉であったわけですから。

池田　ええ、その通りです。

実在論と対比させて言うなら、存在論――ハイデガーの存在論だけはちょっと違いますが――も現象論も、それから機械論も、すべて観念論に含まれると言って差し支えないので、いま言われた福岡さんの一文は、「観念論において『時間』が消されている」と集約することもできますね。実在論か観念論であるかというのは、「主観性の原理」に基づい

たものであるかどうか、また西田の言う「実在」に触れているものであるかどうかで考えてみるとよいですね。

福岡　なるほど。結局のところ、近代科学は実在論で語れてはこなかったし、実在論を語ってもこなかったというわけですね。

池田　まさにその通りで、西田哲学とは実在論でこそあったわけですし、福岡さんの生命科学もまた、実在論であるわけです。実在論をベースにすることで、生命の逆限定というあり方、自然における「隠れ」などを理解することができるようになる。福岡さんにおいては、実在論的見方をとることで、分解と合成の同時性がとらえられ、生命の定義も可能になったというわけですよね。

福岡　はい。

池田　ただ、実在論というと、「現実にある物を説く立場」の意味で対象として〈モノ〉を考えがちですが、それはまったくの誤解と言うべきで、西田の実在論は単純に物質としての〈モノ〉を説く立場とはまったく異なることに注意が必要です。西田の実在論は、いわゆる「唯物論[9]」とは完全な別物であることに気をつけなければなりません。

福岡　そうなんですよね。実在論というと、唯物論的な考え方を連想する人もいますが、そうではないのですね。カントが、われわれの意識では及ばない存在だとした「物自体《ものじたい》」というのも、決して単に〈モノ〉だけを指しているわけではないのですよね。

池田　その通りです。

福岡　そういう意味で、物質としての〈モノ〉を見てきたのはむしろ近代科学やロゴスの哲学のほうであり、そこでは、生命や自然をいろいろな〈モノ〉に分けて世界を理解しようとしてきました。言わば、近代科学は、「モノ偏重」の学だったわけです。当然の帰結として、この場合に見えてくる〈モノ〉というのは、いわゆる「主観性の原理」でとらえたものであるわけですから、ピュシスのあり方やピュシスの本来の姿とは根本から異なっているわけですよね。

池田　ええ。先ほどもお話があったように、近代科学においては、生命を見ていると言いながら、すでに死んだものを対象としてきたわけです。

　ですから、ピュシス、あるいは西田やわれわれが言う「実在」というのは、むしろ、〈モノ〉ではなく〈コト〉なのです。西田の実在論は〈コト〉を対象にしています。福岡さんの言われる「動的平衡」というのも、「生命の絶え間ない流れ」というわけですから、その中身は〈コト〉であるわけですよね。

福岡　ええ。その通りです。

私のそもそもの原点は、昆虫が好きな昆虫少年として野原で虫を追いながら、自然の美しさや、例えば蝶《ちょう》の一生での、それが芋虫（幼虫）から蝶（成虫）に変わっていくメタモルフォーシス（変態）のすばらしさなどに感動したところにあります。

長じて生物学者になり、生命について、一度は本当にロゴスの立場からそれを細胞に分け、分子に分け、遺伝子に分けて……という具合に、ずっと分子生物学というフィールドで研究を続けていったその先に、そこから得られる生命の姿というものが、どうしてもそういった原体験、子どものころの体験と結びつかない感じがしてくるようになったのです。私は原点に立ち返る必要性を感じていました。

あるいは一般に言われている「生命の定義」にも、どこか不全感を抱いてもきました。そうして、もう一度、生命というのはそういった〈モノ〉を指しているんじゃなくて、〈コト〉なのではないか、ということに次第に気づくようになっていったのです。

池田　うん。それは福岡さんが「ビッグ・ピクチャー」を忘れずに研究を続けてこられたからですね。加えて、童心も忘れていなかった。それでいまも「活き活き」とされているわけですよね（笑）。

福岡　あははは。ありがとうございます。

で、〈コト〉というのは一体どういうことなのか、という問題を考え抜いて「動的平衡」のコンセプトにたどり着いたわけですけれども、それは実は、ロゴスに覆われたこの世界から、もう一度ピュシスを救い出す作業なのだったということに、今回の対話を通して気づくことができました。この点でも池田先生には非常に感謝しております。

池田　うふふふ。それはよかった（笑）。

福岡　そういう意味で、ロゴス（主観性の原理）によって分節化されたモノを見過ぎた科学への反省という意味が、西田哲学には込められていると思います。この意味でも、西田哲学の現代的な意義というものを再評価することができると感じています。

池田　そうですね。

言ってみれば、自然科学は名前こそ「自然科学」と呼ばれるものでありながら、その実、自然を見てはこなかったわけです。あるいは、自然がよく見えていなかったとも言えるわけですよね。西田哲学は、確かにそのことへの反省を促す契機となる考え方だと言えると思います。

西田哲学的な〈ものの見方〉＝ピュシスの立場＝実在論というのは、昨今の環境問題など、世界で起きているさまざまな問題の解決・克服に何かしら寄与できる考え方なのではないかと僕は思いますし、いまこそそれを活かすべき時なのではないか、と考えているところです。

福岡　おっしゃる通りだと思います。

動的平衡論vs機械論：マイナーであっても言い続ける

福岡　生命を機械論的（あるいはロゴス＝主観性の原理＝的）にとらえることにどのような危険が隠れているのかを説明する例として、私は講演会などで、よく花粉症の話をするんです。

池田　ほう。詳しくお聞かせください。

福岡　私自身、花粉症持ちで、春先だけでなく、最近は秋にも、涙や鼻水、くしゃみが出て大変な目にあっています（笑）。それで仕方なく病院に通うことにもなっているのですが。

花粉症というのは、名前に「症」とついているので病気だと思われがちですが、本当は病気ではありません。われわれの身体が本来的に持っている免疫システムというものが少し過剰に暴走している、というのが花粉症の正体なんです。

免疫システム（免疫系）というのは、ウイルスや細菌といった外敵をできるだけ早く身体の外へ洗い流すための仕組みなのですが、現代社会が清潔になりすぎたせいで、戦うべき外敵がいなくなっていて、言わば免疫系が暇を持て余し気味になっているのです。

そうした中で、花粉がヒトの周りに飛来します。花粉は毒も出さないし、増殖もしないので放っておけばいいのですが、免疫系がそれを外敵だととらえ、言わば無益な争いをしかけ、身体から早く排除しようとするために鼻水や涙が出るんです。しかも花粉は時期になると際限なく来るので、その間身体が反応し続けて長引いたりもするわけです。

この状態を機械論的に見て治そうとするのが西洋医学です。どうするかというと、病院では、抗ヒスタミン剤という薬を処方してくれます。

一方、免疫系は、いくつかの細胞のチームワークで成り立っていて、花粉が襲来してくると、次のように作用・反応します。

①ある免疫細胞が花粉に反応してヒスタミンという物質をばらまく。②別の免疫細胞の表面にあるアンテナのような分子（ヒスタミンレセプター）がヒスタミンをキャッチし、外敵が襲来してきていることを察知する。③この免疫細胞が涙や鼻水のような分泌液をたくさん出させて、花粉を体内から洗い流そうとする。

抗ヒスタミン剤というのは、ヒスタミンをブロックする薬物で、細胞が本来的に持っているヒスタミンの偽物です。化学構造をちょっとだけ変えてヒスタミンに似せてはいるのですが、あくまで偽物で、抗ヒスタミン剤はヒスタミンそのものの作用・働きは持っていません。

それをあらかじめ私が服用しておくと、その薬はヒスタミンレセプターに先回りして――この「先回り」はわれわれが言っている「先回り」とは違うんですけど（笑）――、ヒスタミンレセプターを占拠します。抗ヒスタミン剤は本物のヒスタミンではないので、それによってレセプターがふさがれても、外敵が来たから排除するように、という命令を細胞に出すことはない。こうして、レセプターだけがブロックされてしまった状態を薬によって作り出すわけです。

で、そこに花粉が飛来すると、ヒスタミンが分泌されるわけですが、ヒスタミンレセプターには先客（抗ヒスタミン剤）がいて占拠されていますから、ヒスタミンはそこに入っていけず、動けない。その結果、くしゃみや鼻水が起こらない。で、メデタシメデタシ……というのが、機械論的に見た場合の、花粉症に対して抗ヒスタミン剤が効くメカニズムなんです。

池田　なるほど。

福岡　でも、この機械論的な治療は間違っているんです。

どこが間違っているかというと、そこには時間が流れていないのです。

花粉症の様子を知るために一時停止ボタンで細胞の動きを止めて見ると、ヒスタミンがあり、ヒスタミンレセプターがあり、分泌液を出させる反応があるということがわかりますので、反応経路のどこかで免疫系の仕事の邪魔をしてやれば、その反応を止められると機械論者は考えているわけですが、この見方は、まさに微分的に飛んでいる矢を止めて見ているに過ぎないんです。

実際に起こっていることは何かというと、細胞もヒスタミンも、ヒスタミンレセプターも、絶え間のない合成と分解のさ中にあるわけですよね。

池田　うん。そうですよね。

福岡　その反応を邪魔する抗ヒスタミン剤が投与されると、一瞬だけを見ればブロックによって効果を生み出しはします。でも、生命現象は動的平衡の中にあるわけです。

私が花粉症を恐れるあまり、抗ヒスタミン剤を飲み続けると、いつもいつもヒスタミンレセプターがブロックされているので、生命はそれに対してリベンジをしてくるわけです。生命はこれまでとは違う、新しい平衡状態を作り出そうとするわけです。

つまり、その細胞は、もっとたくさんのヒスタミンレセプターを作り出してヒスタミンをより鋭敏に待つようになる。同時にもう片方の細胞も、ヒスタミンがレセプターに届くよう、もっとたくさんのヒスタミンを配備し、放出するようになる。

こうして、大量のヒスタミンが分泌されるようになると、それが大量のヒスタミンレセプターに結びつくことで、「より激しい花粉症」となっていく。私の身体は、こういう体質にだんだん変わっていくのです。

機械論的な治療では、体質の変化を自ら導いてしまうという逆説的な状態に陥るわけです。

池田 なるほど。

福岡 このように、機械論的な見方と動的平衡の見方では、やはり「時間の軸」があるかないかということが、大きな違いとして存在しています。

池田 機械論では明らかに時間が欠落していることがいまのお話でよくわかりますね。

福岡 絶え間なく合成と分解が起きている「絶対矛盾的自己同一」の世界では、絶えず新しい平衡が求められ、一回限りの生命として同じ状態が起こることはありません。

一方、機械論的な見方では、生命を機械として見ますので、刺激と応答というものが常に同一のものとしてとらえられます。

池田 そうですね。まさに機械のように、同じ条件のもとでは、何度も繰り返し同じ作用が起こるとみるわけですね。

福岡　ええ。抗ヒスタミン剤だけでなく、ほとんどの薬は、いまの話と同じように免疫系の仕事を邪魔したり、ある物質をブロックしたり、反応を阻害したりするものとして作られているので、もちろん、その場は効くんですよ。一時的には効きます。

でも、それをずっと服用し続けると、先ほどのような逆説的なことが起こるのです。

池田　うん、皮肉なことにね。

福岡　こう考えると、ピュシスとしての生命を考えるときには動的平衡の見方でしか本来のあり方をとらえることはできないのですが、実は「動的平衡」は儲からない考え方なんです（笑）。

機械論的に生命を見ると、抗ヒスタミン剤を投与すればその場は効くので、製薬会社はそれで儲けることができます。一方、動的平衡論では、「その治療法は最終的には無力で逆説的に生命にリベンジされてしまうから、花粉症とは騙《だま》し騙し付き合っていくしかない」と説くわけです。これは明らかに儲からない考え方ですよね。

「動的平衡」や「ピュシスの立場」は資本主義になじまない考え方なんです。

〈モノ〉として見えないと資本主義社会の中では価値を生み出すことができないのです。「逆限定」が大事だと訴えたところで、「逆限定」という〈コト〉それ自体は商品化できませんから。

悲しいことに、資本主義社会では、どうしても生命というものを〈モノ〉の延長として考えざるを得ないという側面があることも否めません。

多くの科学者も、生命や自然を〈モノ〉として研究し続けているわけですから、資本主義社会では「動的平衡」論は常にマイノリティにならざるを得ないんです。

けれども、動的平衡論のほうが本来の生命のあり方を説明するものであるわけですし、機械論には間違いだけでなく、生命を脅かす危険も実は含まれている。それを私はどうにかしていきたいと思っているわけです。

思想というのは常にマイノリティによる活動であるとも言えるわけですが、言い続けることに価値があると思いますので、私はあきらめずに言い続けていきます。

池田　うん、ぜひ言い続けてほしいと思います。

いずれにしても、機械論的な見方、あるいは主観性の原理としてのロゴス的・観念論的な見方には、こうした具体的な弊害も伴うということですね。弊害というより危険と言ったほうが適当かもしれませんが。

福岡　ええ。抗生物質を使って一時的に病原体を制圧したと思ったのにもかかわらず、その抗生物質を無力化する耐性菌が現れて、より強力な敵が作り出されてしまう。そういった「危険」が、目には見えないのですが、隠されているのです。

因果律では「逆限定」を語れない：「同時性」の問題

池田　そのほか、われわれがさまざまな学問に応用できる西田哲学の特色というのは、「因果律[10]にとらわれない」「矛盾律への抵触を恐れない」という側面がありますよね。逆対応というか……。

福岡　ええ、そうですよね。西田哲学の強みというか、凄《すご》みの一つは、因果律の呪縛から解き放たれているところにある、とも言えますよね。

池田　でね、因果律との関連で言うと、科学は「同時性」をどう扱うか、という問題[11]があるわけですよね。同時性というのは、もちろん〈モノ〉ではなく、〈コト〉であるわけですが。

福岡さんの「先回り」という概念は、実は西田の歴史的自然の形成作用における「同時性」のことである、ということは重要な観点なのですが、福岡さんのある本では次のような一文もありましたね。

「同時に起こる関係」というのは、科学では扱えないんですよね。

（『動的平衡ダイアローグ　世界観のパラダイムシフト』木楽舎　105ページ）

福岡　ええ。「同時性が科学で扱えない」というのは、従来の科学が常に「原因があって結果がある」という因果関係で表されるものだったということです。科学は因果律に支配されてきたと言ってもいいのですが。

AとBという二つの出来事があるとして、その二つが同時に起こっているように見えても、1マイクロセカンド（百万分の一秒）だけAのほうが先に起こり、その結果を受けてBが起こっているというように、それがアルゴリズム的に時間にそって起こっているとみなせるなら、科学で解くことができますし、コンピュータ・プログラムにすることもできます。

でも、自然、ピュシスの中で同時に起こっていることは、本当に同時に起きているんです。あるいは、西田先生や池田先生が言われるように、時間に逆行して先取りして起きています。

実際の生命現象では、結果が原因よりも先に起きて分解を始めてしまいますから、仕方なく合成がついていく、というようなことになっているんです。でも、こうした「先回り」の同時性というのは、従来の科学ではうまく語れなかったんです。同時に起こることは因果律で扱える領域ではないからです。

池田　うん、そうですよね。

因果律でしか考えられないということになると、同時性も扱えないし、科学では、生命の逆限定的なあり方を論じることができなくなってくるわけですよね。例えば、生物内部のエントロピーとの逆対応などについて……。

福岡　その通りです。こういった問題は実は科学の他の分野でも指摘され始めていて、現在の最先端の量子論の世界では、「自然界には同時に起こる現象もある」というような話になってきています。細胞よりも、もっとミクロな世界での話ですけれども。

ですから、量子論的な世界では、もうすでにロゴスがまったく通用しない状況になってきているとも言えるわけです。現在の科学の世界においても、そうなりつつある。

科学は、自然や生命をロゴス的に分節することでどんどん進んできたわけですけれども、自然界で起きていることが自然本来のあり方なので、最後のところでは、そういった問題を扱わざるを得ないところに来てしまっているとも言えます。

この意味で、ある種、科学の限界というものが、結局はピュシスと向き合わざるをえない局面として現れてきているのだと思います。

池田 うん。その意味では、西田の実在論を科学に導入するまたとない好機が訪れているとも言えるわけですよね。単に存在を論じるのではなく、実在性を真に考えなければならない。

福岡 おっしゃる通りだと思います。真の時間に触れ、因果律から自由で、矛盾律をも恐れず、自然の発する声に謙虚に耳を傾ける――こうした科学に役立てられる考え方が西田哲学には含まれていますし、西田哲学はそれ自体ですでに「科学」として扱える部分もあると思います。

池田　福岡さんの生命科学は、実在論として、「同時性」＝「先回り」を語れるようになっているわけですから、そうした面でも、科学の限界をさらに乗り越えるべく、西田哲学も応用しながら、お考えを発展させていってほしいと切に願っています。

福岡　ありがとうございます。そうなっていけるよう精進いたします。

生と実在と論理は一つのものである：統合の学としての西田哲学

福岡　先ほど、西田哲学はそれ自身で、すでに「科学」としても扱えると発言したのですが、今回、西田哲学に正面から向き合ってみて、私は、生物学、物理学、化学、数学、言語学、歴史学……といったさまざまな学問が西田哲学において融合しているといった印象を強くいたしました。

哲学と生物学だけに限ってみても、それらは一見遠く離れた学問のようにも思えるのですが、そうではなく、同じテーマを扱ったり、互いに視点を導入し合ったりすることができるということも、あらためて感じたことでした。

池田　おっしゃる通りです。実は、いま言われた点が、僕がこの本を通して読者の皆さんに訴えたい重要なテーマの一つでもあります。つまり、西田哲学は「統合の学」としてとらえることができるということです。僕は、「知の統合」というものがこれからの学問全般にとって重要なテーマになってくると考えています。特に、生命をめぐる諸問題については、そうなるでしょうね。

福岡　ええ、そうですよね。私たちの出会いも、池田先生が統合学術国際研究所の所長をされていたころのことでした。

池田　はい。僕自身、知の統合の研究をライフワークにもしています。そういった活動の中で、福岡さんとの幸運な出会いがありました。僕は所長在任中に、福岡さんのおかげで、少なくとも哲学と科学というのは一つのところでやれる、という自信だけは持つことができたのです。福岡さんには、西谷先生の言われる「体認」というか、「感得」する能力がおありですね。

福岡　ありがとうございます。

池田　ですから、今回、福岡さんの「科学」と西田「哲学」とがこんなにも響き合っているということを僕自身あらためて感じることができましたし、またそれを一冊の本として紹介することができるというだけでも、僕は大変うれしいことだと思っています。もちろん、それだけで終わらせてしまってはいけないのですが、われわれのここでの議論そのものが、生物学者と哲学者の対話であり、文理融合の一つの実例として示すことはできたのではないかなと思っています。
福岡　そうですよね。おっしゃる通りだと思います。
池田　そもそも、一九九〇年代の終わりごろからですよね。わが国で、いわゆる「統合論」などということが盛んに言われるようになるのは。
福岡　ええ。
池田　要するに、知というものが専門分野に分かれすぎてしまって、一つの知《ヴィッセン》というものが何通りにも理解されるような分裂が起こってしまったわけです。
　極端に言うと、一つの知が「理系の知」、「文系の知」などに分けられ、文系・理系の中で学部学科に分かれ、さらにその中で「〇〇学」や「△△学」ができていくという具合に細分化され、いろいろな分野の知というものが、まさにそれぞれ独立して語られるようになってしまった。

そうした中で、「知とは何ぞや」という根本的な問いかけが起こってきたのです。知が分裂・分断されてしまったがために起こる学問の連続性・連携性の欠如というか、それこそ視野狭窄《きょうさく》というか、そういったことが問題になってきているわけですよね。

福岡さんは現職の大学教授でもいらっしゃいますが、教育現場では、この統合の問題はさっぱり進んではいませんね。

福岡 ええ、おっしゃる通りです。

池田 なぜ進まないかというと、根底に西洋の伝統があるからですよね。

言うまでもなく、一九世紀の後半に明治維新があり、文明開化があり、日本は近代化の過程で、「西洋に追いつき追い越せ」を合言葉に多方面で西洋の文明や社会を手本として進んできたわけです。学問体系にしても、西洋のそれがほとんどそのまま輸入されたような感じですよね。もちろん、そうやって進んできたことそれ自体は間違いだったとは思いませんが。

しかし、そこには問題も潜んでいたわけです。その問題というのは、われわれが手本とした「西洋の伝統」というものが、本来は「ピュシス」(physis)に備わっていたはずの「ロゴス」(logos)を、人間の側に置いてしまっていたということです。人間中心主義、あるいは「主観性の原理」中心主義と言ってもよいのですが。

福岡 そうですよね。

池田 「理性」(ratio)という「道理」を人間の側に置く一方で、人間にとってすぐには理解しがたいものは、「不条理」や「複雑性」などとして、全部「存在」あるいは「物自体」の側に置いてしまった。

こうした分け方(すべてを「現象」と「物自体」とに二分する分け方)によって物事を理解しようとしてきた学問というのは、常に壁にぶつかってきたわけですよね。

福岡 おっしゃる通りだと思います。

池田 また、西洋では特に科学の場合などで、理論と実践というものも分けてきました。それはなぜかというと、実在の世界と思考論理というものを分けていく、そういう考え方がそこでは支配的であったからです。

福岡　そうですよね。ロゴスによるピュシスの分節と根は同じですね。

池田　ええ。ところが、日本の場合、特に西田においては、「歴史的自然の形成作用」の中には理論と実践の区別もなかったのです。

そこでは理論そのままが実践としてあり、実践そのままが理論にもなっていて、西田は決してこの二つを分けることはありませんでした。このことは、彼の「行為的直観」によく示されています。

「理論と実践」は「論理と実在」と言い替えることもできます。論理の中に常に実在は含まれていて、実在はそのまま論理になっている。それがピュシスの姿である、と西田は考えたのです。

いわゆる本来的な「自然」においては、論理（logos）と「実在」（physis）とは別々に存在しているわけではないのです。西田は、一九三二年の講演『生と実在と論理』の中で、「生《レーベン》と、論理《ロジック》と実在《リアリティ》というのは、これは全く一つのものである」と明言しています。

自然における形成作用そのものの自体が実在であり生命であり、かつ、論理なのだというわけです。「論理も生命も実在も、実は一つであってバラバラに分かれたものではない」と西田は言ったわけなのですが、こうした考え方というのは、実は日本の伝統的な自然観とも親和性があり、古来、日本人の思考の特色を形成しているものだとも言えます。日本人は、伝来的に「ピュシス」の感性に恵まれていたと僕は思います。

福岡　そうですよね。

池田　そういう点で、私たちが西田を学ぶ際に西洋哲学のほうにある種の違和感を感じることがあるとすれば、それは私たちが日本人（日本的思考の持ち主）だからなのですが、決してそれは知の統合を考えていくうえでは、デメリットになることではありません。

僕が福岡先生の生命論の中に西田を見たというのは、僕が——そして福岡さんもまた——日本人であるからだとも言えると思います。

福岡　はい、そうですよね。

いま池田先生がおっしゃったように、私も、いまもう一度光をあてて再認識しなければならない西田哲学の現代的意義の一つがここ（統合の問題）にあると思います。

「文理融合」や「学際性」といった言葉で学問の統合の必要性が声高に唱えられて、統合学というものを作らなければならないというテーゼが、過去二十年くらい盛んに言われてきたわけですけれども、いまだになかなかうまくいっていません。

単に縦割りの学部をまたぐだけでは統合にならないという問題に直面してきたわけですけれども、その問題を解く鍵はやはり西田哲学にあって、いま言われたように、いくら学部を合体させても、学際性が生まれなかったり、統合学に発展していかないというのは、一つには、そこに理論と実験あるいは実践とが横向きに分かれたままであるからなんです。やはり、西洋が世界や自然を分節化した傷跡というか、その分け目が縦横無尽に走っていて、どうしてもそこにとらわれてしまうから、統合ができないんだと私は思います。

では、どのように統合していけばいいのか?

いま西田先生の大切な言葉を引いていただきましたけど、生と実在と論理——西洋の考え方によってそれぞれの中に別々に知があるというふうに分断・分節化されてしまったものを統合する必要があるということ、また、すべて(一つ)の知が同時にすべての学問の中にも存在しているということを思い起こすための指針として西田哲学を活かしていくべきであると痛感していますし、池田先生のいまのお話をうかがってあらためてそう思いました。

統合のために自分の道具を持つ

福岡　でも、そうは言っても、知の統合、学問の融合というのはなかなか簡単になしうるものではありません（笑）。池田先生も私も、いろいろな試行錯誤を経てようやくこの場所に立つことができているわけですので、例えば大学に入りたての若者がいきなり同じ場所にやって来るというのは絶対にできないことだと思うんですよね。

池田　うん、そうですね。

福岡　今西錦司先生は、生涯に一五〇〇もの山を踏破されたということですが、あるとき、「あなたはなぜ山に登るんですか？」と聞かれたことがあるんだそうです。

イギリスの登山家でエベレストへの初登頂を試みたマロリーが、「あなたはなぜエベレストに登りたかったんですか？」と聞かれ、「そこにエベレストがあるから」と答えたという有名な逸話がありますが、それはまさに西洋的な、分節的な言説ですよね。

今西先生は先ほどの質問をされたとき、次のように答えたそうです。

「ある山に登ると、その山の頂上から別の山の頂上が見える。そうすると、『ああ、次はあの山に登りたいな』と思う。で、次にそこの山に登ると、また別の頂が向こうに見える。で、『ああ、次はあの山に登りたいな』と思う……」。つまり、その場所に行かないと開けない、その場所に行かないと見えない窓があって、そこから新しい風景が見えるので、また次の山に登りたくなる、と言っておられるわけです。

これはまさに学ぶことの巧まざる比喩であって、学問をするということは、そういうふうに一つひとつ、山を登り終えたあとに、また違う山（高み）を目指して登っていくものだと思います。

ですから、西田の言う統合というのも、最初から楽にできるものではないんです。最初から文理を融合しようとするから、うまくいかなくて上滑りのものになってしまうのだと私は思います。

やっぱり、ディシプリン（学科）というか、どれか核になる学科を基礎学力として修めたうえじゃないと、知や学問というものは統合できないと思うんですよね。

ディシプリンというのは、明治時代に決められた法学部、文学部、経済学部、医学部、理学部、工学部、農学部……といった古いディシプリンである必要はないんですけれども、やっぱり人間は何をするにも、複数のものを初めから一挙に統合していくことはできない。今西先生の登山のように、一つひとつ山を登るようにして自分の足を鍛えていかないとダメなんじゃないでしょうか。最初から統合しようとすると躓《つまず》いてしまう。だから、自分なりの細い道をまずはきちんと作り上げるということが「統合」への前提になっていると思います。

自分のための細い道――それが哲学であるのか、生物学であるのか、経済学なのかはわかりませんけれども、何かそういった、まずは自分なりの思考のためのツール、道具というものを一式持つ必要がある。

それは、人によっては語学であるかもしれません。哲学をするうえでは、池田先生のように、例えばドイツ語が読めないと原典が読めないわけですから。そういった地道な努力を重ねて自分が道具として使いこなせる基礎的な学力を身に着けるということがまずは求められるんじゃないかな、と思います。

池田　おっしゃる通りだと思います。

大切なことは隠されている

福岡　「西田哲学を活かす」ということに関して、私たちが強く訴えたいことは次の三つです。

一つは、自然や生命とは何かを考えるうえで大切な視点が西田哲学に含まれているということ。

もう一つは西田哲学に西洋哲学や西洋科学の限界を超克する可能性が秘められていること。

それから三つ目は、西田哲学は、知の統合や学問のあり方そのものを考えるうえでのヒントになっている、ということです。

池田　うん、そうですね。

三つとも関連しているので、一つにもまとめられますが、ロゴス的に分けたほうが伝わりやすいですよね（笑）。以下、少し補足しましょう。

一つ目は、これまで見てきた通りですが、西田の生命観というのは、「歴史的自然の形成作用」という言葉に集約できるかもしれません。そこにおける「逆限定」や「絶対矛盾的自己同一」の作用は福岡さんの生命観である「動的平衡」や「先回り」とも合致するものでした。両者は互いを深め合う関係にあると思います。

「歴史的自然の形成作用」やそこにおける「逆限定」、「絶対矛盾的自己同一」について突き詰めて考えていけば、私たちは、生命とは何か、自然とは何かという問題について、もっと深く理解できるようになると思います。

西田は、生命について実によく考えていた哲学者でした。しかし、それは生命のことだけを見ていたのではなく、まさに「生命と実在と論理とが一つ」となるように見ていたわけです。この実在論的思索のゆえに、「歴史的自然の形成作用」を発見し、そこから派生するさまざまな洞察につなげることができたのです。

また、西田は本当の意味で実在に触れていた哲学者でした。実在に触れ、自然そのものと同化して（自然と矛盾的に自己同一して）自然を考え抜いた哲学者であったとも言えるかもしれません。決して人間を中心に人間にとって都合のいいように自然や生命を理解しようとしたりせず、常に自然や生命に対して謙虚さを忘れることがなかった。このことは、京都学派の系譜にある今西先生や福岡先生にも共通する態度でもあると思います。生命や自然に接する際のこうした態度も私たちは西田から学びたい部分ですね。

福岡　とても大事なことだと思います。

池田　二つ目は、実在論としての西田哲学にそういった既存の学問の限界を超克しうる可能性が含まれている、ということですよね。その可能性というのは、「時間のとらえ方」にも現れていますし、「因果律から自由である」とか「主観と客観とが分かれる手前のところで哲学する」といった具体的な方法を伴って示されるものでもありました。私たちは西田の方法論を正しく学ぶことで、ソクラテス、プラトン以降の哲学やカント以降の科学が陥っている限界に気づくことができ、それによって自然についてもっと深く知り、ピュシスの持つ真理に近づくことができるようになると思います。

福岡さんが言われた通り、西洋科学はいままさに限界に直面しています。この面での西田哲学の応用は急がれる課題だとも思っています。

三つ目は、西田哲学はそれ自体が統合の学と呼べるものでもあるということです。福岡さんとのこのたびのお話でも、生物学あるいは科学と哲学というものは融合させることができるということを証明できたのではないかと思います。その意味では、福岡さんの生命科学も統合の学たり得ているのですが、それは結局のところ、私たちが、実在、ピュシスというものを共通項として語り合うことができたからですね。「主観性の原理」によって物事を分割・分節・分断するのではなく、異なる分野であっても、ピュシスに迫る実在論をベースにすることで、共通の真理に向かって考察を深めていくことができるのだということを西田哲学は教えてくれていると思います。

福岡　素晴らしい総括をありがとうございます。

私からも、あえて科学者として少し補足させていただきます（笑）。

もちろん、だからといって西洋近代科学のすべてを否定する、ということではありません。近代科学によって有益な知見がもたらされたり、人々の生活が豊かになったりした面があることもまた事実です。科学技術にしても、安全に使えるものについてはその果実は享受すればよい。

しかし、それでも科学は決して万能ではない、ということなんです。科学でなんでもできると思っていたら、それは時としてとんでもない災いや誤りを招く。西田哲学はそれを戒めてくれている学でもある、と私は思います。先ほど池田先生は「自然に謙虚に」と言われたのですが、科学者のみならず、およそ研究者というものは、常に自分や自分の研究していることに対して懐疑的な視点を持つことも大切です。西田哲学は、そうしたことをあらためて私たちに思い起こさせてくれる学でもあると思います。

池田先生は、最初に「ピュシス対ロゴス」という構図を提示してくださいました。私は『世界は分けてもわからない』（講談社現代新書）という本も書いているのですが、世界は分けないことにはわからない。分けるというのは、ロゴス的な見方です。でも、そのロゴス的な見方で分けても、世界はわからない、というのがその本の主張だったわけです。そして、その分けてもわからない部分にこそ、ピュシスの真実が隠されている。

そのことに気づく過程で、私自身、ロゴスとピュシスのあいだをまさに往還してきました。その意味では、ロゴスとピュシスは共存できるものでもあるのです。

ピュシスというのは、ピュシスとロゴスとのあいだを行き来しながら深めていくというのが、正しい把握の仕方なのではないかと私は思っています。

池田　重要なご指摘だと思います。真の意味でのロゴスというのは、結局、「ピュシスのロゴス」であるということですね。西田によって初めて区別されたとも言える、「人間のロゴス」と「ピュシスのロゴス」という場合の後者である、と。

現在の科学にできることはもちろんたくさんあります。しかし、いまのまま科学がその限界を放置していると、あるいは限界を限界と知らずになんでもできると思ってしまうと、肝心なところに危険が潜んでもいるわけですよね。その意味でも、一般の方々も、西田哲学やその考え方に触れることによって、現在の科学や哲学には限界があるのだということを知るだけでも、まったく問題がないと思って日々を過ごしているよりは一歩前進と言えるのかもしれません。

第五章でもお伝えしたように、生命とはかけがえのないものであり、素晴らしいものです。その真の姿がわかれば、私たちの生、そして世界というものはもっと豊かなものになると僕は信じています。それは簡単には見えないものでもあるのですが。

ヘラクレイトスは「自然は隠れることを好む」と言ったわけですが、それと同じような意味で、まさに大切なことこそ隠されているのです。

1 【ゼノンのパラドックス】 エレア派のゼノンが師パルメニデスの「唯一不動の存在」の思想に影響を受けて唱えた仮説で、時間と空間の実在性を否定するパラドックス。二分法、アキレスと亀、飛ぶ矢、競技場（のパラドックス）の四つが「運動のパラドックス」として知られている。ゼノンおよび飛ぶ矢のパラドックスについては、第三章189ページ注14を参照。

2 【ビッグバン】 「最初に爆発があり、すぐ次の瞬間から膨張が始まって現在のような宇宙（空間）となった」とするビッグバン理論において想定される最初期の超高温、超高密度状態のことで、狭義では宇宙の膨張が始まった時点を指す。その時期はおよそ一三八億年前と推定されている。

3 【細胞核】 真核生物（真核細胞＝核膜に包まれた核を持つ細胞＝からなる生物）の細胞を構成する細胞内小器官の一つで、内部にDNAと核小体を含む。二層の核膜によって隔離されている。第三章145ページ参照。

4 【ミトコンドリア】 真核生物の細胞質（細胞を構成する原形質のうち核をのぞいた部分）中に存在する細胞内小器官。エネルギー生成（ATP合成）を担う。細胞の核とは別に独自のDNAを持ち、増殖する。第三章145ページ参照。

5 【ゴルジ体】 細胞質内にみられる粒状または網状の複雑な細胞内構造。分泌物の生成や運搬などに関与するとされている。第三章145ページ参照。

6 【存在論】 個々の事物（存在者）を存在させる存在そのものの意味やその根本・基底を研究する学。アリストテレスの第一哲学以後、形而上学の中枢に位置する哲学上の立場。和辻哲郎（倫理学者、哲学者。一八八九年〜一九六〇年）の言葉を借りれば、「あるということはどういうことであるか」を問う哲学の一部門。

7【現象論】　われわれが認識できるものは現象だけで、本体（実在）そのものは認識できないとする説、またそのように考える哲学上の立場。現象論においては認識できる現象そのものが実在とみなされることになる。

8【観念論】　世界や自然のあり方において、物質ではなく観念的なもの（イデア・理念・意識など）がその根本的本質だとする考え方。またそのような考え方をとる哲学的立場。

9【唯物論】　世界の究極の実在を心的・精神的なものに求める唯心論に対して、世界の根本原理ないし実在の正体を物質とみなす哲学上の立場、またその考え方。代表的なものとして、一八世紀フランスの機械的唯物論、一九世紀のマルクス、エンゲルスによる弁証法的唯物論などが挙げられる。

10【因果律】　すべての事象は必ずある原因の結果として起こり、原因なしには何も起こらないとする考え方。またそれを表す原理、法則。

11【同時性（律）の問題】　「特に、生命の世界は、必ずしも因果律で成り立っているわけではない。寧ろ、同時性とも言うべき『同時律』の仕組みになっている。例えば、呼吸の場合、呼と吸とは相反する働きでありながら、実は、同時性なのである。つまり、現象界では、確かに呼と吸に後先があるように見えるけれども、『ヌーメノン』（本体、理体）では同時性である。『呼』が始まると同時に既に『吸』も始められていなければならない、さもなければ、『呼』は『吸』へと逆対応し得ないからだ。その意味で、西田の『逆対応』とは、『絶対矛盾的自己同一』と言わなければならないが、しかし、何故にそうであるかについての説明が、これまで全くなかった。その説明責任を果たし得ないところに、西田哲学の難解さが存するように思われる。

細胞膜上での分解と合成の場合も、実際上、その作用に後先があるわけではない、同時性の下での逆対応そのものでこそあった。『分解が始められるその瞬間に合成も既に始められている』ので、福岡氏はこれを『先回り』と表現した。『先回り』とは、同時律の仕組みそのものを意味していたのである。『包まれつつ包む』形成作用も、また然りである。結果として『包まれる』は、『包む』を原因とはしていないのだ。これまでは、原因と結果に基づく因果律思考が基本とされてきたが故に、同時性に基づく逆限定思考になかなか馴染めなかった。

例えば、年輪の形成とは環境を原因として現象しているように見えるのだが、ヌーメノンではそうではない。年輪とは、同時律の仕組みの下、そのまま環境なのである。また、『我』と『汝』の場合でも、『包まれつつ包む』形成作用の下では、『我』はそのまま『汝』である。あくまでも『我』を先において、その結果として『汝』があるものと思考すれば、従来の如く他者問題が発生して収拾がつかなくなる。

これまでのように、思考において『われ有り』を最優先事項とする限り、絶対に他者問題は解決しない。かくして、『思考』(cogito、「われ思う」とも訳す) において『われ有り』(sum) を最優先にした一七世紀のデカルト哲学が、いまだに、かくも西洋近代哲学を攪乱せしめているのである。デカルトの哲学とは、われわれの『思考』が如何に現象界に支配されやすいか、その本体を易々と見落としてしまうか、その最もティピカルな良き事例ではないだろうか。

こうして、われわれの宇宙における膨張 (エネルギー次元) と収縮 (粒子次元) も現象次元では後先があるけれども、本体次元ではあくまでも逆限定上同時性であって、膨張の背後に収縮が、収縮の背後に膨張が、常に隠れているのだ。ピュシスはどこまでも『隠れることを好む』からである。生命を生み出すわが宇宙において、膨張宇宙現象にのみ目が奪われて、われわれは、いまなお同時性律の仕組みに気づけないでいる。こうして、加速度的膨張現象に目が眩み、現代宇宙論もダークエネルギーとダークマターの混迷したままの中にある。いま、同時性律の逆限定的仕組みの下での、ヌーメノンにおける『収縮』への眼差しがどうしても必要なのではないだろうか。さもなければ、われわれは、何故にいまここにこうして存在し得ているのか、永遠の謎に帰すると思われる」（池田）。

理論編

ピュシスの側からみた動的平衡

福岡伸一

1

今西錦司の山

なぜ山に登るのか。そう問われた英国の高名な登山家ジョージ・マロリーは「そこにそれがあるから」と答えた。私の大先輩にあたる京都大学の生物学者――日本を代表するナチュラリストと言ってもよい――、今西錦司は生涯に一五五二座もの山に登った。今西も同じ質問を受けたことがある。これに対して、今西が語った答えがふるっている。「向うに山が見える。その山に登ったら、また向うに高い山があった。だから次々と山に登ります」（『今西錦司全集』1993年増補版　第1巻　月報第4号　講談社）

これは学ぶということの本質を、巧まざる表現で言い当てた名言ではないか。一生懸命、勉強し、考え、あるいは実験や研究を繰り返してある頂《いただき》に達する。するとそこからしか見えない新たな視界が開けてくる。人はその視界の向こうにある新しい頂を目指して、また次の登山のための一歩を踏み出す。

今西は、カゲロウの生息分布を調べ、流れの速度や水の深度によって、異なる種があたかも互いに他を尊重するかのように棲み分けている様子を発見した。

いわゆる「棲み分け理論」である。そこから彼は、種の主体性を考えるようになり、進化は「変わるべきときがきたら、みな一斉に変わる」ものだと言った。ダーウィン進化論に対するアンチテーゼと言ってもよい。

ダーウィン進化論は、生物の進化を、ランダムに起きる遺伝子上の突然変異と、その突然変異によってもたらされた形質の変化が子孫を残すことにどれくらい有利に働くか、という自然選択だけから説明する理論である。進化に目的や主体性はない。まさに、言葉と論理のみからなるロゴスの世界である。

これに対して、変わるべくして変わる、という今西の言葉はあまりにも漠然としている。対象を客体視しておらず、メカニズムも示されない。いかにもロゴス的でない。彼の生命観を広範に展開した今西錦司の代表作『生物の世界』はもはや忘れ去られた書物となり、現在の生物学者でこれを読んでいる人はまずいない。かくして、変わるべくして変わる、といった彼の主張は非科学的だとして、今では今西生命論は否定され、忘却の彼方にある。

私は、今西錦司に直接教えを乞うたことはない。私が京都大学に入学した頃、今西はすでに退官していた。でも、何度かその姿や謦咳《けいがい》に接したことはある。大学の講堂で開催された講演会で見かけたこともある。演者が誰だったかはすっかり忘れてしまったが、前の方の座席に座った今西錦司の後ろ姿だけは鮮明に覚えている。そんな今西錦司の孤高を、私は、いつも視界の向こうに仰ぎ見る。今西錦司は、西田幾多郎をよく読んでいたという。

ロゴスとピュシス

本書の対話の主題は、お読みいただいたとおり、ロゴスvsピュシスである。ロゴスは、自然を切り分け、分節化し、分類し、そこに仮説やモデルやメカニズムを打ち立てようとする言葉の力、もしくは論理の力である。イデアやメタファーを作り出す力である。一方、ピュシスとは、切り分け、分節化し、分類される以前の、ありのままの、不合理で、重畳《ちょう》《じょう》で、無駄が多く、混沌《こんとん》に満ち溢《あふ》れ、あやういバランスの上にかろうじて成り立つ動的なものとしての自然である。自然とはロゴスではなく、結局はピュシスである。これはシンプルな真理である。

ピュシスは、physisであり、もともとphysics（物理学）やphysiology（生理学）の語源としての自然学だった。隠れることを好み、ありのままの矛盾を内包するものとしての自然だった。しかし、ピュシスとしての自然は、その後、ロゴスの力によって論理化されると同時に、その精妙さ、偶発性、一回性といった特性がことごとく捨象されていくことになる。それが、physisをして、physicsやphysiologyに再編させた。これは近代科学が辿《たど》ってきた道そのものである。

そのことに気づくためには、まずはロゴスの山を登らなくてはならない。基礎学力としてのロゴスを身に着けなければならない。理系の研究者になるために時間がかかるのはそのためだ。大学四年、大学院五年。その時点で二十代も後半だがまだ食えない。さらにポスドクとして修行を続けなければならない。

このようにして、私たち現代の生物学者、特にミクロなレベルでDNAやタンパク質を研究する分子生物学者は、ロゴスを身にまとう。ミクロな研究対象のふるまいをそのまま直接観察することはできないので、先に、仮説やモデルやメカニズムを考える。それを検証しようとするのが分子生物学研究の方法論となる。すると、その必然として、私たちはしばしば自分が想定した仮説やモデルやメカニズムに固執し、その前提に囚《とら》われるあまり、自然のほんとうの姿を見失いがちになる。

このことに気がつくためには、ロゴスの山を登り、そこに辿り着いた者だけが見える光景を見なければならない。

ユクスキュルのブナ

生物たちはそれぞれ独自の知覚と行動で自分の世界観を作り出している。だからそれを環境ではなく「環世界」と呼ぼう。虫たちの眼には光を集めるレンズがない。像を結ぶ網膜もない。色を感じる視物質もない。しかし彼らは確かに光の動きを捉え、世界を感じている。——生物における「環世界」について論じた生物学者に、ヤーコプ・フォン・ユクスキュル（一八六四年〜一九四四年、第二章119ページ注11、120ページ注12参照）がいる。彼もまた孤高の研究者であり、ある意味で、反ダーウィニストだった。ユクスキュルの本を読んでいてこんな一節を発見した。

ハイデルベルクの森を散策していて、一本の美事なブナの木に出会ったことがあった。わたしはその前に呆然と立ち尽くした。すると突然、ひとつの認識が湧き上がったのである。これは一本のブナではない。僕のブナだ、と。僕がこの僕の感覚と知覚によって、この美事なブナのそのあらゆる細部を今構成したのだ、と。

（ヤーコプ・フォン・ユクスキュル著　前野佳彦訳『動物の環境と内的世界』（みすず書房）～グードルーン・フォン・ユクスキュル「ヤーコプ・フォン・ユクスキュル——生きた世界、造った環境」）

これをピュシスと言わずしてなんと言おうか。包みつつ包まれる実感が確かにここにはある。

ファーブルの言明

自然をありのままに観察する。これは言うは易《やす》く行うは難いことである。漫然と自然を見ても自然はその姿を表してはくれない。なぜなら自然は隠れることを好むからだ。木の幹にとまる一匹の蛾《が》を観るためだけでも、ロボコップのように視線の焦点深度をズーム・インもしくはズーム・アウトさせながら、適切なレイヤーにフォーカスをあわせなければ、見事なまでに木肌にカムフラージュした小さな蛾の姿を視認することはできない。ファーブルが見ようとしたのは、ありのままの自然、つまりピュシスだった。ファーブルが見ようとしたのは、ただそこにいる小さな虫たちの姿ではなく、彼らの生きざまだった。つまりファーブルは、自然観察者（ナチュラリスト）として、生命のスナップショットを撮影するだけでなく、時間の流れの中で生命のひたむきな移ろいをまるごと捉えようとした。

たとえば、ファーブルは何年もかけてツチハンミョウという昆虫の奇妙な生態を観察した。ツチハンミョウの成虫は、コハナバチの巣の近くに大量の卵を生む。コハナバチの巣は地面の中だ。そこに蜜や花粉を集め幼虫が育つ。卵から孵《かえ》ったツチハンミョウの幼虫は、しかし、コハナバチの巣に寄生して蜜や花粉を掠《かす》め取るわけでもなく、コハナバチの幼虫をエサにするわけでもない。コハナバチが成虫になったとき、その身体に取り付いて、花のある場所に運ばれるのを待つのだ。この段階で大半の幼虫は死滅する運命にある。コハナバチにつかまった幼虫も途中で振り落とされたり、花のない場所に連れて行かれれば一巻の終わりだ。運良く花にたどり着いたツチハンミョウの幼虫は、ここでも花の蜜を吸ったり花粉を食べたりするわけではない。別の昆虫に取り付いたりして、花から花に風まかせで移り、機会を待つのだ。機会とは偶然、そこへヒメハナバチが飛来することである。このハチは、同じハナバチの仲間なのだが、先のコハナバチとは異なる種である。ヒメハナバチがやってくると、ツチハンミョウの幼虫はすかさずヒメハナバチの身体に取り付いて、ヒメハナバチの巣に運ばれる。ツチハンミョウの幼虫は、そこではじめてヒメハナバチが自分の幼虫のために作った花粉団子をエサに成長を始めるのだ。なぜ、こんなに面倒で、不確かで、効率の悪い生存方法を選ぶのか。エサにありつく機会はいくらでもあったはずなのに（コハナバチからヒメハナバチへの移動は、ファーブルの研究をさらに発展させた日本のナチュラリスト・舘野鴻による観察結果である。詳しくは『つちはんみょう』偕成社を参照）。

ファーブルの時代、すでに科学は、あるいは生物学は、その解像度を急速に高めながら、轟音《ごうおん》をたててロゴス的な切断によって自然の分節化を進めていた。個体としての生き物は、細胞のあるいはそれ以下のミクロなレベルへと還元され、分解されていった。遺伝子を中心とする生命科学が確立されていく。生態としての生き物のあり方は、すべて突然変異と自然淘汰の物語によって、すなわちダーウィンの進化論で説明されるようになっていく。しかし、還元主義的な分子生物学が、あるいは進化論が、いったいどのようにしてツチハンミョウの奇妙すぎるギャンブルを説明しうるだろうか。

ファーブルは高らかに宣言している。

あなた方は研究室で虫を拷問にかけ、細切れにしておられるが、私は青空の下で、セミの歌を聞きながら観察しています。

あなた方は薬品を使って細胞や原形質を調べておられるが、私は本能の、もっとも高度な現れ方を研究しています。

あなた方は死を詮索しておられるが、私は生を探っているのです。

（ジャン＝アンリ・ファーブル著　奥本大三郎訳『完訳　ファーブル昆虫記』第2巻上　集英社）

ファーブルはまずピュシスをピュシスとして受け入れることを選んだ。なるべくしてなり、あるべきものとしてある。そのようなものとして自然を観ることを選んだ。

もちろん、ツチハンミョウのギャンブルに、進化論的な説明を当てはめることは可能だ。なぜなら、進化論的な説明はあらゆる物語を作り出しうるから。あえて確率の低いチャンスにかけることによって、競合他者を排除し、自分だけのニッチを見出し得た……などという具合に。しかし、まずコハナバチの飛行に便乗し、風まかせで、花から花へと移り、たまたま到来したヒメハナバチの花粉団子に潜入し、そこで初めて摂食行動を開始するなどという多段階にわたる複雑な生態が、いったいどのようにして漸近的に進化しえたのだろうか。どのプロセスが欠けても成り立たない。部分的なプロセスが成立しても、全体が繋《つな》がらないと生存は完遂されない。つまり部分的達成は自然選択の網にはかからない。にもかかわらず、部分的達成が斉一的に集合して、全体を形成しているように見える。それは自然のあらゆるところに起こっている。それがピュシスなのだ。

ロゴスによって切り取られる前のピュシスに触れたことのある者は、ピュシスに最初に出会ったときの鮮やかな感触を二度と手放すことができなくなる。それゆえロゴスによる後付の説明をすんなりと飲み込むことができない。

これは何も進化論を否定しているわけではない。現在の進化論だけでは説明しきれない豊かさが自然＝ピュシスの中には満ち溢れている、という直接的な実感なのである。

こうして考えてみると、このような実感は、ナチュラリストの矜持《きょうじ》として連綿と受け継がれてきたものであることがわかる。ファーブル、ユクスキュル、今西錦司……。

この系譜を辿っていくと、スティーブン・ジェイ・グールドを想い出さないではいられない。惜しまれつつ早世したグールドは、先鋭的なダーウィニストとして利己的遺伝子論を主張したリチャード・ドーキンスの好敵手だった。ドーキンスの切れ味のよいロゴスが、グールドの詩情溢れるピュシスに対して、一見、勝利したかのように捉えられることがしばしばある。しかし、生命の本質を考えるとき、それはほんとうに正しいだろうか。

グールドは論文「サンマルコ大聖堂のスパンドレルとパングロス風パラダイム」の中で、生物のあらゆる特性を切り出して、その部分に進化論的説明を与えることがしばしば誤った物語、恣意的な説明を導いてしまうことの危険性を指摘した。

ファーブル、ユクスキュル、今西錦司、グールド。彼らは非科学的なのではない。それぞれのスタイルで、ロゴスによる科学的切断が捨象してしまったピュシスのありかを示唆しようとした。それは決して非科学的なことではなく、むしろ、古くて新しい科学のビジョンとして、未来に向けて提案されたものだった。そんなピュシスの実相は、ナチュラリストだけが触れ得た質感だったはずだ。そして彼らのビジョンは、西田幾多郎の世界観・生命観とピタリと重なっている。

2

生命の動的平衡を分解と合成から考える――「先回り」とは何か

生命の動的平衡について、ここで今一度、その理論的な骨子について語ってみたい。これは先に引用した拙著『生物と無生物のあいだ』の最後の問い、「絶え間なく壊される秩序はどのようにしてその秩序を維持しうるのだろうか」への、現時点で私がなしうるささやかな回答である。

アンリ・ベルグソンは、著書『創造的進化』（一九〇七年）の中で、「生命には物質のくだる坂をさかのぼろうとする努力がある」と書いている。

Toutes nos analyses nous montrent dans la vie un effort pour remonter la pente que la matière descend.（仏語原文）

All our analyses show us, in life, an effort to remount the incline that matter descends.（英訳）

ベルグソンの「エラン・ヴィタール」（生の跳躍）概念に基づく目的論的な進化論（進化の方向性に意志があるように見る）は、無目的・ランダムな突然変異と環境による自然選択だけを進化の動因とするネオ・ダーウィニズムの潮流の中では、かなり時代遅れのものとなってしまった。しかし、「生命には物質のくだる坂をさかのぼろうとする努力がある」という、この有名な言明は今も十分に有効であり、後に、シュレーディンガーに引き継がれ、エントロピー増大則の坂を生命がいかにして登りうるか、という問いかけにつながった。

エントロピー増大の法則――宇宙のすべての現象は乱雑さがふえる方向にしか進まない――、すなわち熱力学の第二法則に反することは誰にもできない。それゆえ、生命は、増大し続けるエントロピーを絶えず系外に捨て続けなければならない。そうすることで、不安定ながら、崩壊しそうになるたびに絶えず秩序を作り直すこと――つまりまさに、ベルグソンの言うとおり、物質の下る坂を登り返す努力――を続けている。むろんこの努力は、一〇〇％完全に、永続的に行い続けることはできない。少しずつ捨てきれないエントロピーが系の内部に残存・蓄積し、捨てようとする営みも鈍ってくる。坂を登ろうとする営為が尽きたとき、細胞もしくは個体は死を迎える。つまり坂の下方にずるずると引きずり降ろされ、奈落の底――つまりエントロピー増大が極まった熱力学的な死の状態――に落ちる。

生命とは何か、と問われたとき、この眺望に立てば、生命とは、物質が下ろうとする坂を、絶えず登り返すという絶え間のない往還、あてどのないシーソー運動が繰り返されること、つまり「動的平衡」である、ということができる。しかし、私はこれまで自著『生物と無生物のあいだ』でも『動的平衡』でも、動的平衡が絶え間のない合成と分解、酸化と還元、結合と切断といった流れの中にあることを示したものの、それはあくまで往還やシーソー運動の様相を述べただけにすぎず、動的平衡が、ほんとうの意味で、いったいどのような方法によって、物質が下る坂を登り返そうとしているのか、そのモデルを明確に示しえたことはなかった。もしそれが可能なのであれば、それこそが生命の定義となるだろう。私は今、そのモデルを暫定的なものであったとしても、ここに提示してみたいと思う。

実は、西田もベルグソンと通底するようなことを書いている。それは「行為的直観」について述べた際、その具体的な事例として、岸壁を命を賭して登攀《とうはん》するクライマーを挙げているところだ。

我々は少しの思想も交えず、主客未分の状態に注意を転じて行くことができるのである。例えば、一生懸命に断崖を攀《よ》づる場合の如き、音楽家が熟練した曲を奏する時の如き、全く知覚の連続といってもよい。また動物の本能的動作にも必ずかくの如き精神状態が伴うているのであろう。これらの精神現象においては、知覚が厳密なる統一と連絡とを保ち、意識が一より他に転ずるも、注意は始終物に向けられ、前の作用が自ら後者を惹起しその間に思惟を入るべき少しの亀裂もない。これを瞬間的知覚と比較するに、注意の推移、時間の長短こそあれ、その直接にして主客合一の点においては少しの差別もないのである。

(『西田幾多郎全集』第一巻〜『善の研究』11〜12ページ)

坂を登る、あるいは岸壁を登攀する。これは生命現象のたくまざる比喩と言える。ただ、これはベルグソンの言うところの「努力」ではない。外部の視点から眺めると、坂、もしくは岸壁を登る営為は確かに努力に見える。しかし、西田は、岸壁をよじ登る、まさにその瞬間にあるクライマーになりきって、手足で三点確保をしつつ、絶えず次の支点を求めて、意識よりも先に動き出す登攀行為そのものについて、語ろうとしているように思える。

私もまた、できるだけ西田にならって、生命の定義について、流れの中に身をおいて、その場所から、つまり外部からではなく内部から、まさにクライマーの自動的な動きの如く、動的平衡とは何かについて語ってみたい。

そのために重要なキーワードは、この対談の中で繰り返し語られた「先回り」ということである。生命にとって、エントロピーの増大とは、細胞膜やタンパク質の酸化、変性・凝集、老廃物の蓄積などである。

そして細胞には、これらエントロピーの増大を、絶えず外部に捨てる仕組みがそなわっている。それは、リソソームやプロテアソーム、そしてオートファジーと呼ばれる細胞内の分解システムである。しかし、それらのシステムは、細胞内の物質が酸化したから、あるいは変性・凝集したから、分解しているのではない。絶えず「先回り」して分解を行っている。壊れたから、故障したから、除去しているのではない。

二〇一六年のノーベル医学生理学賞が、日本人研究者・大隅良典《おおすみよしのり》氏に授与されたことで、オートファジーという専門用語が人々の口に上るようになった。オートファジーはまさに生命の動的平衡を支えるもっとも重要な分解システムである。だから、オートファジー研究にノーベル賞の光が当たったことは、動的平衡を考究する私にとってまことに喜ばしいことだった（ちなみに、大隅先生は、ロックフェラー大学でポスドク修行をされていたので、年次は重なっていないものの、同じ場所で学んだ私にとっては先輩にあたるので二重にうれしい）。

オートファジーとは自食作用のこと。細胞内にはミトコンドリアや輸送小胞などの構造体がある。細胞は特殊な膜によってこれらの構造体を取り囲み、隔離してしまう。隔離したあと、この区画に酵素を送り込んで（この酵素が貯蔵されている小器官をリソソームと言う、第三章145ページ参照）、あっという間に構造体を分解してしまうのである。分解産物はリサイクルされたり、排泄《はいせつ》されたりする。つまりエントロピーが捨てられている。ただし、オートファジーの訳語である自食作用という言葉の「自食」に囚われすぎてはならない。

大隅氏がノーベル受賞決定翌日の記者会見で質問攻めで疲れ果て「（昨日からほとんど何も食べておらず）私は今オートファジー状態」だと語ったり、メディアにおけるオートファジーの解説として、栄養飢餓に陥った細胞が自身の成分、主にタンパク質や細胞内小器官を分解して、そこから栄養素を得る非常手段である、という説明がなされているが、これはあくまでオートファジー現象の一面に過ぎない。

オートファジーは飢餓時の緊急反応としてのみ発動するわけではない。むしろ、オートファジーは定常的・恒常的な細胞内分解システムであり、絶え間なく、合成の逆反応を「先回り」するかたちで、合成とセットになって自己同一的に行われている。たまたま、大隅氏たちが、酵母を飢餓状態にしたとき（つまり合成をとめたとき）、この分解反応が顕著に起きることから発見にいたったというだけで、ふだんは合成の逆反応なので見えにくいだけである。本書の中で、池田先生が語っているとおり、いつも自然は隠れることを好むのである。

よく壊滅的な打撃を受けた政党や組織が、解体的出直し、といってスローガンを掲げているが、細胞にとってみれば、それでは出遅れなのである。細胞は、まだ新品でも、出来たてほやほやでも、情け容赦なく、細胞内システムはどんどん「先回り」して分解を行っている。先回りの分解を行うことによって、新たな合成、次の構築の契機を作り出している。それを同時的・連続的に行うことが動的平衡なのである。

ベルグソンの弧（アーク） Bergson's Arc : a model

ベルグソンの言うところの、物質が下る坂、つまり万物が転がり落ちる斜面について、いま、ひとつの思考実験として、円形の物体が、坂におかれている状態と考えてみたい。物質が坂を下ること、つまり重力に従ってものが落下する万有引力の法則は、エントロピー増大の法則とは、単位系が違う。だから物理的には直接重なり合うことはない。が、ここでは、高エネルギーの状態が、エネルギーを放出して低エネルギーの状態に落ちること、あるいは、秩序の高い状態が、少しずつ崩壊して秩序の低い状態に陥ることについての、便宜的なモデルとして、高い位置エネルギーにある物質が、低い位置エネルギーにある物質へと落下することと相同とみなして考えを進めてみたい。

ここでは問題の単純化のために、座標軸の原点に中心を持つ、半径rの円と考える。円周の線に厚みはない。この円は、角度θを持つ坂に点Kで接している（図1参照）。便宜上の思考操作として、見えざる指が円を支えており、円が坂を転がり落ちるのを一時的に防いでいると考える。

この円は、薄い生体膜で覆われた細胞と考えてもよいし、かつて西田幾多郎が好んで描いたという円相の図と捉えてもよい。いずれにしてもここにあるのは「生命の環」である。

私は、『生物と無生物のあいだ』や『動的平衡』において、生命とは絶えずその中を物質やエネルギーや情報が通り抜けていく「流れ」だと言ってきた。通り抜けるという表現も実は正確ではない。なぜなら生命とは、通り抜けるものの「いれもの」ではなく、いれもの自体が流れ行く動的な存在だからである。

生命とは絶えず動的であり、外部環境に向かって開いている。その開口部を通して、物質、エネルギー、情報が出入りしており、この出入りこそが生命の流れなのである。すなわち動的平衡とは、平衡とは言いながら、どこかに静的な到達点がある平衡ではなく、実は非平衡であり、生命とは開放系である。

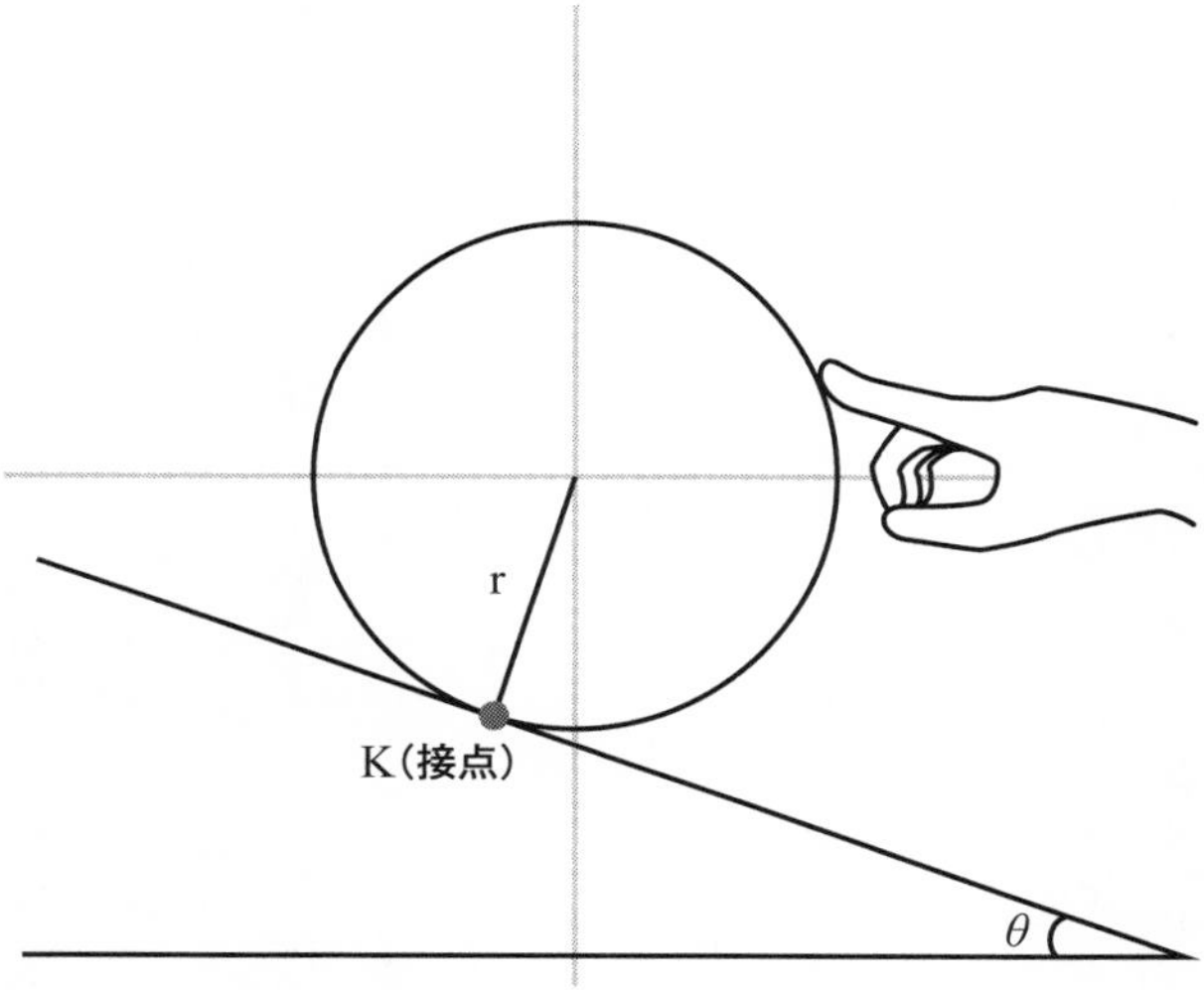

図1

そのことを踏まえた上で図1を見てみよう。半径rの円を生命の環だと言ったが、生命は非平衡であり、開放系である。生体膜はあらゆる場所に穴が開いており、同時にすばやく穴が閉じられている。膜は均一で破れのないシートであるどころか、切れ切れの、裂け目だらけの、流動するモザイク状の動的なものである。その裂け目では絶えず挿入と回収、合成と分解、物質・エネルギー・情報の交換がある。

そこで、私たちもここで半径rの「生命の環」の円周を開放（開環）することにしよう。細胞の実相としては、円周の複数の場所で、小さな裂け目が絶えず生成しては消滅を繰り返しているわけだが、モデルの単純化のために円周の一部だけを開放する。開放する場所は原理的には円周上の任意の場所でよいのだが、これもモデルの単純化と、のちの計算上の利便性から、半径 r の円と角度 θ の線分が接する接点Kから出発し、図において反時計回りに円周を開放する（削りとる）ことを考える（図2参照）。見えざる指が円を支えているので、この円周の「削り作業」を行うあいだも、円が坂を転がり落ちることはない。

円周を少しずつ削っていく。円周の先端（接点Kとは別の、もう一つの断端S）が図の第四象限にある範囲では、円はなお坂を転がり落ちようとするが（指が支えているので実際は転がり落ちない）、円周の削りがさらに進んで、削りが座標軸の第一象限に入り、円周の三分の一近くになったところで、均衡点が出現する（図2のように坂の角度 θ が20度程度であった場合）。その地点まで円周を削ると、残された円弧（これは元の円のおよそ三分の二程度の大きさとなる）の重心Mが、ちょうど接点Kの真上に位置する場所がある。

なお、円 r の中心を座標軸の原点（0,0）とすれば、接点Kの座標は（$-r\sin\theta$, $-r\cos\theta$）、接点Kから真上に引いた鉛《えん》直線は円弧と点E（$-r\sin\theta$、$r\cos\theta$）で交わるが、均衡点において

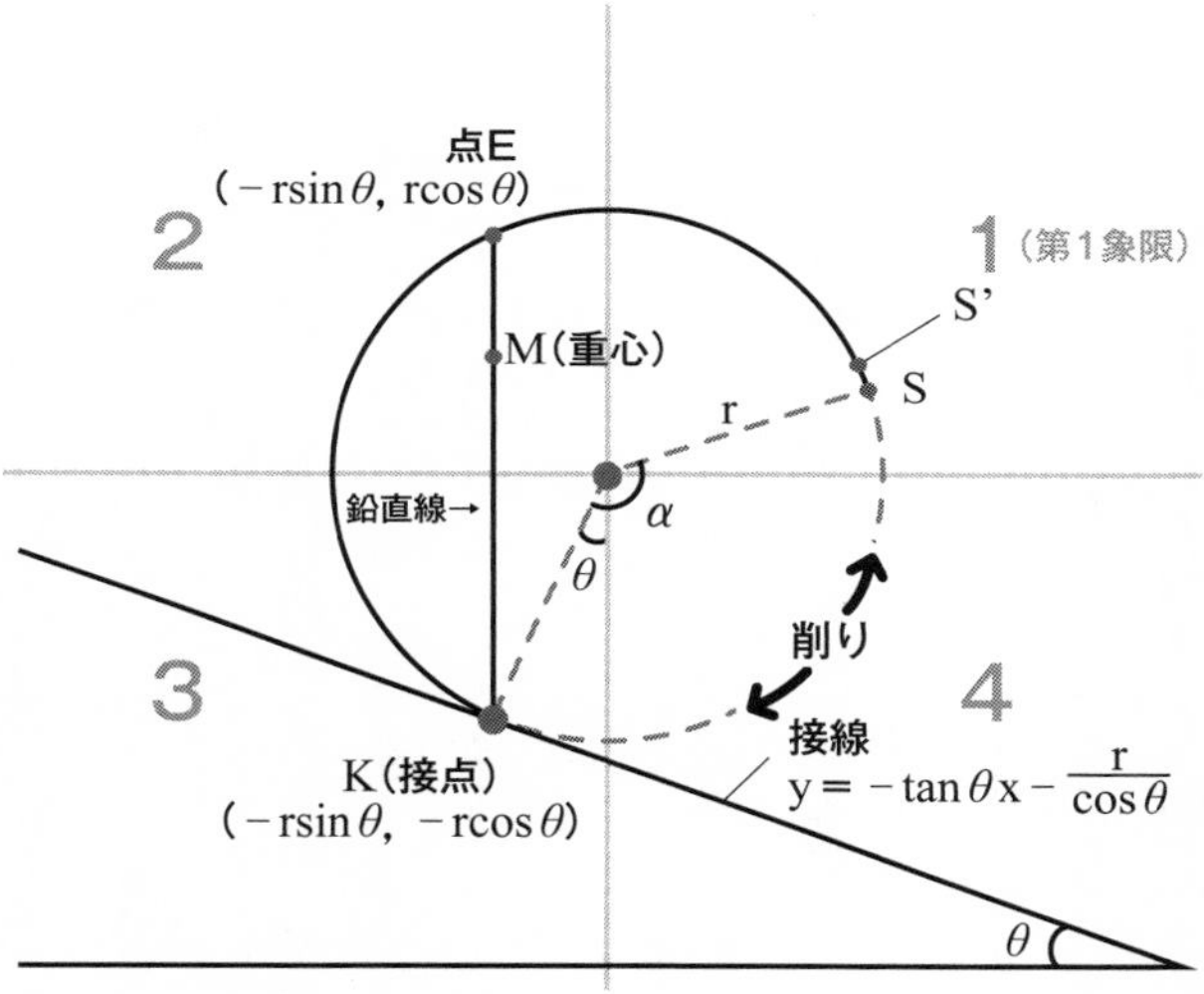

図2

は（Sが均衡点となっているとき）、この鉛直線上に円弧の重心Mが存在することになる。

　この地点まで円周を削ると、残された三日月型の円弧は、点Eにおいて、Eから左側の円弧と、Eから右側の円弧のモーメントがちょうど釣り合い、円弧は接点Kに一点を接したまま、均衡をとって、坂（接線）の上にちょうどバランスを保ったまま静止し、仮に、指を離しても転がり落ちることはない。しかしまだ指は離さないでおく。

　このような重心Mを与えるような円周の削り断端《だんたん》の座標S（a, b）を与える削り角度α（∠KOS）は、θの関数として求めることができる。

今、$2\pi - \alpha = 2\beta$とおくと、θとβとの関係は、$\theta = \mathrm{acot}\,[\beta / (\sin\beta \cdot \sin\beta) - \cot\beta]$

と表現できる。

さて、ここでもし削りを、つまり円弧の分解を、この均衡点Sを越えて、なお少しだけ進めたとしよう（図2の座標S'の地点まで）。このときおもむろに円弧を支えていた指をそっと円弧から離すとどうなるかを想像していただきたい。S'まで円弧を削り込むと、円弧の重心はSが均衡点となっていたときの重心Mの左側に移動する。だから、円弧を支えていた指を離すと、円弧は坂の下に向かって転がるのではなく、むしろ左側方向に、つまり坂を登る方向にぐらりと傾く。

この削り込みこそが「先回り」に他ならない。「生命の環」に不安定性を付与する、先回りの分解。

このとき、円弧は生命の開いた環で、絶えず合成と分解が同時進行している動的平衡にあるとしよう。モデルを単純化する意味で、生命の円弧において、合成は断端S'で起こり、分解はもう一つの断端K（坂との接点だったところ）で起こるとする。

左にぐらりとかしいだ円弧の断端Kは、回転にともなって（新たな）接点から右側に飛び出すことになる。このとき飛び出した断端Kにおいて、その断端を接点に引き戻す程度の速度で、断端の分解が起こるとする。つまり見かけ上、断端は飛び出すことなく、恒常的に接点から伸びないように削り取られていくとする。

一方、もう一方の断端S'の状況を考えよう。円弧の左回転（図中において、反時計周り）にしたがって、断端S'は円周に沿って左方向に引っ張られて移動していく。この移動速度を相殺する程度の速度で、断端S'において、円弧の新たな合成が起きるとする。

つまり、三日月型の円弧において、接点そばの断端Kでは絶えず円弧の分解がなされ、他方の断端S'では絶えず円弧の合成が起きている。もし、円弧から見えざる指が離された直後から、円弧の両端において合成と分解が同じ速度で生じたとすれば、合成と分解は釣り合い、見かけ上、円弧はもとの位置に静止しているかのように見えるはずである。

ところがである。もし仮に、断端Kにおける円弧の分解の速度（dK/dt）が、断端S'における円弧の合成の速度（dS'/dt）よりもほんの少しだけ大きいとすればどうだろうか。つまりここでも、分解がわずかだけ合成を常に「先回り」するように起きるとしたらいったい何が起こるだろうか。

断端Kにおける分解が先行すれば、断端S'における合成は絶えずほんの少しだけ後手に回ることになる。そうすると円弧のモーメントは絶えず（この図において）反時計回りに働くことになる。つまり、円弧は左回りに回転しようとする。左回りに回転するということはすなわち、坂を登り返そうとする力が働くということだ！　指を離した瞬間、円弧はその不安定なバランスを解消しようとして左にゆらりと回転する。が、そのとき一方の断端では分解が、他方の断端では合成が起きる。そして分解速度がわずかに合成速度を上回る。つまり分解が合成を「先回り」する。このとき円弧はそのかたちを維持したまま、ゆっくりと坂を登り始めるのだ。しかもかたちを維持しているように見えるのは、あくまで見かけ上のことで、円弧は絶えず一端で分解され、絶えず他端で合成されているから、円弧自体はゆっくりと坂を登りながら回転し、消費されつつ、新生されることになる（図3参照）。

合成と分解を同時進行させながら、その同時進行において、わずかに分解が合成を先回りしたとき、一瞬、平衡バランスが崩れ、揺らぎが、エントロピーが減少する方向に起こりうる。もちろんすぐに平衡はエントロピーが増大する方向に戻ろうとする。このときま

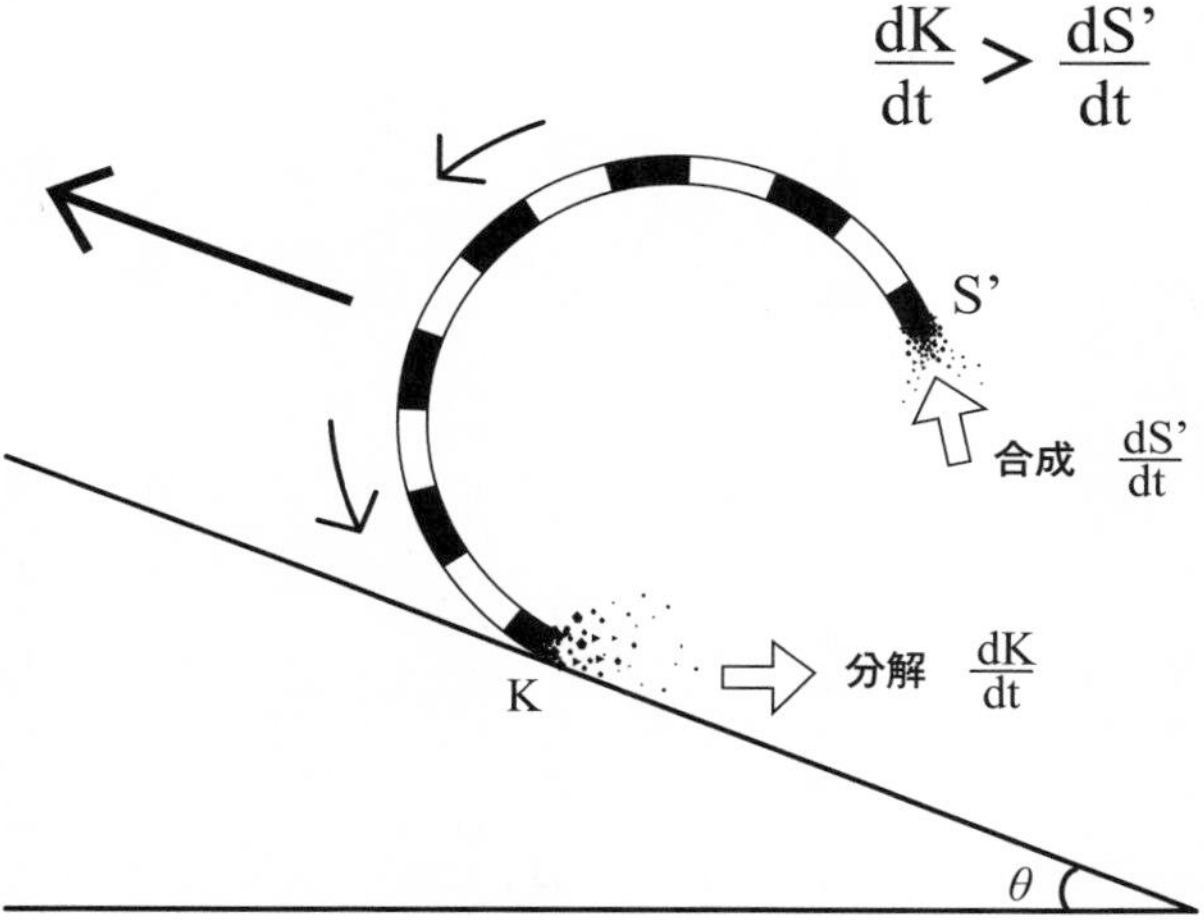

図3

たわずかに分解が合成を先回りし、再び揺らぎを作る。このように分解と合成のプロセスが逆方向に同時・連続的に起こりつつも、常にわずかに分解が先回りするとき、生命の環たる円弧は、物質が必然的に下るべき坂をゆっくりと登り返すことが可能となる。これを動的平衡と呼ばずしてなんと呼ぶべきだろう。坂を登り返す、この動的な円弧を、ベルグソンの弧（Bergson's Arc）と名づけ、動的平衡の数理的な概念モデルとしてここに提案したい。ベルグソンの弧においては、相反する合成と分解が絶えず両端で生起している。それは動的平衡にある「生命の

（開いた）環」であり、絶対矛盾的自己同一の状態にある「生命の（開いた）環」でもある。

動的平衡モデルの具体例

生命現象を観察していると、このベルグソンの弧のモデルが当てはまると思えるケースにしばしば出会う。

細胞の内部には、細胞内骨格と呼ばれるクモの巣状の網目構造が縦横無尽に張り巡らされている。これが細胞構造を支えたり、細胞の膜運動や物質の輸送、小器官の移動、あるいは細胞自体の運動や細胞分裂に関わっている。しかし細胞内骨格は、骨格という名から想起されるイメージとは異なり、決して建築的骨組み、つまり柱や梁《はり》のような堅牢で固定的な構造体ではない。むしろ極めて不安定で常に動的な状態にある。分子生物学の教科書『細胞の分子生物学』（第5版　ニュートンプレス）は、細胞内骨格のことを「高速道路よりもアリの行列に似たつくりといえる」と表現している。これは絶妙なたとえだ。実際、細胞内骨格はいずれも単位となる（モノマー）タンパク質分子（これがアリの一個体にあたる）が、連なってできたポリマー（重合体）となったもの（これがアリの行列、もしくはアリがつくる橋）

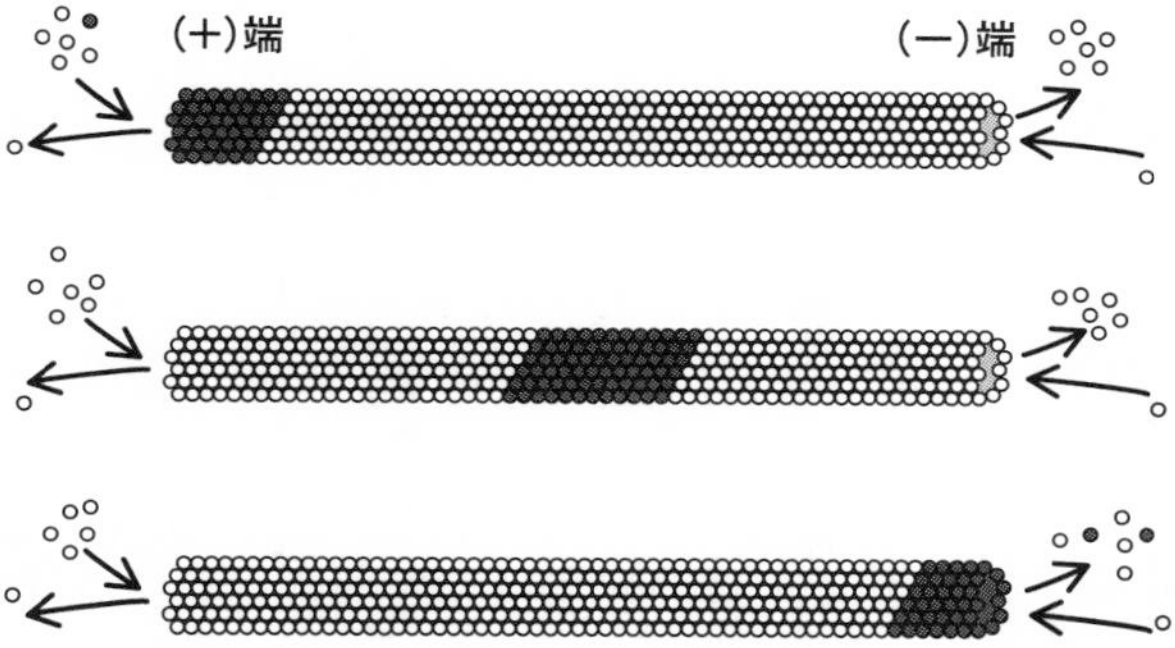

図4　微小管におけるトレッドミル現象

である。アリの行列がたえず動いていて、餌の場所や敵の襲来に応じて離合集散するように、細胞内骨格も常に形成と崩壊を繰り返している。

その中で、トレッドミルと呼ばれる特徴的な動きがある（図4参照）。細胞内骨格の一つに微小管がある。微小管は鳥瞰《ちょうかん》するとスパゲティのような棒状にみえる。しかしその棒は、モノマーであるチューブリン（というタンパク質＝アリ一匹にあたる）が重合（どんどん結合していくこと）してできたポリマーである。しかも、単にチューブリンが単線に連結したものではなく、組紐のように複数の束状になっている（アリが複数のねじれた列を形成しているイメージ）。

微小管の両端では常にチューブリンが重合しつつ、一方で遊離（どんどん放出されていくこと）している。この微小管全体を経時的に観察すると――これが重要なポイントなのだが――一方の端から他方の端に向けてゆっくりと〝波〟が、次々と進んでいることがわかる。それはちょうど電光ニュースのパネル板を文字列が流れているのと同じ動きである（新幹線に乗ると、車両ドアの上に掲示されているあれ）。これがトレッドミル（ベルトコンベアのこと）現象である。この動きがあるゆえに、たとえば細胞内の膜小胞が、微小管に結合したまま、ある場所から別の場所へ輸送され、最終的には細胞膜と融合して細胞外に放出されるような分泌経路の運動を達成することができる。

微小管の〝波〟はどのようにして生み出されているのだろうか。それは微小管の端におけるチューブリンの結合と遊離の速度にわずかな差があるからだ。微小管の一端では、チューブリンの遊離速度が結合速度よりも大きい。つまりこのとき微小管はこの断端において短くなろうとしている。一方、微小管の他端では、チューブリンの結合速度が遊離速度よりも大きい。このとき微小管はこの断端においては長くなろうとしている。全体として微小管を俯瞰《ふかん》すると、微小管は徐々にその空間的な座標をずらしているわけだが、仮に微小管が別の方法で細胞内のある位置に繋《つな》ぎ止められているとすれば（実際、細胞内では、微小管を取り巻くように、さまざまな見えない糸〔他の細胞内骨格系〕が張りめぐらされていると考えられている）、断端におけるチューブリンの結合と遊離の動的な不均衡の結果、微小管の内部では、一端から取り込まれたチューブリンが次々と他端に向けて押し出されていくという〝波〟が生み出されることになる。これは固定された電光パネルを文字が流れていくように見えることとまったく同じ作用である。これがトレッドミル（ベルトコンベア）現象の実体である。

これは、先に提示したベルグソンの弧の動態と同じ基本原理にある。つまりベルグソンの弧は、細胞のあちこちで実際に常々作動しているのだ。そして合目的な運動と動的な構造を、つまり秩序を細胞にもたらしている。すなわち物質の下る坂を登り返している。かかる現象は生命のさまざまな局面で観察することができる。

分解と合成の逆限定、つまり互いに他を規定しつつ協同している現象は、生命を俯瞰すると枚挙にいとまがない。プロテアソームやオートファジーによるタンパク質の分解と品質保証も、合成とセットになって初めて成立する動的な平衡である。骨の維持も、骨を絶えず破壊する破骨細胞と骨を絶えず新生する造骨細胞との動的平衡によって成り立っている。

生命の有限性の起源

次に、ベルグソンの弧のモデルが私たちに提示する、もうひとつの重要な論点について考えておきたい。動的平衡たるベルグソンの弧が坂を登り返すとき、そのモーメントが生み出されるために、K点での分解は、わずかにS'点での合成を上回って起こっている。これがどんどん続くとすれば、その帰結として生じることは、円弧は坂を登り返しつつありながら、刻一刻、必然的に、その全長を少しずつ短くしていかざるを得ない、ということだ。円弧は物質の下る坂を登りつつ、少しずつその長さを縮め、エントロピー増大の法則に部分的に抗しつつも、徐々に小さくなっていく。そして、最終的に消滅してしまうことになる。ここに生命の有限性の必然があるのではないだろうか。同時に有限性があるがゆえに、そこに時間の経過が（あえて踏み込めば時間の発生が）あるのではないだろうか。

たとえば、大腸菌のような原核細胞ではゲノムDNAは、閉じた環状構造をとっている。複製するときはこの環が二つできる。しかし、ヒトを含む多くの真核細胞においては、ゲノムDNAは、複数個の染色体（いわば分冊化されたゲノム）として、両側に二つの断端を有する直線構造をとっている。この断端はテロメアと呼ばれている。DNAが複製されるとき、二重らせん構造がほどかれ、一本鎖となったDNAは、その端に相補的に結合する、プライマーという短いRNAがきっかけとなって複製が開始される。つまり一本鎖DNAが鋳型となって相補的なDNAが新たに合成される。これがそれぞれの一本鎖DNAに対して起きるので、ゲノムDNAは全体として倍加し（コピーをつくり）、それぞれは細胞分裂によって生じた新しい娘細胞に分配される。ちなみに、細胞の分裂、染色体の整列と倍加、分配など細胞内の物質の移動と輸送には、すべて先に記した細胞内骨格の動的な生成と消滅が関わっている。

複製が完了すると、複製の呼び水として使用されたRNAプライマーは取り外され分解される。するとその部分に断端に位置していた一本鎖DNAが露出することになる。二重らせん構造をとらない、断端の一本鎖DNAは不安定な構造としてDNAを分解する消化酵素によって速やかに分解されてしまう。結果的に、テロメアに位置する、断端のわずかな部分のDNAが失われることになる。この部分には通常、重要な遺伝情報は書かれていないので、多少の消失があっても問題はない。しかし、複製が繰り返されるとゲノムDN

Aが両側から少しずつ短くなっていくことになり、この短縮はDNAの複製において不可避な現象となる。短縮が遺伝情報に関わらない無意味な配列で起こっているうちはよいとしても、短縮が繰り返されるとやがては情報的に重要部分に達し、それを損なうことになる。これがテロメアの逐次短縮と呼ばれる現象で、細胞の分裂回数に限界があることや、細胞の寿命の有限性の起源と考えられてきた。なお、ここに説明したことは、細かなメカニズムを省いた大筋の概略であって、実際にテロメアで起こっていることはもっとずっと複雑で、動的な現象である。テロメアでは複製が起こることによるDNA短縮とともに、テロメアを再構築しようとするDNA延伸反応がせめぎ合って起きている。そのために複数の複雑なタンパク質が関与している。つまりここでもまた分解と合成という逆反応の動的平衡が成立している。そして重要なことは、この動的平衡の現場でも、わずかに分解の方が、つまりテロメアの短縮の方が勝っているということである。このことが生命の時間を限局しているとともに、生命の秩序、物資の下る坂を登り返すことに寄与しているのである。

もし、ベルグソンの弧の両端の合成と分解がまったく等速度に釣り合えば、先に述べたとおり、円弧は見かけ上、その場所を動けない。完全なる平衡状態である。片や、もし、断端S'における円弧の合成速度が、断端Kにおける分解の速度を上回るなら（つまり合成が分解を先回りしてしまうなら）、円弧の（図における）反時計回りのモーメント（つまり坂の登り返す力）は消えて、むしろ時計回りのモーメントが勝り、円弧はたちまち坂を転がり落ちることになる。合成が分解を凌駕《りょうが》するなら、やがて円弧は元通りの閉じた円となり、坂が続く限り、円はその坂を下り続ける。すなわち、生命は開いた円弧であるときのみ、そして分解が合成をわずかに「先回り」するときのみ、「坂を登る生命」たり得るのである。

そのかわり、円弧の生きる時間に有限性が生まれる。一方、円弧が閉じた円となってしまえば、つまり合成と分解の駆け引きによる動的な流れが消えたとき、生命は単なる物質と化し、下るべき坂を下るしかなくなる。生命の動的平衡は実に、機微な合成と分解のバランスの上にある。そこでは常に分解が先行し、そのことによって生まれる不安定性が坂を登る動力を生み出し、その動力を再度、生み出すために、新たな合成が補償的に起き、それをまた凌駕するような分解が起きる。まさに、生命は、転がる坂を登り返す営みであり、それはシーシュポスの石運びのような、果てしのない繰り返しなのだ。

3

生命はいかにして誕生したのか

実は、ベルグソンの弧の議論は、さらにより遠くの射程にかすかな光を投げかけることができるかもしれない。それは生命の発生という永遠の大問題である。パスツールは、スワン・フラスコの実験（白鳥のようにS字状に引き伸ばした首を持つフラスコ）で、完全に煮沸殺菌したブロス（栄養液）はくさらないこと、つまり微生物が単なる有機物の混合液からは生成しないことを示して、生命の自然発生説を否定した。ルードヴィッヒ・フィルヒョウの言うとおり、すべての細胞は細胞から生成する（オムニス・セルラ・エ・セルラ "omnis cellula e cellula"）。ならば、最初の細胞はいったいどのように発生し得たのか。生命科学最大のエニグマ（謎）である。

ダーウィニズムは、神の力を借りずして、生命がいかにして進化し、かくなる多様性を獲得するにいたったか、無目的な遺伝子の突然変異と自然選択だけから説明することにみごとに成功したが、初源的な生命がいかに立ち上がったかについては答えることができない。つまり、鶏がいないのに、最初の卵はどのようにしてできたのか、という問いに解答をもたらすことができない。

生命が誕生する前の膨大な時間（地球が誕生したとされる四六億年前から生命が誕生したとされる三八億年前のあいだの約八億年）、粘土の割れ目などに局所的に濃縮された有機物のスープが雷の電撃や太陽の紫外線等をエネルギー源にして化学反応を繰り返し、徐々に複雑な高分子を形成していくプロセスがあった。これが化学進化と呼ばれる仮想的な行程で、生命進化の前段階とされる。

スタンリー・ミラーの実験では、初期の地球に存在したはずの化学成分（メタン、アンモニア、水、水素）をガラス球に閉じ込め、雷に似せた高電圧電撃を加えることによって、アミノ酸のような有機物が生成することを示した。アレクサンドル・オパーリンのコアセルベート説は、コロイド状の球体を想定し、その中で有機物が濃縮・凝集されて、化学進化が進行したと想定した。これらの仮定は、化学進化の第一歩を与えるものとは言えるが、いかにしてこれらの有機物が、生命の特性たる動的平衡状態を獲得したかを説明するためには、ほとんど有効性がない。

仮にアミノ酸が結合したポリマーとしてのタンパク質、あるいはヌクレオチドが重合したRNAもしくはDNAが化学進化によって生成し得たとしても、どのようにしてその有機的高分子が、自律的に自己複製することを可能としたのかは説明することができないからである。

今ここでもういちど、ベルグソンの弧が成立した瞬間のことを思い起こしていただきたい。弧は、チューブリンが集合してできた微小管タンパク質高分子のようなものであったと考えることができる。あるいは、弧は、ヌクレオチドが重合したRNAもしくはDNAのような核酸高分子であったかもしれない。

有機分子の高分子化は、雷の電撃エネルギーや、コアセルベートのような特殊な濃縮環境があれば、ある程度、自動的に進行した可能性がある。しかし、生成した高分子は、そのままの状態では、すぐにエントロピー増大の法則が襲いかかってきて、酸化、変性などにさらされ、元の木阿弥、低分子モノマーへと分解されていったはずだ。原始の地球では、このような生成と分解が無限に繰り返されていた。

そんなとき、まったく偶然のことながら、高分子の崩壊を一時的に抑えるような「指」が出現したとしたらどうだろう。それは上記の考察で想定したベルグソンの弧を支える「指」のようなものである。これは何も神の手である必要はない。コアセルベートがさらに特殊化した場所で、そこだけは局所的に、温度が高く、低分子モノマーの分布濃度に不均衡があり、高分子ポリマーの分解と合成がより促進されるような、そんな微小環境が奇跡的に成立した、とするのだ。そこでは局所的に、エントロピーの増大が一時的に抑えられるような場所、そんな微小環境を「指」と呼べばよい。そこで、高分子の断端で、さまざまな速度の分解が試された。場合によっては、熱エネルギーを援用する〝積極的な〟分解が何通りも試行された。つまり、エントロピー増大の法則を「先回り」するような分解である。

高分子の分解反応のほとんどでは、低分子モノマーの遊離と同時に、化学エネルギーの放出が起きる。この微小環境では、支える「指」のおかげで、低分子モノマーはそのまま外界に拡散してしまわずに、特殊な通路を伝って濃縮され、もういちど、高分子の合成に再利用される。そして分解にともなって放出された化学エネルギー（熱）も、特殊な方法を使って回収され、高分子の合成反応に供される。つまり、弧の異なる断端で、分解と合成が同時に生じ、その速度のあいだに協同性が保持される。これが何通りも試される。多くの場合、分解が先行しすぎて、すぐに高分子が短縮してしまうケースとなっただろう。あるいは、合成速度が上回りすぎて、低分子モノマーがあっという間に消費され、その時点で、高分子の成長は終わり、あとはエントロピー増大の法則に身をまかせて朽ち果てるのを待つしかない状況に陥っただろう。

しかし、何億回、何兆回もの分解と合成の試行の中で、たった一回だけ、分解と合成がほぼ釣り合い、しかしながら、分解がほんの少しだけ「先回り」して起こるようなバランス、つまり動的平衡が成立した瞬間が起きたのだ。これが生命の出発点だった。もう「指」はいらない。ベルグソンの弧たる生命の環は、分解と合成の速度を調節することによって、素早く坂を登ることもできるようになるし、ゆっくり登ることもできるようになる。登っているあいだは、エントロピー増大の法則に抗うことができるから、自分の弧のとなりに、自分の弧の厚みを増すような方法で、もうひとつの弧を作り出すことも可能になっただろう。これが自己複製の起源となる。自らの弧が徐々に短くなって、その寿命を終えようとするときには、複製されたもう一つのベルグソンの弧がその運動を開始する。それは永続的に伝達され、時には変化や変形を生み、そうして今日まで三八億年の長きにわたって、孤独な坂を登り返してきたのだ。

※補記　本稿の「動的平衡」理論モデル（ベルグソンの弧）は、先に『新版　動的平衡　生命はなぜそこに宿るのか』（小学館新書）に発表したものと骨子は同じである。本稿は、西田哲学ならびに池田氏との対話を通して醸成された考察を中心に、本書のために書き下ろしたものであり、拙著『生物と無生物のあいだ』に続く「理論編」として受け取っていただければ幸いである。

福岡伸一

エピローグ

生命を「内から見ること」において統合される科学と哲学

池田善昭

読者諸君は、意外に思われるかもしれないが、今日、科学の立場からして、生命と非生命とを区別することはかなり難しい、というより不可能であるように思われる。「膜によって外界と区切られた環境の中で、自律的に自己を組織化する」、或いは、「自己複製して子孫を残す」、或いはまた、「エネルギーを産生するなど代謝を行う」などいろいろ生命を定義してみるけれども、われわれは、これまでに満足すべき定義に出会うことはなかった。なぜなら、非生命であるウイルス自身、自己組織化するし自己複製して子孫も残す。また、大腸菌は、確かに生命ではあるのだが、無性生殖でふえる生物であって、栄養が枯渇しない限りにおいて無限に増殖して基本的に死がない。がん細胞もまた然りである。死のない生き物を、果たして生命と言えるであろうか。生命の定義とは、かくして極めて難しく困難であった。

これまでの生命論とは、生命の定義の歴史でもあって、実に様々な試行錯誤が繰り返されながらすべて挫折してきた。従って、こうした難しい定義問題は諦めて、寧《むし》ろ「関わり方」へと目を転じつつ、「人間が生命とどのように関わってゆけばよいかという問題を論じればよい」（森岡正博著『生命学への招待——バイオエシックスを超えて』の序章。勁草書房）と言い出すことになる。哲学者森岡正博氏は、こうして、生命の正体不明のまま、「私たちは生命とどのような関係に置かれているか」ないし「生命とどのように関わり合って生きてゆくべきか」を問題にしようとして、以下のように述べておられる。

> 生命論の歴史、それは生命の定義の歴史でもある。「生命とは何か」という問いをめぐって、生命論は様々な試行錯誤を繰り返してきた。
> しかし今日、生命の定義は、私たちの第一関心事ではない。というのも、現在最も切実であるのは、生命をどう定義するかという問題ではなく、強力な科学技術を手

に入れた人間が生命とどのようにかかわってゆけばよいかという問題だからである。
すなわち、現在まず第一に問うべきものは
　現代文明と現代科学のもとで
　私たちは生命とどのような関係に置かれているか
　そして
　私たちは生命とどのようにかかわりあって生きてゆけばよいか
という問いである。
生命学はそれらのことをまず第一に問う。
生命学は、生命の定義を探究する生命論ではない。
（森岡正博『生命学への招待――バイオエシックスを超えて』～序章　勁草書房　傍点は引用者）

森岡正博氏の『生命学』とは、かくして「生命とは何か」という問いを問わずに、というより敢《あ》えて生命の定義への関心事を放棄するところでこそ考察される学である。しかし、正体不明の相手とどう渡り合えるというのであろうか。正体が明らかになってこそ、渡り合えるというものではないのか。こうした本末転倒した生命との奇妙な取り組みは、なにも森岡氏の生命学に限ったことではない。これまでの生命科学一般についても言えることである。確かに、生命の定義は非常に困難な問題であった。生命存在とは、何らかの存在過程を意味するものでこそあって、純粋な物質というわけではないからである。そのために、「生命の定義」それ自体が全く無意味な提題であるかのごとく考える哲学者や生物学者も現に少なくはないのだ。

これまで、生命の定義への道は、そんなわけで紆余曲折《うよきょくせつ》しつつ極めて困難な道程であった。結局、われわれには、最も身近な生命存在が何であるかが基本的に分からないままである。ある生命科学者は、「生命とは何か」という問いに答える正鵠《せいこく》を得る定義など、現時点で存在していないし、おそらくは永遠の命題であるだろうと言う（Newton『生命科学がわかる100のキーワード』ニュートンプレス参照）。確かに、生命存在を「相対的状態」において知る限り、こうした生命科学者たちの言い分にもウソ偽りはない。

事実、これまでのライフサイエンスは、残念ながら生命の「絶対的状態」を知らないままできたのであった。従来、哲学者森岡正博氏や科学者たちは、生命のみならずすべて「ものを外から見る」、つまり、着眼点に則《のっと》て立脚地から見る見方（観察や実験など）の中で、ものを客観視できるのだと思い込まされてきた。着眼点から得られる様々なデータや情報を、計量的に処理して得られる知識こそが、判断のソースになってきたのであって、こうした処理法によってこそ、生命と非生命とを識別しようとしたのである。

＊

ところが、これまでのこうした生命への態度ないし見方に疑いをもつ生命科学者が遂に登場することと相成った。その科学者こそ、わたしのこのたびの対談者、福岡伸一氏である。彼は、ご著書『生物と無生物のあいだ』の「プロローグ」の中で次のように述べておられる。

> 生命というあり方には、パーツが張り合わされて作られるプラモデルのようなアナロジーでは説明不可能な重要な特性が存在している。ここには何か別のダイナミ

ズムが存在している。私たちがこの世界を見て、そこに生物と無生物とを識別できるのは、そのダイナミズムを感得しているからではないだろうか。

（『生物と無生物のあいだ』　7ページ　傍点は引用者）

福岡氏の言う「感得」し得るダイナミズムこそ、もし、それが真に実在し得るものとすれば、生命の「絶対的状態」に他ならない。実際、そのダイナミズムとは、ルドルフ・シェーンハイマーのミクロな驚くべき解像力を持ち得た実験によって確かめられたのであった。しかしながら、これまでの生命科学は、生命のその「絶対的状態」を知らないまま様々なパーツに着眼点を置いて「生命を外から見る」ことだけに終始してきたのではなかったか。生命のダイナミズムを全体として感得できないできたのは、そうしたマクロな現象のためでこそあったのである。

いみじくも福岡氏は「感得」と言ったが、この言葉は「外から見る」だけに留まらない意味を含んでいた。当初、福岡氏自身十分に自覚していなかったようであるが、この意味深長なる「感得」の中身にこそ、実際、生命科学における新たなる可能性が付与されていたのであった。われわれは、生命体を研究対象として包むだけでなく、事実、生命体それ自体に包まれてもいたのであって、「包まれてもいた」が故に、事実「内から見る」ことによって、福岡氏は、現に「感得」もできたのであった。

「感得」とは、まさに、われわれが生命に包まれつつ生命を包む、「包まれつつ包む」仕組みの「内」にいるからこそ可能となり得たのである。いささか大袈裟に聞こえるかもしれないが、この時点において、福岡科学が従来の西洋近代科学を脱皮する瞬間でもあったのだと思われるのだ。しかし、「感得」というその内的な瞬間自体、単に知的ではないある種の「情意」の要求に過ぎないものであって、それがどうして生命の定義に関わり得るのか、と誰もが訝《いぶか》るかもしれない。

というのは、「近代科学」（modern science）確立の立役者ルネ・デカルトの言葉、「われ思う故にわれ有り」（cogito ergo sum）のその「われ思う」（cogito）とは、己の生命を外から「包む」ことがあっても、デカルト自身、よもやその生命に「包まれている」などとは思いもしなかったであろう。何故なら、「われ有り」（sum）とは「思う」（cogito）の帰結でこそあって、有るものに着眼し対象化しつつ「外」から単に「包んでいる」に過ぎなかったからであった。従って、おのれの生命に「包まれる」ことなど、ここでは度外視されていた。従って、デカルトの「われ思う」とは、あくまでも福岡氏の言う「感得する」にはほど遠く、その意味で生命の真理に届くことなど全くなかった。届かないところで、生命が対象として考えられていたに過ぎない。しかしながら、よくよく考えてみるといい。近代科学とは、デカルトが示したように、こうして始められたのであって、ここでは、確かに「判断」が働くことがあっても、「内から見る」即ち「直観ないし直覚」が働くことなどあり得なかったのである。

以上のことは、福岡科学がこれまで不可能とされた生命の定義に成功している事実からしても明らかだ。サイエンスが確かな真理に至るためには、以下に述べる哲学者西田幾多郎の主張の如く、その真理が「相対的状態」から「絶対的状態」へと転換していなければならず、その転換のためには、これまでのように「外から見る」即ち「外から包む」だけでは十分でないということに尽きる。「外から見る」限り、その着眼点によって「相対的状態」を脱し得ないからであった。

西田幾多郎は、次のように述べている、

物には二つの見方がある。一つは物を外から見るのである、或る一つの立脚地から見るのである。それで、その立脚地によって見方も変わってこなければならない。立脚地が無数にあることができるから、見方も無数にある筈である。また、かくある立脚地から物を見るというのは、物を他との関係上から見るのである、物の他と関係する一方面だけ離して見るのである。即ち、分析の方法である。分析ということは、物を他物によって言い表すことで、この見方はすべて翻訳である。符号Symbolによって言い現わすのである。もう一つの見方は、物を内から見るのである、着眼点などいうものは少しもない、物自身になって見るのである。即ち直観Intuitionである。

（『西田幾多郎全集』第一巻〜『思索と体験』318〜319ページ　傍点は引用者）

生命科学者福岡伸一氏の生命の定義、「生命とは動的平衡にある流れである」（前掲書167ページ　傍点は引用者）については、残念ながら、いまここで縷々《るる》解説する暇がない。

しかしながら、解説するまでもなく、この定義は、以上の西田の立場からすると、既に生命理解に成功しているように思われるのだ。というのは、福岡氏自身、生命把握に際して、一切の着眼点から解放されつつ生命それ自身になりきって内から「感得」しているからである。生命存在を流れの如きダイナミズムとして生命体の内面に「感得」するという全体的直観によって把握されているが故にである。こうしたダイナミズム自体、明らかにこの世のエントロピー（乱雑さ）に抗する形成作用に他ならない。それ故に、生命の相対的状態は克服されていて、ここでは「絶対的状態」に到達していると言わなければならないであろう。かくして、「絶対的状態」とは、感得された全体性のことでこそあった。「全体性」については、すぐ後に述べる。

*

哲学のみならずサイエンスでも、真理概念形成に際して、当然「直観」も動員される。しかしながら、その際、直観とは、あくまでも外から見ることでこそあって、それ故に着眼点に左右され、あくまでも部分的な見え方に過ぎない。従って、これまで概念形成の補助的手段でしかなかった。ところが、哲学では違っていた。西田哲学における「直観」即ち「物自身になって物を見る」とは、「一切の着眼点なしに物全体を丸ごと感得する方法」でこそあった。この西田の方法は、「世界が個性的に自己自身を限定するということは、多が全体的一の部分であると共に、その一々が全体的一を具する」（『西田幾多郎全集』第九巻〜「歴史的世界においての個物の立場」83ページ）ということに基づいているが、ここでは、樹木の「年輪」の仕組み、即ち「年輪とは、時の流れに包まれつつ時を包み、時とは、年輪を包みつつ年輪に包まれる」をモデルにして理解することができる。つまり、丁度、時間の全体的流れの中の個としての年輪の如く、「全体的一は、個を包みつつ個に包まれ、個は、全体に包まれつつ全体を包む」と言い換えることができるからだ。こうした「包まれつつ包む」関係が成立すれば、個は、常に全体を包むこと、西田では、それを「その一々が全体的一を具する」と言えるであろう。このことは、いずれの体細胞の一つ一つにも、同一なる全体的遺伝情報が丸ごと包まれているようなものだ。

「環境」と言われる全体と「年輪」という個体が「包みつつ包まれる」仕組みにあるとい

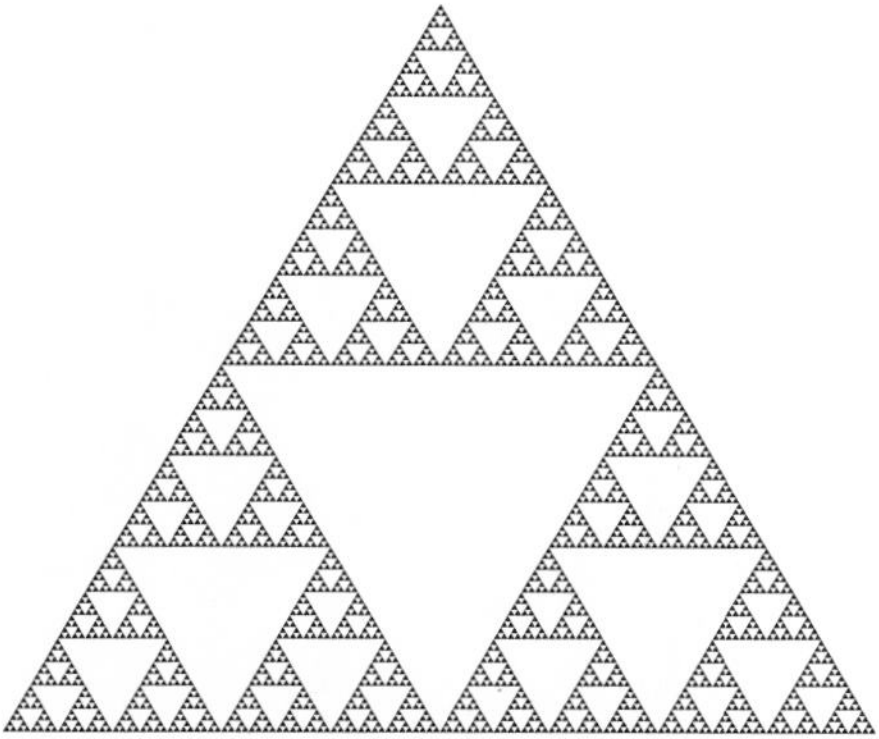

シェルピンスキーのギャスケット

うのは、まさにエントロピー増大則に抗する生命体それ自体の形成作用に他ならず、単に自然観察から言われているだけでなく、既に集合論からして数学的にも立証せられている事実である。シェルピンスキーは、正三角形の中に大小無数の正三角形がフラクタルとして包みつつ包まれていることを証明した。それは、一般に「シエルピンスキーのギャスケット」（上図参照）と言われる（詳しくは、京都大学工学部名誉教授片井修の論文「区切れない世界―フラクタルな集合論によるアプローチ―」2017.1.22　現代文明の根本問題研究会参照）。ここでの数学的再確認は、深く生命の定義にも関わり、こうした「包みつつ包まれる」形成作用の仕組みこそ、もう一つの生命の定義に相応しいことを明らかにするであろう。

デカルトの「コギト」とは、先にも述べておいたが、自己の存在でさえ認識対象として外化してしまい、あくまでも物をすべて外から包み見る立場に徹することからして、西洋近代科学は、その意味でこれまで立脚地に基づく観察や実験などから客観性を「真理基準」(criterium) としながらも、結局のところ、何処までも物を外から対象として見る限りにおいて、認識主観における「主観性の原理」に過ぎなかったと言わざるを得ない。デカルトの「コギト」とは、物を一方的に「包む」だけで「包まれている」ことに気づいていないからだ。そのために、当然、「全体を感得する」といった直観ないし直覚は機能するはずもなかった。わたしは、この点において、デカルトに象徴せられる近代科学の限界を見る。どんなにものを「明晰判明」(clara et distincta) に見るにせよ、サイエンスでは、確かな「全体性」即ち「区切れない世界」は隠れたまま全く見えてこないのである。その「隠れ」の故に、これまであらゆる生命の定義は、悉《ことごと》く上手くゆかなかったのであった。

福岡氏によって「感得」と言われる場合、生命は、「生死」、「自己複製」(自己組織化) 或いは「代謝」などのそうした着眼点からは一切見られていない。そうではなく、彼は、生命存在を対象化せず、生命に包まれつつ「生命」自身になりきって、生命を生命の「内」から包み見ることになり、その結果、「包まれている」ことが「包む」ことと相成り、生命特有の全体的なダイナミズムが感得されるようになったのであった。「感得」とは、生命に包まれている限り常にその「全体性」(区切れない世界)に関わっていたのであって、それこそ、福岡氏の生命の定義が成功している所以《ゆえん》である。

繰り返すことになるが、西田の言う「絶対的状態」とは、まさに、そうした「全体性に包まれている」ことに他ならなかった。こうした確かな「全体性」を、西田は「歴史的自然の形成作用」とも呼んだのであったが、言うまでもなく、ここでの「歴史的自然」とは、古来、古代ギリシア哲学で言われていた「ピュシス」(physis, ラテン語訳natura)のことに他ならない。

以上、絶対的状態としての全体性(区切れない世界)からして、生命と非生命とが厳格に識別されるようになったのだと言えるであろう。福岡氏は、かくして先程の『生物と無生物のあいだ』の引用の中で、「ここには何か別のダイナミズムが存在している。私たちがこの世界を見て、そこに生物と無生物とを識別できるのは、そのダイナミズムを感得しているからではないだろうか」と書くことができた。こうして、彼は、生命のダイナミズムとしての全体性、即ち「絶対的状態」を彼の内面に把握することとなり、世界ではじめて生命の新たな定義をなし得ることに成功したのであった。福岡氏自身、彼の生命体の内面に「感得」するという全体的直観によって把握されていたが故にである。少なくとも、これまで定義者自身、定義すべきおのれの生命の内面に立ち得ることなど全くあり得なかったからだ。

*

生命を「外」からではなく、あくまでも「内」から見るというのは、具体的に言えば、「生物の内部に必然的に発生するエントロピー（乱雑さ）を排出する機能」について、包まれながら生命を包み見ることによってこそであって、福岡氏は、生命機能が有する「やがては崩壊する構成成分をあえて先回りして分解し、このような乱雑さが蓄積する速度よりも早く、常に再構築を行うこと」（同前　１６７ページ　傍点は引用者）を見てとるということができたのであった。特に、ここで注目すべきは、「先回り」と見做し得るエントロピーの増大の法則に抗う生命のしたたかな姿である。

この「生命のしたたかな姿」については、エルヴィン・シュレーディンガーが既に表明していた「負のエントロピー」の中に、見てとることができるであろう。シュレーディンガーも、科学における「直観」を非常に大切にしてきた科学者であった。彼は、「正のエントロピー」に抗う「負のエントロピー」にこそ、言葉にこそ出さなかったが、「先回り」するしたたかな仕組みを生命としてその中に直観していたに違いない、さもなければ、臆面もなく生命の本質を「負のエントロピー」などと断言するはずもなかった。ただ、惜しむらくは、彼の直観も「外」からのものであり、当時、西洋近代科学隆盛の最中にあって、やむをえなかったとはいえ、やはり、そのために生命の存在奥深くまで届くことがなかった。つまり、生命をその内側から「全体性」として見ることなどなかったのである。

福岡氏は、こうしたシュレーディンガーによる正から負への生命の秩序化への転向を、ルドルフ・シェーンハイマーの発見したバラバラのアミノ酸などの原子や分子の「ダイナミックな流れ」、即ち「生命の動的な状態」(dynamic state) の中へと、鮮やかに読み解くことに成功したのであった。このこと自体、極めて斬新な着想でこそあって、これまで不可能とされてきた生命の定義をなし得る契機ともなったのである。ここでのその成功の鍵こそ、生命の動的な状態の中に「先回り」の事実を発見したことによるのだが、福岡氏自身、当初、その発見のことの重大性をほとんど自覚していなかった。従って、その事実の仕組みについてまでは言及していない。しかしながら、彼のこの事実の発見こそ、まさに、現代におけるライフサイエンス上の快挙と言わなければならない。何故なら、その後の新たなる生命の更なる定義へと展開する契機ともなったからである。

この発見は、単に科学上の成果と言うに留まらなかった。先程、西田が指摘した通り、科学は、本来、「分析」の学問でこそあった。然るに、「哲学はこれに反して『直観』の学問である、物自身になって見てその絶対的状態を捕捉するのである。符号を要しない学問である」(『西田幾多郎全集』第一巻〜『思索と体験』319〜320ページ 傍点は引用者)と、西田は述べているのであるが、福岡伸一氏は、そうした哲学と科学というこれまで異質だった二つの「知」、いわゆる「理系の知」と「文系の知」とを、生命論をめぐって統合してみせることにもなったからである。つまり、哲学の「直観」を、科学の中へと導入した、その意味で、科学は哲学を必要としていたのである。勿論《もちろん》、それとは逆に、今日の哲学も科学を必要としている、これについてはすぐ後程述べる。

＊

以下、こうした科学と哲学における「知」の統合論に関わっての注目すべき研究成果について、西田の具体的事例との対比の中で論じてみよう。ここで、福岡氏の「先回り」という概念を、わたしは、どう理解したかを述べることにもなるだろう。そのためには、まず、西田の「純粋経験」について論述せねばならない。

その説明のために、西田が挙げる具体的事例こそ、ロッククライミングであった。滑落しやすい岸壁を命がけで登攀《とうはん》するクライマーは、岸壁上での一挙手一投足をいちいち意識してはいないが、そうした無意識なる行為、つまり、岩角を摑みそして放す、放しそしてまた摑む（これは、ミクロな福岡科学では、先程の細胞膜上での「先回り」における分解と合成《再構築》に相当する）は、西田では、まさに直観的であるが故に、その後「行為的直観」とも言われ、また、西田の高弟西谷啓治では、それは「体認」とも言われ、わざわざ英語でrealizationとも言い換えられている（西谷啓治『宗教とは何か』創文社）。

この西谷の「体認」という言葉は、「わかる」と「実現する」の両方の意味を持ったrealizeの名詞形であって、行為者において全体的状況判断と実践とが一つになっていることであり、単なる理論的な認識上の事柄ではなく、あくまでも「real な体得」（同前）を意味していた。従って、西谷の「体認」とは、われわれの行為の方向性が、からだ全体でリアルに把握されているといった意味である。因《ちな》みに、福岡氏の言う「感得」も、多分、西谷の言うリアルな体得としての「体認」と同じ意味ではないかと思う。何故なら、彼の「感得する」の英語自体 realize であるからだ。

かくして、「純粋経験」が単に意識・無意識の行為ではないものとすれば、われわれの「行為」自体、まさしく自然と身体が区切れなく動くこととして理解する他はない。ここに、西田幾多郎や西谷啓治の「ピュシス」理解を洞察することができるであろう。西田にとってのクライマーの「一挙手一投足」（岩角を摑みそして放す、放しそしてまた摑む）とは、主観性や自己意識にあらずして、まさに「行為的直観」としてのピュシスの形成作用そのものに他ならなかった。しかし、われわれは、ピュシスにおいて人間であることをやめてしまったわけではない。何故なら、われわれは、自らの行為を「自覚」し「体認」し「感得」しているからである。換言すれば、まさに自らなし得る行為を、全体的状況下において「分かっている」、つまり、ピュシス自体人体を包みつつ人体の中へと包まれているが故に、われわれは、「判断する」前に既に人体は「分かっている」のであって、ここでは、否応なしに生命それ自体を「自覚」せざるを得ない。「自覚」とは、このように区切れのない「感得」であり、それ自体となってピュシスを内面から理解すること、即ちピュシスによって包まれつつ包むことによるのである。

このような「ピュシス」の realize とは、西谷が鋭く指摘したように、「実現する」と「分かる」とが一つになったものであったが、従来の心理学で言われる意志によらない「無意識」(unconscious)の意味では全くないのだ。まさに西谷の言うように「体認」(realization)という他はないであろう。クライマーの「先回り」に裏打ちされた一挙手一投足とは、かくして、岸壁上での「体認」として包まれつつ包む行為的直観でなければならない。クライマーの岸壁からの滑落に抗うこととは、まさに生命のエントロピーの増大の法則に抗うことと全く同じことであった。そういう意味で言えば、われわれがわが人生を生き抜くとは、まさにクライマーが岸壁を登攀するのによく似ている。しかも、これは、先にも指摘しておいたように、細胞の生き様と全く同じことであったのだ。ここにあるのは、ただ、ミクロとマクロの違いだけである。

　岸壁上でのクライマーの登攀とは、従って、ピュシスの立場からすれば、「意識」「無意識」といった自己意識の次元では全くない、どこまでも一挙手一投足が「先回り」として働く西田の言う「行為的直観」であると考えなければならない。これを、従来の如く単に「自己意識」や「無意識」と取り違えたりすると、クライマーの行為において誤りが生じ滑落落命することになるかもしれない。何故なら、意識・無意識とは、あくまでも思考論理ないし「主観性の原理」（コギト）の次元に他ならないからである。西田の「行為的直観」や西谷の「体認」としての「先回り」という働きが、真に「実在」するものとすれば、それらは、思考論理で理解すべき単なる「存在」概念では全くなく、常にピュシスの「実在」次元での形成作用そのものなのであった。

　実在次元での形成作用とは、まさに正のエントロピーの増大の法則に抗う「負のエントロピー」のメカニズムのことであるのだが、ここでの正から負への「逆限定」は、論理思考から理解できるものでは決してなく、あくまでも西田の「行為的直観」や西谷の「体認」の下でこそ理解されなければならない。惜しむらくは、シュレーディンガーの生命科学では、こうした哲学での立場、即ち「行為的直観」としての生命理解が欠落していたのである。つまり、彼は、あくまでもサイエンスに忠実たるべく「観察」に終始したのだった。

確かに、いま、「生命の定義」をめぐってあくまでもエイドス（形相）の下に留まり、「ideal な理解」に固執しつつ永遠の命題だと先送りしておられる科学者や哲学者たちもおられるのだが、しかし、いまは、まさに科学と哲学との「知の統合」への転機を迎えているのだと悟るべきではないのか。思うに、今日に伝統するシュレーディンガーの生命科学は、まさに変わるべくして変わる時期に来ているのではないだろうか。

真の生命の存在証明をめぐって、そこでのメカニズムが論じられる時代は、もう既に終わったのだと思われる。生命の存在可能性についての「ideal な理解」ではなく、寧ろ、いまはその「real な体得」が問われているのではないだろうか。端的に言って、ここでは、生命における「存在」（Sein）ではなく「実在」（Da-sein）が厳格に問われているからである。

＊

それでは、「存在」（Sein）ではなく「実在」（Da-sein）とは、果たして如何《いか》なる仕組みになっているのだろうか。ドイツ語の〈Da-sein〉の〈Da〉という前綴りは、「存在」〈Sein〉の有り様そのものを示す。ここでの「有り様」とは、いろいろな意味合いで示唆せられているけれども、西田哲学では、「過去未来が現在に同時存在的」（『西田幾多郎全集』第八巻〜「世界の自己同一と連続」84ページ）という意味合いで考えられている。過去・未来の時の流れの中での「現在」とは、その流れの中に包まれつつ、区切れなくその流れを包むからである。ピュシスにおける「包まれつつ包む」形成作用の下では、従って、如何なる「現在」も、西田では「永遠の今」などとも言われる。そうした「今」からすれば、当然、「現在」であっても過去・未来が同時性でなければならない。時の流れ自体、どこまでも区切れないのである。

こうした「同時性」の状況下でこそ、「行為的直観」や「体認」が発動せられるのである。

実在次元での全体的状況が把握せられるのは、決して思考論理ではなかった。そうではなく、あくまでも行為が「real な体得」に基づいてのみ可能となるものでこそあった。こうした、全体的状況、即ち「世界のパースペクティヴ」が可能になるのは、思考論理の下で形成せられる全体概念ではなく、区切れない世界での実在次元上の直観的把握に他ならない。それを、われわれは、これまでしばしば世界のパースペクティヴに基づく「実在」を、思考論理の下での「存在」と混同しつつ「ideal な理解」として取り違えてきたのである。そのために、西田の言う「絶対的状態」をこれまで捕捉することができなかったのではなかったか。

「先回り」とは、パースペクティヴの下での「見込み」に従って、「ピュシスの実在次元、即ちエントロピー増大の法則」に「先駆ける」という意味でなければならないのである。アウグスチヌスや西田幾多郎は、「現在には過去のみならず未来までもが含まれている」ことを既に洞察していた。岸壁上のクライマーの一挙手一投足のタイミングが「未来」になければ、現在のこの「今」に精神集中することさえままならないであろう。「先回り」という働きは、こうして、存在における「現在」ではなく、見込み上、必ずや「未来」へと向けられた実在性にこそ関わるのである。何故なら、生命における「実在」とは、存在という単に有る無しではなく、常にエントロピーに抗うが故に、「現在」がまさに「過去未来」に対して逆限定的に成立するからでこそあった。ここでこそ、有無の同時性が成立しているのである。分解は同時に合成であり、呼は同時に吸であり、生きることは同時に死ぬことである。生命の秩序こそ、同時にエントロピー増大であったのである、従って、正のエントロピーは同時に負のエントロピーでこそあった。逆限定の哲学を知らないシュレーディンガーは、「負のエントロピー」に終始せざるを得ない所以である。彼は、惜しむらくは、生命を「存在」として理解し、「実在」として理解することができなかったのであった。

こうした「存在」と「実在」との違いについて、果たして、これまでの哲学や科学は、厳格に考察してきたと言えるであろうか。晩年のハイデガーは、das Sein とdas Seynの違いを論じていて、渡邊二郎《わたなべじろう》は、この両者を「存在」と「奥深い存在」として訳し分けておられるけれども、誠に残念ながら、ここでは詳論できない。いずれにせよ、哲学者は、当時、エントロピーの増大の法則を知っていても、伝統的存在論との接点に気づくことはなかった。如何なる生命論も、エントロピーの増大の法則抜きに語り得ないにもかかわらず、これまでの哲学者、それどころか著名なる科学者でさえ、現にこの大法則を無視して生命を理解し論じてきた経緯がある。

しかしながら、実在概念を真に明確にするためには、これまで縷々論じてきたように、われわれには、正しいエントロピー理解がどうしても欠かせないのである。まさに、ここでこそ哲学は科学的知を、科学は哲学的知をどうしても必要とするのである。生命存在を真に考察するに際して、ハイデガーが考えたように、「存在への問い」(Seinsfrage) とは「存在の意味 (Seinssinn) への問い」でこそあって、生命存在の「意味」が問われなければならない。然るに、実際にはそれができないのだ。何故なら、「エントロピー」とは、「乱雑さ」即ち「没意味」(sinnlos) それ自体のことに他ならないからであった。この「没意味」の重要性について、ハイデガーでさえ十分に理解してはいなかった。つまり、サイエンスのみならず、哲学でさえも、ここでは、その本質上真の「意味」を問うことができないのである。

かくして、ハイデガーの言う「存在論的差異」(die ontologische Differenz) とは全く異なる「実在論的差異」がエントロピーの逆限定的同時性として、存在の意味自体への問いが、いまさに科学のみならず、哲学においても要請せられていることにならざるを得ない。然るに、科学も哲学も、以上の経緯からして、これまでこうした要請に答えるべくもなかった。エントロピーの直中《ただなか》にあって、生命存在を定義する際に、シュレーディンガーが苦し紛れに単に「負のエントロピー」と言わざるを得なかった所以である。

「先回り」という生命上の働きは、ミクロな細胞膜上の出来事であれ、マクロな岸壁上の出来事であれ、いずれにせよ、何処までも先駆ける意味では同一の意味でなければならない。わたしは、その「魁《さきがけ》」にシュレーディンガーに習いつつ、エントロピーの「正」から「負」への「逆限定」そのものを見るのである。福岡伸一氏は、西田の言うそうした「逆限定」を、特に、「動」と「静」との絶対矛盾的自己同一に習いつつ「動的平衡」(dynamic equilibrium)として把握したのであった。福岡氏の「動的平衡」とは、従って、エントロピーの増大の法則に抗う生命の生きるための秩序そのものを意味することになる。そうした生命におけるわれわれの生き様こそが、西田哲学での「行為的直観」に基づく生命における「自覚」とも言われた。

西田でも、福岡氏でも、かくして、「生命」とは、単に「外から見られるもの」ではなかった。あくまでも「内から見られるもの」でなければならなかった。それを、福岡氏は、彼の著書の冒頭で「感得」と言ったのである。そうした洞察からしても、ピュシスの中で生きるわれわれの生命とは、ピュシスが生命を包みつつ生命の中に包まれている限りにおいて、何処までもピュシスそれ自体でなければならないのではないのか。外界に対峙して生きるだけでなく、同時にピュシスにおける内面において活きるのである。かくして、「生きる」と「活きる」の違いが明らかにされていなければならない。これこそが「実在論的差異」に関わる問題であった。

それ故に、先に、西田の生命哲学が「物自身になって物を見る」と言い、また、福岡氏の生命科学が言うように、「生命のダイナミズムを全体として感得できる」と言わざるを得なかったのではないだろうか。そのダイナミズム自体、生命の「個体」にのみ留まらない、西田によって「歴史的自然の形成作用」とも言われてきた「ピュシスのダイナミズム」でもあったのである。

＊

実在する生命のすべては、実際、いま環境と言われるピュシスによって包まれつつ環境を包む仕組みの下にある限り、西田や福岡氏の指摘する通り、必ずや包まれているピュシスの「内から見られるもの」と考えられるべきであったのだ。今後とも、哲学のみならず、生命科学の進む道も、そうした知の統合としての「直観」を研ぎ澄まさなければならないであろう。いわゆる「環境問題」とは、必ずしも外界にあるものではなく、その「内」にこそ存在するものでもあるからだ。これこそが、今日、この問題の課題解決が困難を極めている理由に他ならない。われわれは、これまでのように、その中で生きる環境を外から見るだけでは駄目だ。いまや、「内から見られるもの」として見ようとせねばならないのである。その有り様こそが、西田では「行為的直観」の成立根拠であり、福岡氏では「先回り」とも言われていた逆限定的同時性でこそあったのである。

こうして、今日のライフサイエンス自体、やがて生命哲学と一つになるべき「知」の有り様ではないだろうか。一つにならないまでも、今後、両者は、何処までも相互に切磋琢《せっさたく》磨《ま》する関係を築くようになるであろう。われわれの「知」のかくの如くに一つに統合されていくであろうこの先に、生命的な時間を持ち得ない今日の〈ＡＩ〉〈外からのみ知る人工知能〉を含めた人類の未来の有り様が、やがて徐《おもむろ》に示されてくるに違いない。われわれのこのたびの対談がその先駆けとならんことを、こころから祈らざるを得ないのである。

旅の終わりに
――ピュシスに包まれつつピュシスを包む科学者との邂逅

池田善昭

福岡さんは、第六章で「ピュシスというのは、ピュシスとロゴスとのあいだを行き来しながら深めていく」と言われました（364ページ）。これは、極めて重要なご指摘だと思います。しかしながら、ヘラクレイトスの「ピュシスは隠れることを好む」からすれば、この場合、隠されてしまう「ピュシス」が大問題なのです。つまり、ピュシスの本質は、その中の一部ないし特殊な個体性として露《あら》わになることがあっても、己の姿を全体性ないし一般性としては決して表さないという事実です。

また、福岡さんは、僕の考える「包まれつつ包む」仕組みについても言及なさいました。これとよく似た考え方が、西田にもあります。西田の著名なる論文の一つ『場所』の中で、彼は、「一般と特殊との包摂的関係」に言及しつつ、「特殊は、一般に包まれつつ、その一般を包む」と言っています。西田の言う「一般」は、本来的には「自然」（physis）そのものを意味するのですが、その中の如何《いか》なる個体存在も、唯一性である意味からして実在的に特殊なのです。その特殊性の中に、全体的な「一般性」即ちピュシスそれ自体が包摂されているというわけです。僕の言い方では、「特殊は一般性に包まれつつ一般性を包む」となります。ところが、包んでいるにもかかわらず、その特殊なる個体と対峙しているとき、その特殊性につい目が奪われ、ピュシスの姿は常に見落とされるというわけです。だから、「ピュシスは隠れることを好む」ということになります。

福岡さんとこうして対峙しているとき、僕の注意は、あなた自身の「個体性」に関心が向けられ、あなたの「ピュシス一般」は隠れてしまって見えません。それは、あなたにとってだけでなく、僕にとっても同じことで、僕にも隠れている「ピュシス」があって、それは、福岡さんの「ピュシス」と共鳴《シンパシー》し合いつつ、しっかり一つに結びついているにもかかわらず、こうした厳粛なる事実に気づけないままです。

しかしながら、われわれ二人は、ヘラクレイトスの箴言《しんげん》を知っていました。ここでの「対話」dialogos《ディアロゴス》とは、その接頭語〈dia-〉（二分割する意味）を乗り越えて、あくまでも一つの実りあるロゴスのためにも、常に〈dianoia〉（分別知、悟性知）に十分留意してなされてきました。それをなし得る保証を与えるものこそ、「ディアロゴス」（対話）の背後に隠れている「ロゴス」それ自身であったのです。ロゴスが二分割に引き裂かれるのは、対話者同士のその特殊性の故にでこそあったのであり、それを一つに「統合」する作用こそ、「隠れた」ピュシスそのものの働きでこそあったのです。西田が既に明らかにしましたように、ディアロゴスがロゴスへと転じ得るのは、われわれ二人が、包摂的関係の下で相互に同一の「ピュシス」を包摂していたからに違いありません。

このたび、僕は、福岡さんとの「ディアロゴス」によって、かくも楽しく実り豊かな成果を収めることができたのも、あなたがご自身の中に隠し持っておられた「ピュシスのロゴス」を、見事に想起せしめつつ、僕のそれと上手く感応し合えるよう工夫なさったからに他なりません。僕は、ピュシスそれ自体とかくも誠実に対峙し続けてこられた真の生命科学者に、こうして出会えた幸運を、こころから神に感謝するしかありません。失礼ながら、あなたご自身、この事実にお気づきでないかもしれません。しかしながら、あなたは、「ピュシスに包まれつつピュシスを包む科学者」であったのでした。

そのために、僕も、幸いあなたによって想起せしめられたピュシスに包まれつつピュシスを包む哲学者となり得たのです。確かに、両者の「あいだ」には、科学と哲学との厳然たる違いが存在します。確かにそうですが、ピュシスの同一地平に包まれた者同士として、僕は、あなたを単なる「他者」とはどうしても思えなかったのです。

現象学の創始者フッサールは、自らの「間主観性」(Intersubjektivität)問題をめぐって、結局、他者との「あいだ」に掛けるべき架橋を見出し得ず、いわゆる「他者問題」に挫折することになりますが、彼は、「他者」と共に包摂関係にある「ピュシス」の存在それ自体に、不運にも気づけなかった、と言えるのではないでしょうか。

科学と哲学とのディアロゴスの「あいだ」でこそ、見事に実っていった豊かな成果、つまり、言わば、科学と哲学との統合「知」を前にして、あなたは、僕との「あいだ」に架橋できない断絶において存在する「他者」などではあり得ません。むしろ、両者の「あいだ」に架けるべき架橋は、もともと両者の「あいだ」に存在し得たものだという本来性に、いまやハッキリ目覚めたからに他なりません。

あなたと僕とは、足繁くよくぞこれまで行ったり来たりしましたね。本当に愉快な「時間」を過ごさせて頂きました。ここに改めて感謝の意を表したいと思います。

新書化のためのあとがき

「京都学派」はあれど、なぜ「東京学派」はないのか。それは、京都大学に集った人たちが、誰かが書いたことの祖述《そじゅつ》、敷衍《ふえん》、引用、紹介ではなく、つねに、独自、孤高、無比、創造をめざしたからではないだろうか。啓蒙的になるのではなく、いつも自己深化をこそ望んだ。つまり、Thinker（言葉の本来の意味での思想家・哲学者）であろうとしたからだ。彼らが仰ぎ見たロールモデルがとりもなおさず、永遠のThinkerとしての西田幾多郎だった。

本書は、そんな京都学派の始祖、西田幾多郎の哲学の深遠な森の中から、特に、独特の言い回しによる、難解きわまる生命論に焦点をあて、その解読を試みた、ある意味で無謀な、そして別の意味ではありのままの記録である。

無謀というのは、京都で学んだということ以外は、京都学派の傍流の傍流でしかない私が、ほとんど徒手空拳で、巨大な山塊に取り付いたという見境のなさを自省してのこと。

ありのままというのは、京都学派の正当な後継者である哲学者・池田善昭先生というすばらしい導き手を得ながらも、悪戦苦闘を繰り返した、血と汗の道のりだった、ということ。

新書化に際して、あらためて読み返してみても、蝸牛のような自らの歩みに冷や汗が出る思いだ。親本を出した時には、きょうび、こんな辛気くさい討議が、果たしていかばかりの反響を得るのか、いささか自信がなかったのだが、幸い、たいへんよき読者のもとに届いたようだ。

たとえば、前・京都大学総長の山極壽一《やまぎわじゅいち》氏は次のような賛辞を寄せてくれた。

「これは本当に目からうろこである。私も学生時代に西田幾多郎の哲学書『善の研究』を何度も読み直したことがある。しかし、『絶対無』とか『逆限定』とか、正直言ってよく理解できなかった。それを福岡伸一は見事に解説して見せた。しかも自身の生命理論である『動的平衡』という概念と見事に一致すると言うのである」

（「中央公論」二〇一七年十月号）

また、東京大学助教の工藤尚悟《くどうしょうご》氏からはこのようなうれしい感想をいただいた。

「ピュシスという新しい世界観を獲得していくプロセスは、極めて個人的な思考の旅であり、これを詳らかに晒すことはとても勇気のいることだと思います。福岡先生がロゴス一辺倒の視点からピュシスの視点を獲得していく過程を読者として疑似体験することで、福岡先生と同様にロゴス的知性でのトレーニングを受け専門家となった多くの人々の思考がほぐされ、徐々にやわらかくなり、西田哲学の示すピュシスの世界観の存在に気が付いていることと思います。少なくとも私自身の本書の体験はこのようなものでした」

（二〇二〇年九月十日に投稿された amazon のレビュー）

本書は、紀伊國屋じんぶん大賞2018の、ベスト30のひとつにも選んでいただいた。本書の核心でもある〝包み・包まれる〟ことについて少しだけ付言しておきたい。

年輪が、環境に「包まれる」。それはごく普通に理解できる。年輪の粗密の紋様に、季節の変化の推移が刻み込まれていく。これは年輪が、環境から作用を受け、環境に包まれていることの何よりの証拠だ。

しかし「包む」の方はどう考えるべきなのか。これは本書でも議論したように、単に受動態を能動態に言い換えたのではない。主語を変えないまま、年輪は、環境に包まれつつ・環境を包んでいる。西田の言い方は常に、一貫していた。作用を受けつつ、作用を発している。それが生命の本質だと言うのだ。

私の結論はこうである。確かに、年輪は、環境に対して作用を発している。それは時間を生み出すことだ。時間を作り出すことによって、絶えず環境を未来に進めているということ。つまり年輪は、あるいは樹木は、環境を包み、かつ押し出しているのだ。

では、生命が時間を生み出すとはいったいどういうことなのだろうか。これはライプニッツも、ベルグソンも、そして西田幾多郎でさえ、明確に解き明かすことができなかった最大の難問である。

しかしこの瞬間にも、ピュシスとしての生命は絶対矛盾的自己同一の中で、絶え間なく時間を生み出している。ピュシスとしての生命は、分解と合成という互いに相反する営みの中から時間を汲み出している。これをロゴスとしての言葉は——絶対とか場とかといった大きな言葉に逃げずに——、不十分ながらも、なんとか捉えることはできないのだろうか。

ひとつのかすかなヒントは、本書の中から醸成されてきた次のような認識にあると思える。まずは、カチカチカチと音をたてて進む、いわゆる「t」として表される時間を忘れてみたい。そのかわり、石ころが斜面をどこまでも転がり落ちてしまうような、不可避的なエントロピー増大の流れを思い浮かべてみよう。無生物であれば、この流れに身を委ねるしかない。しかし生物は――つまり動的平衡としての生命体は――、分解と合成を絶えず繰り返すことによって、エントロピー増大の流れに〝先回り〟することができる。自らを率先して壊しつつ、そこで稼いだ〝余裕〟をもって、自らを作り変えることができる。

エントロピー増大則に先んじて生み出された、このわずかな余裕の連鎖こそが時間の正体ではないだろうか。余裕とは未来を先取りすることでもある。同時に、生命の自由、あるいは主体性、もしくは選択の起源となる。こうして単細胞の微生物でさえ、行く手の右と左を選び取ることができる。そして年輪は、絶えず時間を生み出すことによって主体的に環境を包み返している。

小なりとはいえ、Thinkerとしてこの認識の旅を今後も続けていきたいと私は願う。読者諸賢もまた本書によって何かを考える契機を得ていただければ幸いである。

二〇二〇年十月

福岡伸一

西田幾多郎について

西田幾多郎（にしだ・きたろう）「西田哲学」と称される非常にユニークな哲学体系を築き上げた、日本を代表する哲学者。一八七〇（明治三）年五月十九日、石川県河北郡宇ノ気に生まれる。金沢の第四高等中学校中退、帝国大学文科大学哲学科選科卒業（選科生とは聴講生に近い立場で、本科生と違い、借りられる図書の数に制限があるなど、差別的待遇を受ける）。第四高等学校講師、同教授などを経て、一九一三（大正二）年、京都帝国大学文科大学教授。一九二八（昭和三）年、退官。一九四〇（昭和十五）年、文化勲章受章。多くの優秀な弟子を育て、「京都学派」の指導的・中心的存在となるが、第二次世界大戦終戦直前の一九四五（昭和二十）年六月七日、死去。

©Alamy/PPS通信社

西田が大学教授退官の際に述べた言葉は次のものだった。「私の生涯は極めて簡単なものであった。その前半は黒板を前にして坐した、その後半は黒板を後にして立った。黒板に向かって一回転をなしたと云えば、それで私の伝記は尽きるのである」

（西田幾多郎の生涯については、池田善昭、加國尚志共編著『我心深き底あり――西田幾多郎のライフヒストリー〈ライフヒストリー研究叢書3〉』晃洋書房も参照されたい）

西田幾多郎の主な著作とその発表年

・『善の研究』 一九一一（明治四十四）年
・『思索と体験』 一九一五（大正四）年
・『自覚における直観と反省』 一九一七（大正六）年
・『意識の問題』 一九二〇（大正九）年
・『芸術と道徳』 一九二三（大正十二）年
・『働くものから見るものへ』（「場所」が収められている） 一九二七（昭和二）年
・『一般者の自覚的体系』 一九三〇（昭和五）年
・『無の自覚的限定』 一九三二（昭和七）年
・『哲学の根本問題』 一九三三（昭和八）年

・『哲学の根本問題　続編』一九三四（昭和　九　）年
・『哲学論文集　第一』（「行為的直観の立場」などが収められている）一九三五（昭和　十　）年
・『続思索と体験』一九三七（昭和　十二　）年
・『哲学論文集　第二』（「論理と生命」が収められている）一九三七（昭和　十二　）年
・『哲学論文集　第三』（「絶対矛盾的自己同一」などが収められている）一九三九（昭和　十四　）年
・『日本文化の問題』一九四〇（昭和　十五　）年
・『哲学論文集　第四』一九四一（昭和　十六　）年
・『哲学論文集　第五』一九四四（昭和　十九　）年
・『哲学論文集　第六』（「予定調和を手引として宗教哲学へ」が収められている）一九四五（昭和　二十　）年
・『哲学論文集　第七』（「生命」が収められている）一九四六（昭和二十一）年
・『「続思索と体験」以後』一九四八（昭和二十三）年

入手・参照しやすい西田の著作

・『西田幾多郎全集』岩波書店　全十九巻　一九六五年—一九六六年
・『新版　西田幾多郎全集』岩波書店　全二十四巻　二〇〇二年—二〇〇九年
・『善の研究』岩波文庫
・『思索と体験』岩波文庫
・『西田幾多郎哲学論集Ⅰ・Ⅱ・Ⅲ』上田閑照編　岩波文庫　一九八七年—一九八九年
・『西田幾多郎随筆集』上田閑照編　一九九六年
・『西田幾多郎講演集』田中裕編　岩波文庫　二〇二〇年
・『西田幾多郎書簡集』藤田正勝編　岩波文庫　二〇二〇年
・『西田幾多郎全集』別巻「倫理学講義ノート　宗教学講義ノート」岩波書店　二〇二〇年

さらに学びを深めたい人のための読書案内

本書を作成する際に参考にした、また本書を読むうえで参考になると思われる西田の著作以外の文献を以下に記す。また、当該の章に関連して特にお薦めしたい本を著者と明石書店編集部とで選んだ。

福岡伸一氏の動的平衡論について

・福岡伸一『生物と無生物のあいだ』講談社現代新書　二〇〇七年
・福岡伸一『できそこないの男たち』光文社新書　二〇〇八年（進化論に関して）
・福岡伸一『世界は分けてもわからない』講談社現代新書　二〇〇九年
・福岡伸一『動的平衡　生命はなぜそこに宿るのか』木楽舎　二〇〇九年
・福岡伸一『動的平衡2　生命は自由になれるのか』木楽舎　二〇一一年
・福岡伸一『動的平衡ダイアローグ　世界観のパラダイムシフト』木楽舎　二〇一四年
・福岡伸一『新版　動的平衡　生命はなぜそこに宿るのか』小学館新書　二〇一七年

・福岡伸一『動的平衡3　チャンスは準備された心にのみ降り立つ』木楽舎　二〇一七年
・福岡伸一『新版　動的平衡2　生命は自由になれるのか』小学館新書　二〇一八年
・福岡伸一『新版　動的平衡3　チャンスは準備された心にのみ降り立つ』小学館新書　二〇二三年
・福岡伸一『新版　動的平衡ダイアローグ　9人の先駆者と織りなす「知の対話集」』小学館新書　二〇二四年
・福岡伸一、阿川佐和子著『センス・オブ・ワンダーを探して〜生命のささやきに耳を澄ます』だいわ文庫　二〇一七年
・アンドリュー・キンブレル著　福岡伸一訳『生命に部分はない』講談社現代新書　二〇一七年

池田善昭氏の哲学について

・池田善昭『西洋近世哲学思想要論』晃洋書房　一九七四年
・池田善昭『生命科学の哲学――予定調和の原理を手引きとして』南窓社　一九八〇年
・池田善昭『心身関係論―近世における変遷と現代における省察』晃洋書房　一九九八年

・池田善昭『自然概念の哲学的変遷』世界思想社　二〇〇三年
・池田善昭『「哲学」のゆくえ――近代認識論から現代存在論へ』晃洋書房　二〇〇五年
・池田善昭『近代主観主義の超克――文明の新しいかたち』晃洋書房　二〇一四年
・池田善昭「環境問題はわれらに何を語りかけているか―環境学基礎論の試み―」（『講座・文明と環境』第14巻所収）朝倉書店　一九九六年
・池田善昭「存在論としての哲学再考」（インタビュー　ロゴスドン編集部編『学問の英知に学ぶ』第五巻所収）ヌース出版　二〇〇六年
・池田善昭「統合学の根本問題」独日統合学会　J.H.Röll（日本語版）二〇一二年

プロローグ

・カズオ・イシグロ著　土屋政雄訳『わたしを離さないで』早川書房　二〇〇八年
・NHK取材班編著『日本人は何を考えてきたのか　昭和編――戦争の時代を生きる』NHK出版　二〇一三年（特に「第三章　近代を超えて――西田幾多郎と京都学派」）

第一章

・傳田光洋『皮膚感覚と人間のこころ』新潮選書　二〇一三年
・木田元編『ハイデガーの知　88』新書館　二〇〇二年
・日下部吉信『ギリシア哲学と主観性―初期ギリシア哲学研究』法政大学出版局　二〇〇五年
・西谷啓治『西谷啓治著作集　第10巻　宗教とは何か』創文社　一九八七年

第二章

・鈴木大拙『無心ということ』角川学芸出版（角川ソフィア文庫）　二〇〇七年
・シュレーディンガー著　岡小天、鎮目恭夫訳『生命とは何か――物理的にみた生細胞』岩波文庫　二〇〇八年
・今西錦司『生物の世界』講談社文庫　一九七二年
・ユクスキュル、クリサート著　日高敏隆、羽田節子訳『生物から見た世界』岩波文庫　二〇〇五年
・チャールズ・ダーウィン著　渡辺政隆訳『種の起源』（上・下）光文社古典新訳文庫　二〇〇九年

第三章&第四章

第三章、第四章では、福岡氏の生命観、動的平衡論、また動的平衡論における「先回り」に関する記述が参照、引用されている。

第五章&第六章

第五章では福岡氏の動的平衡論を論じているので、氏の著作が最もお薦めできる。デカルトやカントについて概観したい人には、池田氏の『西洋近世哲学思想要論』が参考になる。第六章は西田幾多郎、池田氏、福岡氏の著作が最もよい参考文献となるだろう。

理論編　ピュシスの側からみた動的平衡

・ヤーコプ・フォン・ユクスキュル著　前野佳彦訳『動物の環境と内的世界』みすず書房二〇一二年

・舘野鴻『つちはんみょう』偕成社　二〇一六年

・ジャン＝アンリ・ファーブル著　奥本大三郎訳『完訳　ファーブル昆虫記』（全10冊セット）集英社　二〇一七年
・スティーヴン・ジェイ・グールド著　渡辺政隆訳『ぼくは上陸している――進化をめぐる旅の始まりの終わり』（上・下）早川書房　二〇一一年
・リチャード・ドーキンス著　日高敏隆、岸由二、羽田節子、垂水雄二訳『利己的な遺伝子〈増補新装版〉』紀伊國屋書店　二〇〇六年
・アンリ・ベルクソン著　真方敬道訳『創造的進化』岩波文庫　一九七九年

エピローグ

・森岡正博『生命学への招待――バイオエシックスを超えて』勁草書房　一九八八年
・統合学術国際研究所編「『統合学』へのすすめ――生命と存在の深みから」晃洋書房　二〇〇七年

池田善昭［いけだ・よしあき］

哲学者。1936年、山形県生まれ。68年、京都大学大学院博士課程修了。神戸学院大学教授、静岡大学教授、立命館大学教授、統合学術国際研究所所長、静岡哲学会会長、現代文明研究所所長等を歴任。二〇二三年、逝去。著書に『西田幾多郎の実在論――AI、アンドロイドはなぜ人間を超えられないのか』（明石書店）など。

福岡伸一［ふくおか・しんいち］

生物学者。1959年、東京都生まれ。京都大学卒。ハーバード大学医学部博士研究員、京都大学助教授などを経て青山学院大学教授・ロックフェラー大学客員教授。著書に『生物と無生物のあいだ』（講談社現代新書）、『新版　動的平衡』（3巻まで、小学館新書）、『フェルメール　光の王国』（木楽舎）、『最後の講義　完全版』（主婦の友社）など。

編集：園田健也、実沢真由美
協力：柴村登治（明石書店）

福岡伸一、西田哲学を読む
生命をめぐる思索の旅

二〇二〇年　十二月一日　初版第一刷発行
二〇二四年　五月五日　第二刷発行

著者　池田善昭　福岡伸一
発行人　石川和男
発行所　株式会社小学館
〒一〇一－八〇〇一　東京都千代田区一ツ橋二ノ三ノ一
電話　編集：〇三－三二三〇－五一一二
販売：〇三－五二八一－三五五五
印刷・製本　中央精版印刷株式会社

Printed in Japan ISBN978-4-09-825386-9